MÉMOIRES
DE
LOUIS XVIII.

MÉMOIRES
DE
LOUIS XVIII,

RECUEILLIS ET MIS EN ORDRE

PAR M. LE DUC DE D****.

TOME NEUVIÈME.

Bruxelles,
LOUIS, HAUMAN ET COMP^e.

1833.

MÉMOIRES

DE

LOUIS XVIII.

CHAPITRE PREMIER.

Sa Majesté Louis XVIII exprime quelles furent ses sensations au moment de son retour.— Ce qui l'attendait en France.— Classification des partis.— Les républicains.— Les buonapartistes.— Les militaires.— Les royalistes purs.— Forme du gouvernement que le roi veut adopter.— Nécessité de sa propre rentrée.— Ce que Madame Royale lui promit.— Il veut oublier le passé.— Il refuse un traité particulier avec l'Angleterre. — Il aborde en France.— Son début.— Un mot à un Anglais.— Entrée à Calais.— Réponse à un curé.

Je chercherais vainement des termes pour dire tout ce qui se passa en moi lorsque mon retour en France fut décidé. Je comprends tout ce que la fin d'un ostracisme politique peut causer de joie à un simple citoyen ; mais, certes, il y a quelque chose de plus dans les sensations d'un roi exilé, proscrit, qui remonte sur le plus beau trône du monde. A ma joie, aux transports qu'il me fallait contenir par dignité, il me semblait néanmoins, malgré toute ma philosophie qu'un monarque est au-dessus d'un simple mortel. Pendant plusieurs jours enfin, je pus croire au proverbe qui dit : *heureux comme un roi.*

Un roi! un roi couronné, un roi avec des sujets, des armées, une marine, des ministres, des généraux! moi qui hier n'étais guère roi qu'en rêve, tout petit-fils de Louis XIV, et tout roi par la grâce de Dieu que je prétendais être. La réalité approchait enfin : tous ces titres que j'avais gardés dans mon blason allaient donc signifier quelque chose! J'étais Louis XVIII tout de bon, et non plus le comte de Lille! J'allais avoir des ambassadeurs dans les autres cours, et non plus des agens sans qualité avouée. J'allais compter en Europe : j'étais du reste bien résolu de tenir un rang. Les désastres inouïs qui précédaient ma restauration, ne laissaient pas que de faire éclater la force réelle de mon royaume; il apprenait aux étrangers ses ressources immenses, son énergie, sa cohésion, et combien il lui serait facile de former le poids déterminant dans la balance politique, pour peu que la paix facilitât les moyens de se préparer à la guerre.

J'allais retrouver ces politiques et ces capitaines qui avaient pendant quinze ans, sans cesse, modifié la carte de l'Europe, ces supériorités en tout genre dans les sciences, les lettres les arts, l'industrie, en un mot, dans tout ce qui assure la prospérité d'un État. Je revenais me placer à la tête d'un peuple brave, spirituel, actif, industrieux, prompt à oublier ses peines passées, pour se livrer aux espérances d'un heureux avenir; d'un peuple qui sera toujours facile à conduire lorsqu'on le voudra bien, parce que, malgré sa turbulence, ses bouderies, ses saccades, il est essentiellement monarchique, et que l'anarchie républicaine et le despotisme impérial lui sont également antipathiques.

Ce n'est pas qu'au milieu de ma joie je ne visse clairement les obstacles et les écueils contre lesquels j'allais avoir à lutter; que je me dissimulasse les difficultés de gouverner les Français au milieu des agitations non apaisées encore qu'avait soulevées une tempête de vingt-cinq ans. Je prévoyais bien par ce qui se passait, que la domination de fer de Buonaparte, avait plutôt comprimé que détruit l'esprit de parti et l'effervescence qui déjà se réveillaient à mon approche. Je sentais qu'il me faudrait à la fois combattre les royalistes et les jacobins, et les partisans de la famille qui disparaissait devant la mienne. C'était une grande tâche; mais je me sentais la force de l'entreprendre.

Je voyais sortir de leur sommeil léthargique les républicains, qui, me croyant animé d'un désir de vengeance, ne voudraient se fier ni à mes promesses, ni à mes actes; eux qui par le fait avaient su si bien faire leurs accommodemens avec Buonaparte, monarque de leur famille, ne seraient pas si disposés à se rapprocher de moi et des miens. Peut-être faudrait-il leur adjoindre une poignée d'Orléanistes, hommes de terreur et d'échafaud non moins que les autres, bien qu'ils se déguisassent sous un prétendu amour d'une monarchie constitutionnelle, qui deviendrait en leurs mains ce qu'il plairait à leur avidité.

Ce parti, plus taquin qu'entreprenant, me susciterait des embarras, plutôt que de vrais périls; il procéderait par récriminations, me calomnierait, mais n'oserait prendre seul les armes, dans la crainte de trahir son peu de force, et surtout de se démasquer. Car il n'était alors composé que de quelques hommes d'un âge mûr et de vieillards incapables d'agir, bien que fort âpres à la curée.

Viendraient ensuite les Buonapartistes, qui formaient la masse dans l'armée et dans l'administration. Ceux-ci, nés au camp et par conséquent sabreurs de profession, me paraissaient très-capables d'un coup de main. Tant que je les vis de loin, j'avoue qu'ils me firent peur, persuadé que j'étais que ces hommes comblés des faveurs de Buonaparte auraient pour lui de la fidélité, de la reconnaissance; que, dévoués et intrépides, ils rempliraient la France de foyers de guerre civile, et que mon règne tout entier s'écoulerait dans la pénible occupation de les combattre.

Mais combien c'était peut-être mal les connaitre ces braves serviteurs de l'empire! car je dois avouer, pour ne pas être accusé d'ingratitude, que je n'eus qu'à me louer de leur conduite à mon égard ainsi qu'envers ma famille ; il n'y eut parmi eux de récalcitrans que ceux qu'on me fit évincer fort mal à propos. Il est certain que la soumission de l'armée impériale passa mon espérance. Je fis la faute d'y croire, et elle me coûta la révolution des cent jours. Il est vrai de dire que, vaincus en 1815, la plupart de ces nouveaux prétoriens me tendirent de nouveau les bras et me firent de nouvelles protestations de dévouement sur lesquelles je crus encore devoir me reposer.

L'esprit du militaire a changé en France, mais non sa valeur.

Le troisième parti se composerait des royalistes, c'est-à-dire de la portion des émigrés réellement demeurés fidèles à ma cause, puis des intrigans, des fous, des énergumènes, qui, avec ou sans droit, prétendraient recueillir à eux seuls tout le fruit de la révolution, et viendraient à mon débotté me demander la permission de se refaire de leur long jeûne. Ceux-ci ne seraient pas ma moindre pierre d'achoppement ; je les connaissais, je savais qu'ils se montreraient aussi injustes à mon égard que les jacobins, et que ce serait peut-être dans leurs rangs que je finirais par trouver mes plus cruels ennemis. Je comptais sur mes doigts les prétentions exagérées qu'ils feraient valoir, les mille et mille moyens qu'ils emploieraient pour effrayer les révolutionnaires, et augmenter encore leur acharnement contre nous. Je n'ignorais pas qu'ils tenteraient de reconstruire l'édifice féodal, et que certains ecclésiastiques bornés ou fanatiques feraient chorus avec eux.

Je dois encore signaler un quatrième parti qu'embrasserait la majorité de la nation, et celui-là ne serait pas le moins redoutable. Ici on attendrait de moi des prodiges, des récoltes fécondes, la réussite de toutes les spéculations commerciales, la diminution des impôts, la fin du système conscriptionnel, le bien-être de chacun en particulier, et de tous en général, en un mot, l'impossible.

J'aurais en outre à lutter contre une foule d'embarras du moment ou locaux que j'entrevoyais confusément sans pouvoir les déterminer à l'avance. Ils naîtraient des passions mises en jeu, des fantaisies, des exigences de ceux qui m'entoureraient, du dehors, du dedans, enfin du désir que chacun aurait de conserver sa situation ou de s'en créer une nouvelle. Bref, pouvais-je espérer de faire comprendre à tant d'esprits divers les difficultés de ma tâche, et le besoin que j'avais de leur aide pour la remplir à la satisfaction de tous ? Certes, ce n'était pas chose aisée, et j'avais besoin de tout mon courage pour envisager, sans sourciller, ce dédale où allait se perdre mon imagination.

Mais ce n'était pas toutes mes croix encore. Il en était une sous laquelle je sentais d'avance mes épaules fléchir : c'était la question de la forme de gouvernement que j'adopterais. Rétablirais-je purement et simplement le régime antérieur à 1789, ou la constitution de 1791 ? maintiendrais-je le système de Buonaparte, ou donnerais-je une Charte nouvelle? Le premier parti paraissait le plus convenable aux yeux de certaines gens; mais moi-même j'en appréciais l'extravagance. Quoi! l'ancien régime aurait été rétabli *in integris*? Sans doute, il ne m'eût pas été permis, en ce cas, d'y rien retrancher. C'eût été reculer d'un grand siècle pour le moins. Aussi, ne m'y arrêtai-je pas.

La constitution de 1791 était démocratique à outrance : elle aurait ramené avant deux ans la révolution avec sa chambre unique, permanente ; et si, en la divisant, j'en eusse fait une chambre des pairs et une chambre des communes, on m'aurait accusé avec raison d'avoir violé le pacte en vertu duquel j'aurais régné. Ce n'était donc pas non plus chose faisable. Peut-être que si j'eusse été d'autre maison, le plus sage pour moi eût été de me coucher dans le lit de Buonaparte en en faisant seulement changer les draps, de conserver d'ailleurs le reste de ses institutions auxquelles on était accoutumé. Mais moi, Bourbon, pouvais-je m'asseoir sur un trône impérial, succéder à un usurpateur, et par cela même en acquérir le titre? Non, celui de roi légitime m'était trop cher pour que je voulusse y renoncer à aucun prix.

Mais au fait que fallait-il faire ?

Ce que je fis ; continuer ma dynastie en datant les années de mon règne du jour de la mort de mon neveu, et néanmoins donner à la France une constitution nouvelle avec les libertés qui lui étaient nécessaires ; unir le passé à l'avenir par un acte sage qui, en laissant au trône sa puissance, délivrerait le peuple de toute crainte sur les excès du pouvoir; en un mot, il fallait octroyer ma charte, mon œuvre chérie, immortelle, et qui, dans tous les temps, et après chaque autre orage, sera la pierre sacrée autour de laquelle la France entière se ralliera. Je n'eus garde, d'une autre part de revenir aux formes usées de l'ancienne administration royale. Je retrouvai le royaume sous un gouvernement admirable, avec un excellent système militaire, civil et financier. Je m'en emparai, et à l'aide des améliorations que j'y fis, je le rendis plus parfait en quelque sorte. Certes on ne pouvait faire mieux, et comme disait le soldat au baron des Adrets (1) : moi aussi je vous le donne en trois.

Au demeurant, il me fut bientôt prouvé que j'avais pris la bonne voie ; les applaudissemens unanimes de la France et de l'Europe en firent foi, ainsi que les Chartes, à l'instar de la mienne, concédées aux peuples par divers souverains. Je me maintiendrai dans le même système jusqu'à

(1) Le baron des Adrets ayant fait prisonniers plusieurs soldats, les obligeait à se précipiter du haut d'une tour; l'un d'entre eux ayant été jusqu'au bord, s'arrêta et revint : Le baron se fâchant : Je vous le donne en trois, repartit le soldat. Cette réponse lui valut sa grâce. (*Note de l'éditeur.*)

ma mort, s'il plaît à Dieu, et je lui demande d'écarter de mes successeurs l'idée de s'en affranchir. Ma Charte est bien une Charte octroyée, et pourtant il ne dépendra plus de nous de l'attaquer dans ses dispositions fondamentales. La France l'a déclarée sienne, et quiconque la violerait attaquerait la nation dans sa propriété.

Experto credo Roberto.

C'était donc ce qui m'occupait le plus au moment de ma rentrée. Je me disais aussi qu'il s'agissait d'aviser aux moyens de renvoyer le plus promptement possible mes amis les alliés, non que ma reconnaissance envers eux me fût importune, mais parce qu'il me semblait plus doux de la leur témoigner libre de leur présence. Je craignais déjà de leur voir prendre goût à mon beau royaume, à ma riche France, qui, renfermée dans ses anciennes limites, aurait toujours assez de vigueur pour les étendre de nouveau. Je ne me souciais donc pas que, après avoir tant appris à la craindre, ils se missent à l'aimer de manière à ne plus vouloir la quitter.

J'avais hâte de toutes manières de rentrer; Monsieur, chargé de me représenter, taillait en plein drap, et en le voyant d'un trait de plume rendre cinquante places fortes, je sentis que cet enfant de bonne famille avait grand besoin de m'avoir près de lui pour apprendre l'économie, cette vertu si utile quand elle ne dégénère pas en lésine.

Dès que je pus apercevoir la côte de France du vaisseau que je montais, oh! avec quelle émotion je me souvins de l'époque où c'était bien à moi qu'il appartenait de s'écrier avec Du Belloy :

Plus je vis l'étranger, plus j'aimais ma patrie.

En 1791 j'avais fait à ce beau pays de France les adieux de l'exilé : quels contrastes ! quels changemens ! dans ce même royaume qui avait passé par une république et un empire militaire avant de redevenir cette France de mes aïeux ! Dieu était enfin satisfait, après avoir châtié par ses propres fautes la grande famille des Français. Je rapportais avec moi la paix, la concorde, l'union et l'oubli. J'allais faire refleurir tout ce qui procure de l'éclat et de la prospérité ; mes paroles auraient du retentissement, et ma volonté serait respectée !

Qu'il fut aisé de s'en apercevoir dès avant ma sortie d'Angleterre ! L'exilé d'Hartwell avait disparu ; on ne le retrouvait nulle part ; c'était le même habit, mais non le même homme. Cette métamorphose se manifestait en moi comme dans les autres ; peut-être avais-je déjà la voix plus ferme, et eux l'épine dorsale plus flexible.

Madame Royale, ma fidèle Antigone, conservait seule son calme imperturbable. Le malheur n'ayant pu l'amener à ces concessions que fait la sagesse humaine, elle n'était pas dans la nécessité de changer de visage... elle pleurait... et elle allait revoir la France!... Mais, hélas! elle ne devait retrouver que des tombeaux, que d'affreux souvenirs; tous ces palais où resplendirait la grandeur royale seraient remplis pour elle de cruelles images et ne lui inspireraient que d'amers regrets. Madame eut à donner une grande preuve de son énergie en consentant à me suivre : elle aurait voulu ne venir qu'après moi. Je m'y opposai : je ne voulais pas rentrer sans elle ; il fallait que ma nièce se montrât à la France comme un ange d'oubli et de pardon.

Je conjurai donc Madame Royale de sécher ses larmes, de paraître devant les Français avec le sourire sur les lèvres. Ce fut encore un des mille sacrifices que la révolution exigea d'elle, et certes ce n'était pas le moins pénible.

Quant à moi, je pris la ferme résolution de ne plus me rappeler les événemens antérieurs. Je ne voulus avoir de mémoire que pour les services qu'on me rendrait désormais. Je compris qu'un roi, placé dans ma position, devait avoir le pénible courage de montrer presque de l'ingratitude envers le passé, afin d'assurer le repos de l'avenir. La conduite de Henri IV me parut convenable à suivre, et je me promis bien que les ligueurs repentans auraient autant de droit à mes faveurs que mes serviteurs de l'émigration.

Mon cœur en souffrit sans doute; mais, avant moi, je dus voir la France qui exigeait ce sacrifice.

D'ailleurs, après vingt-cinq ans d'absence, je

ne rapportais pas cette impétuosité de la jeunesse, ce besoin de vengeance contre ceux qui m'avaient fait tant de mal. Toutes mes blessures étaient cicatrisées; comme Horace, je pouvais dire:

Henit albens animos capillus.

(Mes cheveux en blanchissant adoucissent cette humeur bouillante.)

Oui, j'aspirais à satisfaire les masses, à les apaiser, à continuer l'habile fusion qu'avait établie Buonaparte. Le ciel ne m'a pas permis de la consommer; mes partisans y ont mis des entraves, et me font journellement répéter les vers de la fable de l'Ours et du Jardinier:

Rien n'est si dangereux qu'un ignorant ami,
Mieux vaudrait un sage ennemi.

Dès le premier instant de mon changement de fortune, le cabinet anglais m'insinua qu'il serait charmé de conclure avec moi un traité de commerce qui deviendrait le *nœud d'une éternelle alliance.* Je répondis à cette proposition par un million d'assurances de mon accord; mais je remis à m'occuper de cette affaire à l'époque où je serais sur mon trône. J'enveloppai ce refus de formes capables de l'adoucir; et comme on ne pouvait alors me dicter des lois, il fallut se contenter de cette défaite.

Ni pour or ni pour argent, comme on le dit proverbialement, je n'aurais fait en dehors de la France un acte désavantageux à ses intérêts. J'aurais préféré mourir dans l'exil plutôt que d'avoir à me reprocher rien de semblable! Je voulais rentrer comme j'étais parti, avec mon honneur intact. Il n'y a que les usurpateurs qui peuvent faire bon marché d'une couronne dont la moindre parcelle vaut mieux encore que leur héritage.

Le 23 avril, tous les complimens faits ou reçus, je m'embarquai à Douvres, avec Madame, le prince de Condé et le duc de Bourbon, sur *le Royal Sovereing*, escorté par le duc de Claren, amiral de la flotte, forte de huit vaisseaux de ligne, sans compter un nombre de bâtimens de toutes grandeurs. Je fus salué par l'artillerie de la ville et des navires, par des hurras qui me semblèrent bien doux. Mes yeux se portaient avec avidité vers la côte de France garnie d'une foule immense qui, non contente de m'attendre sur la plage, couvrait la mer d'une multitude d'embarcations.

J'éprouvai un frémissement singulier à la vue du premier drapeau blanc qui se présenta à moi le 24 avril, jour où réellement je me mis en route. Il me sembla que toute la pompe de la monarchie se déroulait avec lui. Ce fut surtout dans cette occasion que j'eus besoin de faire un appel à mon énergie, et me tournant vers Blacas, placé à mes côtés :

— Voilà la France! lui dis-je.

— Oui, sire.

— Ce drapeau, c'est elle, c'est moi, les Bourbons,

la monarchie. Salut, bannière sacrée, salut... Oh! Blacas! cette fois, je suis bien roi de France...

Et le comte de me baiser la main en pleurant, et moi de me jeter ravi dans ses bras.

Cependant un vent favorable poussait rapidement l'escadre. Mon royaume enfin m'apparut en réalité ; je me fis conduire sur le pont afin de mieux voir *ma France*. Je la vis belle, triomphante, radieuse : je compris tout le bien que je pouvais lui faire, je la saluai de la main, du regard, de l'âme; j'étais fou... tout ce qui se disait autour de moi arrivait confus à mon oreille. Mon corps était dans le vaisseau, mais mon esprit, mais mon cœur étaient en France : je dévorais la terre des yeux. Un officier anglais me demanda si j'avais l'intention de débarquer tout de suite.

— Ventre-saint-gris, répliquai-je, il me tarde trop de cultiver mon champ, pour laisser aux ronces le temps de l'envahir. On n'est bien que chez soi, et là ils ont tant besoin de l'œil du maître... Entendez-vous, monsieur?... Ce sont mes enfans qui m'appellent : Dieu devrait donner des ailes à leur père.

Nous atteignîmes le port, au milieu des acclamations, du fracas de cinquante bouches à feu et du son d'énivrantes symphonies. Les *vive le roi* faisaient retentir les airs, et jamais musique ne me parut plus harmonieuse. On criait aussi : *Vivent les Bourbons! vive Madame! vivent les princes!* Peut-être cria-t-on également : *Vivent les alliés* Tout me semblait bien ce jour-là. J'avais mon chapeau à la main, je saluais mon peuple en montrant mon cœur.

Une calèche me reçut avec madame : les harangues ne me manquèrent pas : la première fut celle du curé. Ce digne pasteur y mit tant d'effusion, qu'il oublia le temps... Je comptais les minutes ; aussi, lorsqu'il eut achevé :

— Monsieur le curé, lui dis-je, le ciel, après vingt-cinq ans d'absence, me rend mes enfans : allons remercier Dieu dans son temple.

J'avais hâte de commencer la restauration !

CHAPITRE II.

Quelques surprises. — Comte Maison. — Politique du roi. — Sa réponse à un messager secret du sénat. — La France. — Compiègne. — Les maréchaux. — Ce que le roi leur dit. — On veut qu'il s'arrête à Compiègne. — Il veut aller à Paris. — Colloque curieux. — Prince de Talleyrand. — Première conversation du roi avec lui. — Son conseil relativement au duc d'Orléans. — Déclaration de Saint-Ouen. — Elle déplait à certaines gens. — On dépêche au roi M.... du M... — Dialogue avec lui. — M. de Chateaubriand. — Il se brouille avec le comte de Blacas.

Dois-je l'avouer ? je dormis la première nuit que je passai en France ; et la veille, je n'avais pu trouver le sommeil sur le *Royal Sovereing*. Je désirais alors ; maintenant je possédais ! Ma royauté réelle commença du moment où je mis le pied sur le sol du royaume : un monument en bronze en désigna la place. Je ne pourrais revoir sans émotion cette trace de mon premier pas en France que les bons Calaisiens ont imprimée sur la dalle du port où je posai ma semelle en débarquant.

Dirai-je encore que je ne reconnus presque plus rien de mon ancienne France ? je n'en retrouvai ni les habitudes, ni les mœurs, ni le costume. Il s'était établi une étrange métamorphose depuis mon absence. Je n'y revis rien non plus de l'ancienne fierté de la noblesse, de la magistrature, ou même de l'armée. Oui, malgré les formes respectueuses et peut-être serviles en apparence qu'on employait pour aborder les princes, on y voyait au fond de la dignité et un profond sentiment de la valeur personnelle.

Sans doute Buonaparte était parvenu à en effacer jusqu'à la moindre trace, car je n'en retrouvai nulle part : c'était à qui se prosternerait le plus bas, à qui me céderait son âme au meilleur marché possible.

— Où sont les républicains? me demandai-je ; ces farouches soldats : ces contempteurs des souverains, ces ennemis de la noblesse et des priviléges, ces apôtres de l'égalité?... de la médiocrité? Hélas! quelle avidité pour les titres, les croix, les grades !

Le général Maison gagna de vitesse ses camarades et ses émules. Il me prouva son royalisme au pas de course ; il contraignit ses troupes à venir de Lille à Calais en vingt-quatre heures (il y a vingt lieues de distance). Ce brave militaire me promit de ne servir que moi, de ne vivre que pour les Bourbons. J'espère qu'il n'oubliera jamais le serment. Tout son état-major me manifesta ce même enthousiasme. Cette conduite est à l'ordre du jour dans le camp.

Je récompensai le comte Maison en le nommant pair de France : c'était bien le moins ; il avait tant couru !

A Calais, on me parla *sérieusement*, pour la première fois, d'un projet de constitution présenté par le sénat. Mais j'étais prévenu et je m'étais fait la leçon à moi-même pour répondre *en riant* :

— Qu'est-ce que le sénat ? demandai-je.

— Mais, sire, c'est le sénat-conservateur.

— De ses rentes, repartis-je. Car qu'a-t-il autrement conservé ? où est le tribunat, un des pouvoirs de la constitution de l'an VIII ? la liberté de la presse, la liberté individuelle ? où sont tant d'autres institutions solidaires du corps-législatif ? Si donc le sénat n'a rien fait pour maintenir tout cela, qu'est-ce que le sénat ? je le répète. Quoi ! est-il tellement l'unique corps constitutif, que si je refuse d'accepter son vote, il prononcera ma déchéance ? Et les législateurs, les conseils-généraux des départemens, et enfin le royaume tout entier, que sont-ils ? Je suis roi, moi, je le suis par mon droit de naissance, non dans mon intérêt privé, mais dans celui de la nation qui a tout à gagner à la légitimité. Or donc, monsieur le sénat me permettra d'être roi depuis 1795, et non du jour de son décret. Je sais que dans ce corps il y a de hautes capacités et des réputations militaires très-brillantes ; je ne laisserai à l'écart ni les unes, ni les autres ; car je déclarerai mien tout ce qui sera vertu, talens et courage.

Cette réplique fit baisser l'oreille à qui l'entendit, et le messager du sénat perdit l'espoir d'obtenir de moi une sottise. Je me serais perdu tout d'abord en admettant le principe d'élection. Il y eut des gens assez bornés qui me proposèrent sentimentalement de commencer une nouvelle dynastie, et de m'appeler Stanislas Ier ou Xavier Ier. Je leur tournai les talons, et me qualifiai de Louis XVIII, constatant ainsi le règne de mon neveu. Je datai le mien de sa dix-neuvième année, et c'était rejeter loin mon avènement, et donner aux têtes couronnées la mortification de voir un vieux roi, qu'ils avaient précédemment refusé de reconnaître, leur rappeler que ce n'était pas d'aujourd'hui qu'il comptait parmi eux.

Je quittai Calais, et pris ma route par Boulogne, Montreuil, Abbeville, Amiens et Compiègne. Je fus charmé, partout, de la réception qu'on me fit. Les populations me parurent avides de voir un roi, et je crus m'apercevoir que ma mine royale ne leur était pas désagréable. J'entendis à plusieurs reprises, de bonnes femmes dire en me désignant :

Au moins celui-là est beau !

Je me souvins, non sans un peu de coquetterie, du voyage que je fis jadis comme comte de Provence : Serais-je rajeuni par ma restauration ? me dis-je ; hélas ! non : l'amour de mes sujets me paraît seul de ce qui me manquait pour justifier le propos.

A chaque pas, ma voiture était environnée par une foule innombrable et sans cesse renaissante. On m'avait dit que la France était dépeuplée : la jeunesse mâle était, il est vrai, quelque peu clair-semée ; mais de là à cette solitude dont on m'affligeait à Hartwell, dans *des rapports véridiques*, certes il y avait loin. Je remarquai aussi une meilleure culture, un système agricole mieux entendu ; les maisons, les fermes, les chaumières se présentaient sous un aspect plus riant. La révolution, au fond, n'avait pas nui à l'aisance générale : elle a frappé des particuliers ; mais la masse s'est améliorée dans son existence et dans ses rapports. C'est une justice à lui rendre ; je le fais en homme consciencieux, dût-on me courir sus pour ce nouveau grief.

A Compiègne m'attendaient les *maréchaux d'empire*, très-impatiens d'échanger ce titre contre celui de *maréchal de France*, qui leur paraissait plus ronflant, plus solide. J'avoue que ma surprise fut grande en voyant parmi ces nouveaux fidèles, le prince de Wagram, Alexandre Berthier, un homme comblé par Buonaparte, créé vice-grand-connétable de l'empire, prince souverain de Neufchâtel, et doté de je ne sais combien de rentes. Cette rencontre me fit faire de profondes réflexions ; plus philosophiques que consolantes, sur le cœur humain.

Je reçus ces messieurs en monarque enchanté de leur démarche ; j'aurais eu véritablement à compter avec eux s'ils se fussent tenus à l'écart. Je changeais en courtisans soumis les premiers capitaines de l'Europe, je devais être vain et joyeux tout à la fois.

— Messieurs, leur dis-je à notre première entrevue, je suis heureux de me trouver avec vous, heureux et fier.

Ce mot *fier* fit son effet, je le reconnus au brouhaha qui se manifesta parmi eux. Un peu plus tard le prince de Neufchâtel en sa qualité de vice-grand-connétable, me harangua au nom de cette troupe héroïque. Il ne se doutait pas du plaisir que ses paroles produisaient sur moi. Je lui répliquai bellement ; et après un début poli et personnel au prince de Wagram, j'ajoutai :

— C'est sur vous, messieurs les maréchaux de France, que je veux toujours m'appuyer. J'espère que la France sera désormais heureuse et n'aura plus besoin de votre épée ; mais si jamais on nous forçait à la tirer, tout goutteux que je suis, je marcherais à votre tête.

Ce compliment me parut ne pas déplaire à ces messieurs ; ils me jurèrent tous de mourir pour moi ; et dès lors ils devinrent miens. Ainsi la ligue légitima autrefois ses enfans. Au reste je ne pouvais mieux faire : c'étaient tous des hommes de tête et de cœur, habiles militaires ; et, sans remonter aux jours de Charlemagne, la noblesse avec ses dignités a toujours été la récompense des hauts faits d'armes.

Je menai à Compiègne les princes de Condé

et de Bourbon, branche de notre arbre antique sur laquelle le destin avait épuisé ses plus cruelles rigueurs. Charmé que j'étais de me trouver au milieu des miens, je m'attachai à coquetter avec les maréchaux; cela n'était pas difficile; un mot, un regard d'un roi ont tant de prix pour les courtisans !

J'étais pressé de rentrer à Paris, bien qu'il y eût des gens qui me conseillassent de séjourner à Compiègne. Mais je n'en fis rien, ma place était aux Tuileries. Déjà d'ailleurs commençait autour de ma personne ce manége dont certains individus ne se sont jamais lassés. On prétendait enchaîner ma volonté, circonscrire mes démarches, me tracer impérieusement une règle de conduite. On venait se placer en foule entre la nation et moi, et j'avais à répéter sans cesse le mot de Henri IV mon aïeul à ceux qui se mettaient devant lui le jour de la bataille d'Ivri. *A quartier, messieurs, ne m'offusquez pas.* J'avais, par Dieu ! affaire en outre à de belles dames qui sans doute formaient le projet de reculer la monarchie jusqu'au règne de Louis XV, et ceci ne pouvait me convenir. Quelqu'un me dit :

— Le roi règlera les entrées au château?

— C'est-à-dire que j'en ferai ouvrir toutes les portes.

— Quoi, à tout le monde?

— Oui, sans doute, on ne nous connaît pas ; il faut bien nous laisser voir.

— Les honneurs de la cour aux premiers venus !

— Avant de songer à rétablir les honneurs, il convient de nous asseoir solidement. La noblesse n'a pu empêcher ni finir la révolution première; je me garderai donc bien de ne m'entourer que d'elle seule. Je veux être roi pour tous, et dès lors il faut que chacun m'approche.

Je perçai plus d'un cœur par cette déclaration; il y eut des larmes répandues qui ne furent pas de joie. Tout ce que je voyais me faisait comprendre la nécessité de trancher dans le vif; et après vingt-quatre heures de repos à Compiègne, je me rendis à Saint-Ouen, aux portes de Paris. Je passe une foule de détails, de visites, d'audiences, de complimens; j'écrirais des volumes, si je voulais ne rien omettre, et il me reste encore tant à dire!... Espérons que j'irai jusqu'à la fin... Je désirerais ne rien taire; mais, quoi qu'il arrive, ma franchise sera aussi étendue que possible; et comme mes Mémoires ne paraîtront qu'après ma mort, je me ris un peu des reproches que les intéressés m'adresseront.

Un des premiers qui vint me voir fut ce bon prince de Talleyrand... Quel chemin il avait fait depuis notre dernière rencontre, bien que naturellement peu ingambe! Chaque fois que je le vois venir à moi en clopinant, je pense à cette tortue qui devançait les lièvres à la course. Notre entretien fut d'une sensibilité, d'une expansion! En vérité, si je l'eusse moins connu, je me serais laissé prendre à cet air qui en a tant séduit.

Cependant ma loyauté me commande d'avouer que moi et les miens, avons contracté envers le prince de Talleyrand une dette que des rois seuls peuvent acquitter. Sans lui, sans son adresse, les événemens eussent pris une autre face, et, selon toute apparence, je serais encore en Angleterre. C'est un aveu qui ne me coûte point, bien qu'on m'accuse de manquer de reconnaissance.

J'en appris plus en un quart d'heure de conversation avec le prince de Talleyrand, que je ne l'avais fait dans l'espace de dix ans. Il me mit au courant de la position réelle du royaume, et, avec le tact consommé qui le distingue, m'indiqua ce qu'il fallait faire sans avoir l'air de me donner des conseils. J'avais foi en son expérience, quoique je craignisse peut-être un peu son habileté. C'est un malheur; mais il inspire cette sorte de jalousie qui nous porte à fuir ceux qu'on croit capables de vous mener.

Je lui parlai de la constitution du sénat; il se mit à sourire en clignant à demi ses yeux si bleus et si doux.

— Qu'en ferai-je? lui dis-je.

— Hélas! sire, pas grand'chose de bon, je pense.

— Mais encore, monsieur?

— Ce qu'une haute sagesse inspirera à Votre Majesté.

— Et du passé, qu'en ferons-nous?

— Il faudra tâcher de l'oublier, sire.

— Vous êtes donc pour une nouvelle constitution ?

— Je suis Français, et à ce titre je crois que

Il nous faut du nouveau, n'en fût-il plus au monde.

La citation me fit rire.

— Mais les anciens, repris-je, auraient ceci en horreur.

— Le roi dont le droit remonte si haut règne d'aujourd'hui.

— Depuis dix-sept ans, monsieur.

— Depuis l'an de grâce neuf cent quatre-vingt sept, si Votre Majesté le préfère.

Après ce début assez plaisant, je fis part au prince de Talleyrand de mon plan, qu'il approuva. J'ajoutai que le sénat, quoiqu'un peu avide, méritait des ménagemens; que son acte de déchéance m'avait bien servi, et que, pour l'en récompenser, je souhaitais que quelques sénateurs vinssent conférer en apparence avec moi sur ma charte constitutionnelle; ceci plut encore au prince, puis j'ajoutai:

— J'ai hâte que les alliés nous quittent.

— Le roi, reprit-il, est bien pressé que monseigneur le duc d'Orléans revienne.

— Oh! quant à cela, il peut se tenir tranquille.

— L'air de Palerme lui est favorable; si Votre Majesté le lui conseillait?

Ces mots répondaient trop bien à ma pensée pour que je n'y donnasse qu'une attention fugitive. Je dis que je réfléchirais, et en effet un peu plus tard je fis écrire au duc d'Orléans. Il a prétendu que cette lettre ne lui était point parvenue, ce qui prouve que mon cousin est bien servi par le hasard.

J'appris aussi du prince de Talleyrand les inquiétudes qui tourmentaient et les hommes de la révolution, et les acquéreurs des biens nationaux, et les fonctionnaires publics, et enfin la masse de la nation. Je compris la prompte nécessité de les rassurer, et je fis imprimer dans le Journal officiel et dans toutes les autres gazettes, cette pièce importante datée de Saint-Ouen, 2 mai. Elle disait :

« Louis, par la grâce de Dieu, roi de France et
» de Navarre, à tous ceux qui ces présentes ver-
» ront, salut:

» Rappelé par l'amour de notre peuple au trône
» de nos pères, éclairé par les malheurs de la
» nation que nous sommes destiné à gouverner,
» notre première pensée est d'invoquer cette con-
» fiance mutuelle si nécessaire à notre repos et à
» son bonheur.

» Après avoir lu attentivement le *plan* de con-
» stitution proposé par le sénat, dans sa séance
» du 6 avril dernier, nous avons reconnu que les
» bases en étaient bonnes ; mais qu'un grand
» nombre d'articles portant l'empreinte de la pré-
» cipitation avec laquelle ils ont été rédigés, ne
» peuvent dans leur forme actuelle devenir loi
» fondamentale de l'État.

» Résolu d'adopter une constitution libérale,
» voulant qu'elle soit sagement combinée, et ne
» pouvant en accepter une qu'il est indispen-
» sable de rectifier, nous convoquons pour le 10
» juin de la présente année le sénat et le corps lé-
» gislatif, nous engageant à mettre sous leurs yeux
» le travail que nous avons fait avec une commis-
» sion choisie dans le sein de ces deux corps, et à
» donner pour base à cette constitution, les garan-
» ties suivantes :

» I. Le Gouvernement représentatif sera main-
» tenu tel qu'il existe aujourd'hui divisé en deux
» corps, savoir :

» Le sénat et la chambre composée des députés
» des départemens ;

» L'impôt sera librement consenti ; la liberté
» publique et individuelle assurée ;

» La liberté de la presse respectée, sauf les pré-
» cautions nécessaires à la tranquillité publique ;

» La liberté des cultes garantie ;

» Les propriétés seront inviolables et sacrées ;
» la vente des domaines nationaux restera irrévo-
» cable ;

» Les ministres, responsables, pourront être
» poursuivis par une des chambres législatives, et
» jugés par l'autre ;

» Les juges seront inamovibles, et le pouvoir
» judiciaire indépendant ;

» La dette publique sera garantie ; les pensions,

» grades, honneurs militaires, seront conservés,
» ainsi que l'ancienne et la nouvelle noblesse ;
» La légion-d'honneur dont nous déterminerons
» la décoration, sera maintenue, et tous les Fran-
» çais admis aux emplois civils et militaires ;
» Enfin, nul Français ne pourra être inquiété
» pour ses opinions et ses votes.

» *Signé* Louis. »

Cette déclaration fit du bruit ; elle charma la majeure partie de la nation, tourmenta fort peu le sénat, et anima contre moi ceux qui, à peu près depuis dix ans, me laissaient tranquille. Je me suis plaint, en diverses parties de ces Mémoires, de la haine que me portait l'ancienne cour. Cette haine, qui m'avait poursuivi dans l'exil, ne se ralentit pas après ma rentrée. Ce fut de toutes parts un concert de désespoir, d'injures et de calomnies ; on m'accusait avec aigreur de manquer de reconnaissance... envers qui ? L'émigration se flattait-elle de m'avoir rendu la possession de mes droits ? certes il n'en était rien, et je puis dire que je suis revenu sans son concours.

On voulait que je fisse restituer à chacun son rang, ses priviléges et ses biens ; enfin que j'allumasse la guerre civile en France à la suite de la guerre étrangère. Ce fut M. M... de M... qu'on me dépêcha d'abord pour me faire entendre raison. Le choix me surprit : sans doute c'était un homme plein d'honneur et de bonnes intentions ; mais voilà tout. Il avait joué un autre rôle au début de la révolution en se montrant l'antagoniste le plus prononcé de la noblesse, et on n'a pas oublié le propos de l'abbé Maury à son sujet.

M. M... de M..., que j'avais connu jadis fort homme du monde, m'arriva depuis à demi béat. Je lui fis fête néanmoins, car je cherchais à effacer le passé ; d'ailleurs nous commencions une époque où on donnerait dans la sainteté. Il se mit pour ainsi dire à mes pieds, puis il entra en matière. Il s'agissait, à l'entendre, d'un point très-facile : la reconstruction pure et simple de l'ancien régime, avec ses abus, ses avantages, ses priviléges, etc., etc. ; en un mot, une véritable rêverie.

— Mon cher M..., lui dis-je, croyez que je suis au moins aussi royaliste que vous pouvez l'être ; que s'il dépendait de ma seule volonté, je ne céderais à qui que ce fût le moindre de mes droits, et que je chercherais même à les agrandir si j'y voyais jour. Mais avant de suivre mes désirs, je dois consulter ma raison. J'ai étudié l'époque ; j'en connais les exigences et les besoins. L'expérience m'a prouvé que nos bases antiques n'offraient plus de stabilité, et que par conséquent il fallait en choisir de plus solides.

M. M... se retrancha dans des lieux communs dont je sentis tout d'abord la futilité. Cependant je voulus bien condescendre à lui expliquer ma situation ; mais je parlais à un esprit prévenu qui ne pouvait me comprendre. Enfin, lassé de son insistance :

— Vous souhaitez, lui dis-je, le rétablissement de l'ancien régime ?

— Oui, sire.

— La majorité des Français le veut pareillement, selon vous ?

— C'est un fait positif.

— Eh bien ! mon bon M..., apportez-moi par écrit l'adhésion de cette majorité, y compris l'armée, et je m'engage à vous rendre aussitôt ce qui vous tient tant au cœur.

M... comprit alors combien j'étais loin d'accéder à son vœu. Il fut un peu désappointé de ce mode de trancher la question. Quant à moi, je me levai, et le congédiai en lui faisant mille caresses ; car, au fond, j'appréciais sa vertu et sa probité.

Je reçus ensuite un homme autrement célèbre, le vicomte de Chateaubriand, poète en prose, qui a cherché à introduire les Muses dans la diplomatie, à remplacer le fond par la forme, et à se créer une puissance de l'admiration qu'il inspirait à ses lecteurs. Je le connaissais, avant ma rentrée, par son *Génie du Christianisme*, et son noble refus de servir Buonaparte après l'assassinat du duc d'Enghien. Mais je venais surtout de lire les pages brûlantes de sa brochure de *Buonaparte et des Bourbons*, par laquelle il avait mis toutes les imaginations de notre parti. C'étaient des antécédens honorables; aussi accueillis-je M. de Chateaubriand à bras ouverts.

Son début me charma ; sa conversation fut étincelante de traits d'esprit ; je crois que j'y mis un peu du mien. Nous causâmes des anciens auteurs qu'il a appréciés, des modernes qu'il sait par cœur. Je lui citai des fragmens de ses OEuvres; il me répondit en me parlant politique; j'élevai Atala aux nues, et il me ramena encore sur le même terrain. j'en eus du regret. Pourquoi, lorsqu'on occupe avec tant de gloire une place dans sa sphère naturelle, veut-on constamment en sortir?

Il y eut, peu après, je ne sais quel malentendu entre Blacas et le vicomte de Chateaubriand, qui me fut désagréable. Le premier tenait à mon amitié, le second daignait y prétendre. Il en advint que, malgré moi, je ne fis pas tout ce que j'aurais pu faire à l'égard d'un homme de mérite, car je voulais demeurer maître chez moi, et lui aimait assez à jouer le maître chez les autres.

CHAPITRE III.

Précautions oratoires. — Ce qui est. — Nul ne parle pour la France. — La famille royale. — Les princes et princesses du sang. — Reproches injustes que l'on fait à Madame duchesse d'Angoulême. — Les souverains alliés. — Rapports du roi avec ces monarques. — Un mot sur le gouvernement provisoire. — Henrion de Pansey. — Comte Beugnot. — Général Dupont. — Baron Louis. — M. Roux Laborie. — Abbé de Pradt. — Il aurait accepté un bâton de maréchal de France.

On a beaucoup écrit sur la restauration, on écrira beaucoup encore. Que de gens prétendront y avoir joué un grand rôle, s'imagineront m'avoir tenu tête! Cependant aucune opposition ne songea de quelque temps à se mettre en armes; chacun au contraire se jeta à mes pieds, dès le premier jour de ma rentrée. Il y eut peu de récalcitrans, et encore dois-je placer dans cette catégorie ceux auxquels je ne pouvais m'empêcher de faire mauvaise mine. Si je n'avais écouté que ma politique, je me serais montré gracieux envers tout le monde; mais mon titre de roi n'excluait pas toujours celui de frère et de parent. Il y a des souvenirs qui s'effacent difficilement, et en conséquence je faisais malgré moi des mécontens, quand certaines gens exigeaient du roi des grâces, au lieu de se contenter du pardon. Il y eut aussi les boudeurs monarchiques.

Plusieurs membres du clergé furent du nombre, parce qu'au début je n'avais pas rétabli leur ordre dans toute son influence et ses richesses. La noblesse n'eut plus pour moi que des sourires contraints dès la seconde semaine de ma rentrée ; enfin on me brouilla avec l'armée, la troisième; et la quatrième, avec les gens de lettres, à mon grand regret, car Dieu m'est témoin que j'ai toujours affectionné la littérature.

Il faudra donc que la postérité se méfie des ouvrages qui parleront de moi. Mes ministres, et j'en ai eu beaucoup, écriront aussi sur mon règne, et l'accommoderont à leur manière ; je n'en suis pas responsable, et ne puis que mettre les lecteurs sur leurs gardes. C'est un des motifs qui me font continuer mes Mémoires au-delà de la première époque de ma vie. Quand il y aura des peintres parmi les lions, les lions auront tort de ne pas faire au moins une esquisse de leurs portraits, eux-mêmes.

Il est certain que les premiers temps de la restauration passèrent doux comme miel, c'est un fait que je me plais à certifier. Lorsque je rentrai, l'affaire était consommée, Buonaparte déjà oublié, et la république dans l'ombre. Deux voix seules avaient prononcé le nom du duc d'Orléans, et le prince de Talleyrand se hâta de le faire taire. Le sénat, après la première semaine, ne fut plus rien ; il se démolit lui-même ; les uns tirant à droite, les autres à gauche, au lieu de faire corps. On m'accabla de lettres, de protestations, d'assurances de fidélité. On me demanda grâce ou faveur ; on me vendit au rabais ce qu'on avait fait payer chèrement à Buonaparte. C'était tout simple, il était usurpateur, et moi j'étais légitime.

On se targuera également de m'avoir résisté, d'avoir voulu stipuler des garanties pour la nation ; mais je suis forcé de répéter qu'il n'en fut rien. Chacun songea à soi, et peu à autrui. D'ailleurs, qui ignore que, de nos jours, les vertus antiques ne sont plus à la mode.

C'est parce que je connais les hommes que j'insiste sur ce fait. Des militaires, il n'en fut pas question ; occupés à tirer leur épingle du jeu, ils ne crurent pas devoir se faire craindre. Je dois les en remercier, et pour leur marquer ma reconnaissance, je leur donnai, comme on le dit vulgairement, un os à ronger, en leur accordant des croix, des grades, de belles paroles, et la demi-solde. Quant aux administrateurs, je ne m'en tourmentai pas, je retins la majeure partie de ceux qui étaient en place, et cela avec connaissance de cause ; ils étaient au fait de la besogne, et pour faire jouer la machine il me fallait d'habiles ouvriers.

Je parle maintenant des masses, viendra ensuite le tour des individus ; mais auparavant, je veux épuiser la matière dans ses sommités, faire voir qui nous étions, et toucher quelque chose des souverains dont la volonté avait si heureusement soutenu mon droit.

Ma famille, en 1814, se divisait en trois branches: l'*aînée*, comprenant ma personne, Monsieur, les ducs d'Angoulême et de Berry, et Madame Royale. La *cadette* se composait ainsi : le duc d'Orléans, son fils, le duc de Chartres; ses filles, les princesses Louise et Marie nées à Palerme; sa femme, Son altesse Sérénissime Marie-Amélie, fille de Ferdinand IV; sa sœur, mademoiselle d'Orléans; sa mère, Son Altesse Sérénissime madame la duchesse d'Orléans. Puis la branche des Bourbons-Condé. Celle-ci était en quelque sorte en dehors de la couronne, puisqu'elle était disjointe du tronc principal avant l'avènement de Henri IV. Elle se composait seulement du prince de Condé et du duc de Bourbon; celui-ci était condamné, par un grand crime politique, à voir s'éteindre en lui son illustre race.

Nous étions donc en tout huit princes mâles, et les espérances de postérité reposaient sur deux d'entre eux: le duc de Berri et le duc d'Orléans, le premier non marié encore.

Le duc d'Angoulême, doux, simple, soumis, n'avait jamais fait parler de lui en aucune manière. On ignorait encore les qualités qu'il développa avec tant d'éclat, l'année suivante, dans la campagne du Midi. Sous les apparences d'un tempérament délicat, il jouissait d'une santé parfaite. D'une tête froide et d'un jugement sain, il s'accoutuma sans peine aux formes du gouvernement constitutionnel, et ceci, au point de faire de la Charte un des cas de sa religion. Le duc d'Angoulême a la piété d'un prince éclairé : par charité chrétienne autant que par politique, il a toujours compris que l'union des Français devait être notre but. Il est rempli de bonne volonté, et ne donnera jamais aucun sujet d'inquiétude à ses proches. Il se nuit peut-être par un excès de timidité et de retenue.

Le duc de Berri a eu une jeunesse orageuse ; il a peu appris, mais ce peu, il le sait bien. Il aime les arts plutôt que la littérature proprement dite. Je lui en ai souvent fait le reproche ; il s'en est excusé sans se corriger. Il préfère le mouvement militaire, non que la guerre lui plaise; mais élevé dans les camps, il en a pris les habitudes. Il est violent, colère même, et répare cette vivacité, qui va jusqu'à la brusquerie, par une foule de qualités précieuses. On l'adore dans son intérieur, et la France le chérira également quand elle le connaitra mieux.

Le duc d'Orléans a reçu une éducation parfaite ; on l'a élevé en homme, et il le doit à une femme: c'est le chef-d'œuvre de madame de Genlis. Les phases de sa conduite envers nous dans les diverses crises de la révolution, peuvent s'expliquer par la bizarrerie des circonstances où il s'est trouvé. C'est le polytype universel de la famille, dans ce sens qu'il a fait un peu de tout dans sa vie, et qu'il a conservé dans son caractère quelques teintes de tous ses métiers. Il a été tour à tour prince, républicain fraçais, soldat, émigré, professeur de mathématiques, voyageur péripatéticien, citoyen des États-Unis, lord anglais, gentilhomme sicilien, Espagnol en disponibilité; mais, en définitive, il est revenu à sa qualité de prince du sang des Bourbons. Son Altesse a porté successivement les noms de duc de Valois, duc de Chartes, citoyen Égalité, fils de duc d'Orléans. C'est un prince de bonnes mœurs, très-ménager de son bien, persuadé que le revenu doit venir au secours du capital; mais économe sans être avare. D'ailleurs ses goûts domestiques lui persuadent qu'un prince qui a une nombreuse famille doit songer d'avance à la légitime des cadets et à la dot des filles. Je ne l'ai jamais vu où j'aurais voulu le voir. Il ne se remue pas, et cependant je m'aperçois qu'il chemine. Cette sorte d'activité immobile m'inquiète. Comment s'y prendre pour empêcher de marcher un homme qui a l'air de ne point faire un pas? C'est un problème qui me reste à résoudre, et je voudrais bien n'avoir point à en laisser la solution à mes successeurs.

Le prince de Condé survivait à sa gloire justement acquise à l'émigration. C'était le débris vénérable de la glorieuse succession du plus grand nom militaire de notre race; mais, hélas! un pâle reflet de lui-même. J'en éprouvais un vif chagrin; j'aurais voulu le rendre à la France tel qu'il en était parti; car je ne pourrai jamais avoir assez de reconnaissance pour les grands services qu'il a rendus à la royauté.

Le duc de Bourbon était le fils du prince de Condé, et le père du duc d'Enghien.

Madame Royale joignait à toutes les vertus de son sexe l'énergie du nôtre. Elle seule aurait suffi à reconquérir notre sceptre, si, comme Marie-Thérèse, son aïeule, elle avait pu commander à une armée. Je lui devais ma consolation dans l'infortune, et c'était son âme qui retrempait la mienne. Combien de fois j'ai retrouvé du courage par l'effet de sa sublime résignation ! mes douleurs s'effaçaient à côté des siennes en les comparant. Je n'avais perdu personnellement que mon rang, et elle que lui était-il resté de sa famille, de ses grandeurs ? Plus à plaindre cent fois que ceux que renfermait une tombe sanglante, elle leur avait survécu sans pouvoir les venger, et même sans presque oser les pleurer. Aucune épreuve ne lui avait été épargnée par la Providence, qui lui refusait même la consolation de perpétuer la postérité de la maison de France.

Madame la duchesse d'Orléans, qui aussi avait connu de cruelles tribulations, en était sortie avec une réputation sans tache. J'avais autant d'estime pour elle que d'affection, et je lui en donnai une bien grande preuve lorsque je consentis à faire rentrer son fils en grâce.

Mademoiselle d'Orléans se fit estimer par sa conduite dans l'émigration. J'aurais souhaité qu'elle eût passé son temps d'exil près de sa mère, qu'elle ne vit qu'en passant.

Il y avait aussi madame de Condé, que j'ai oubliée plus haut : digne et sainte religieuse ; puis la duchesse de Bourbon, sœur du citoyen Égalité.

Voilà donc de qui se composait la famille royale. Je vis avec plaisir que tous ces beaux noms groupés autour du trône y éclipsaient d'eux-mêmes les bourgeoises principautés de la famille Buonaparte. Mais nous ne pouvions d'abord lutter de faste avec ces parvenus, lorsque nous n'héritions que de leurs dettes. D'ailleurs nous manquions d'une reine. Madame, duchesse d'Angoulême, qui seule aurait pu tenir la cour, n'en avait ni le goût ni le loisir. Il lui était pénible de se montrer avec splendeur là où elle et les siens avaient versé tant de larmes : des fêtes riantes aux Tuileries lui eussent semblé un horrible sacrilége. Elle n'osait se montrer, du moins dans les premiers temps, qu'avec un costume modeste, qui lui tint lieu de deuil, que par égard pour moi et la France elle n'avait pas pris. Voilà pourquoi, pendant plusieurs années, elle se maintint dans une simplicité dont le public murmura. Les Parisiens, oublieux de leurs chagrins les plus vifs, ne pouvaient concevoir la prolongation de celui de ma nièce. Leur injustice alla plus loin ; on se plaignit de ce qu'elle ne dansait pas dans le palais dont son père n'était sorti que pour monter à l'échafaud.

Quant à moi, j'aurais voulu tout accorder ; mais mes devoirs de frère et de monarque étaient

sans cesse en contradiction. Le plus important sans
doute était de ne pas replonger la France dans l'a-
bime dont elle ne faisait que de sortir. Mon rôle
devenait encore plus difficile par la présence des
trois souverains qui se trouvaient alors à Paris.
L'empereur Alexandre y jetait le plus d'éclat,
moins par sa valeur personnelle que par l'espèce
de suprématie que les circonstances lui avaient
fait prendre sur les deux autres. C'était un monarque demi-chevaleresque et demi-illuminé, ferme-
ment convaincu qu'il agissait sur la terre comme
l'envoyé de la divinité. Ce prince, ainsi que Fré-
déric-Guillaume, n'avait pu échapper aux théoso-
phes, aux cabalistes. Il s'était fait une religion toute
de spiritualité; il se prétendait le génie blanc, et
voyait dans Buonaparte le *génie noir* : c'est-à-dire
le principe de la guerre, tandis que lui était celui
de la paix. Cette infatuation, cette espèce de mani-
chéisme politique n'avait pu s'établir dans son cer-
veau sans y apporter quelque trouble ; aussi il m'est
revenu que dans plus d'une circonstance les visions
qui avaient poursuivi Paul Ier ne laissaient pas son
fils Alexandre tranquille. Il est certain qu'à deux
reprises différentes je me suis aperçu que ses idées
n'étaient pas nettes ; à part cela, c'était un prince
noble, généreux, sans magnificence, il est vrai ; ses
inclinations toutes pacifiques lui faisaient regarder
avec indifférence les palmes de la gloire, et il n'était
sensible qu'au titre, fort honorable assurément,
de chef d'une coalition de rois. Peu capable d'agir

par lui même, il se laissait facilement dominer, et le prince de Talleyrand acquit sur lui, pendant son séjour en France, l'ascendant que Buonaparte avait exercé précédemment.

Je désigne après lui le roi de Prusse, parce qu'en effet il paraissait marcher à sa suite. Ce monarque, simple dans ses goûts, sage, prudent, a peu fait parler de lui. La première partie de son règne s'écoula dans une sorte de frayeur de la France qui lui fit manquer de belles occasions de se signaler. La seconde eut un début funeste ; la fatale campagne de 1807, où en dix jours son trône fut en quelque sorte renversé. Depuis lors, il subit la loi rigoureuse du vainqueur. Plus tard, il y échappa non sans laisser douter peut-être de sa sincérité. Il manifesta dans ce retour de la fortune plus de modération que son peuple ; il fut le moins pressé de tous ; j'eus à me louer de sa conduite, et dus reconnaître que si elle avait été différente précédemment, c'était ses ministres que je devais en accuser.

Celui qui me surprenait toujours de plus en plus, était l'empereur d'Autriche ; je l'admirais d'avoir pris les armes pour venir détrôner sa fille et son petit-fils. La chose était consommée que parfois j'en doutais encore, et avec d'autant plus de raison que je me sentais incapable d'un tel excès d'héroïsme. Il est vrai que les états de Venise, et tant d'autres souverainetés, pouvaient bien consoler un peu le *père* en enrichissant l'*empereur*. Mais, avec ses goûts simples, je m'attendais à trouver en lui la paternité plus tendre. Les vertus privées de ce prince le rendaient très-vénérable. J'aurais bien voulu me plaire dans sa société, mais j'avais peur de le gêner ; peut-être aussi avais-je pitié des larmes que sa fille devait répandre, et craignais-je que cette pensée ne jetât du froid entre nous.

Au premier abord, ces trois souverains se trouvèrent presque embarrassés en ma présence J'avais beaucoup à me plaindre, non de l'empereur d'Autriche, j'aime à le croire, mais de la politique de son cabinet, qui, pendant toute la durée de mon exil, s'était constamment refusé à me reconnaître en ma qualité de roi de France, et qui, poussant plus loin l'oubli des convenances royales, s'était opposé à ce que je communiquasse librement avec l'empereur. Ces griefs, joints à une foule d'autres, pouvaient faire craindre à François Ier que je ne manifestasse mon mécontentement lorsque la parole m'était rendue. Je n'en fis rien ; j'étais trop content de recevoir chez moi, dans mon beau royaume, des souverains qui, bien que triomphans, avaient presque peur de leur victoire, pour m'attacher à revenir sur le passé. Je me vengeai plus dignement par la grâce de mon accueil, qui contrastait tant avec celui que jadis on n'avait pas rougi de me faire.

Au lieu donc de récriminer, je tâchai de redoubler de politesse, d'urbanité. Mes soins, mes attentions ne se démentirent point envers les trois monarques. L'empereur d'Autriche d'ailleurs mé-

ritait des ménagemens par sa position : il était
bien assez châtié par le mariage de sa fille, et la
perte du titre auguste d'empereur d'Allemagne.
Moi, au contraire, je me retrouvais sur mon trône
avec tous mes honneurs, et sans concessions hu-
miliantes. Les rieurs donc seraient de mon côté.

Je n'avais pas non plus à me louer du roi de
Prusse, et cependant je ne lui en voulais nullement.
Je faisais la part de sa faiblesse réelle vis-à-vis de
la France révoltée; de sa frayeur légitime de
Buonaparte, et en définitive de la cupidité de son
cabinet. J'avais acquis la preuve des bonnes dispositions de sa Majesté prussienne à mon égard,
et cela me suffisait.

Quant à l'empereur de Russie, il s'était singulièrement attaché à se faire l'ami de Buonaparte ;
c'était une passion, et à l'heure où je parle, sa
Majesté Impériale en était quelque peu honteuse.
Le dépit et la confusion se manifestaient clairement
en lui, et tout me porte à croire que ces sentimens
ne contribuèrent pas peu à l'engager à se déclarer
avec tant de vivacité contre l'objet de sa malen-
contreuse amitié.

Je voyais toutes ces choses sans le laisser paraître ; je traitai les souverains alliés comme si nous
n'avions jamais eu ensemble que des rapports agréables. Cette conduite les mit à leur aise ; et comme
nous ne parlions plus du passé, ils crurent que je
l'avais complètement oublié. Je me débarrassai
avec non moins de bonheur des demandes avides

qu'on renouvela ; et, Dieu aidant, la France et moi n'eûmes pas trop à nous plaindre de la restauration.

Plusieurs volumes ne suffiraient pas si je voulais rapporter tout ce que je fis, tout ce qui eut lieu autour de moi depuis mon débarquement à Calais jusqu'à mon entrée à Paris. D'ailleurs je n'ai point oublié que :

<blockquote>Le secret d'ennuyer est celui de tout dire.</blockquote>

Dès que le sénat eut prononcé la déchéance impériale, il s'établit un gouvernement provisoire, composé du prince de Talleyrand, de l'abbé de Montesquiou, du marquis de Jaucourt, du duc d'Alberg, et du comte depuis marquis de Beurnonville. Ce fut la transition convenue de l'usurpation à la légitimité.

Ces messieurs crurent devoir constituer aussi un ministère provisoire, afin de ne pas suspendre la marche des affaires. Ils appelèrent à la commission temporaire de la justice, M. Henrion de Pansey, magistrat honorable que j'aurais conservé plus tard, si à l'avance on ne m'eût pas fait le choix de M. Dambray. Le prince de Talleyrand, qui, vu sa longue expérience, a l'habitude de ne jamais s'oublier, mit aux affaires étrangères (alors relations extérieures), le comte La Forêt, diplomate tout à lui. C'était conserver l'exercice de ce portefeuille, et nul, certes, n'avait le droit de s'en offenser.

M. Beugnot eut la commission de l'intérieur, le général Dupont était sorti de l'Abbaye pour recevoir le ministère de la guerre ; l'armée vit avec regret ce choix, qui ne pouvait avoir sa confiance.

L'abbé Louis, devenu baron laïque, fut mis aux finances, où il ne se ruina pas. C'etait une sorte de personnage de l'ancien régime, merveilleusement façonné au nouveau ; ancien conseiller-clerc au parlement de Paris, prêtre constitutionnel émigré, chef du bureau militaire sous le consulat ; il avait chanté sur toutes les cordes, et pouvait répondre à tous les tons. C'est un homme qui sait faire sa part, que j'ai quitté et repris, et que peut-être encore il faudra quitter et reprendre. La marine échut en partage à M. Malouet; en cherchant beaucoup, on n'aurait pu mieux rencontrer. Un poète philosophe, M. Dupont de Nemours qui entendait si bien le langage des oiseaux, devint secrétaire-général du gouvernement provisoire. On lui adjoignit M. Roux Laborie, courtier du prince de Talleyrand, infatigable coureur, comme s'il avait aux pieds les ailes de Mercure, manipulateur universel qui a découvert certainement le mouvement perpétuel en politique.

Pour achever de compléter l'ensemble de ce gouvernement de quelques jours, on donna la préfecture de police à M. Anglès, et il paraît que le sieur Bourienne prit de lui-même la direction générale des postes, ne pouvant mieux faire. Il s'était imaginé, parce que Buonaparte l'avait chassé des Tuileries, que je devais lui en rouvrir les portes. Cependant je ne m'en souciais guère, les services qu'il m'avait rendus dans mon exil étaient payés depuis long-temps. Celui-là, ainsi que quelques autres, s'avisa de contester à Blacas sa part dans ma confiance; et moi, pour toute réponse, je les évinçai tout doucement.

Ce gouvernement provisoire stygmatisa par un acte ridicule, la nomination de l'abbé de Pradt à la grande-chancellerie de la légion-d'honneur, parade d'assez mauvais goût que je n'approuvai pas. M. de Talleyrand, à qui j'en parlai, me dit:

— Mais, sire, il voulait quelque chose.

— Il fallait lui offrir le bâton de maréchal de France.

— Dieu nous en eût gardés, sire, car il l'aurait accepté.

CHAPITRE IV.

Gouvernement provisoire de Monsieur. — Comment le roi est reçu. — Entrée à Paris. — Sensations du roi à la vue des Tuileries. — Il a besoin de se recueillir un moment. — Le lit de Buonaparte. — Maison du roi à former. — Son ministère. — Abbé de Montesquiou. — M. Dambray. — Comte de Blacas. — Opinion du roi sur la garde nationale. — Une manière de gouverner. — Pourquoi le roi adopte le mode administratif de l'empire. — Comparaisons de 1790 à 1814. — Le comte Jules de Polignac. — Premières nominations de Paris. — Traité de Paris. — Il convient aux circonstances.

Le comte d'Artois, en arrivant à Paris, prit en main les rênes du gouvernement. La bonne volonté ne lui manqua pas, mais on se plaignit qu'il donnait un peu trop à la reconnaissance : les peuples sont généralement égoïstes, aussi comprennent-ils mal cette vertu. Il me revint des murmures, et je fus forcé d'écrire à Monsieur de montrer un peu plus d'ingratitude. Cette missive arriva un peu tard ; cinquante places fortes étaient déjà rendues d'un trait de plume. Il en advint que, lors du traité de paix, nous n'eûmes aucune compensation à offrir. Ce fut une faute, je le dis sans ménagement.

Monsieur se brouilla presque avec le sénat, bien que sa bonne mine eût charmé le peuple et les dames. Il fut chevalier là où peut-être il n'aurait dû se montrer que politique. Il était temps que j'arrivasse ; je parus, et l'équilibre qui déjà se perdait fut rétabli. Le sénat vint à mon audience ; je lui fis un accueil gracieux, et le prince de Talleyrand, qui le présidait, porta la parole. Son discours fut long et froid, car il n'a pas le don de l'éloquence, mais son habileté compense amplement ce défaut.

Je répondis de mon mieux, en peu de mots, et pour cause. Chacune de mes paroles devant être pesées, il importait de les ménager. Je n'ôtai l'espéranc à personne, il fallait d'abord arriver aux Tuileries. Le 4 mai vit mon entrée à Paris ; ce fut un beau jour. J'ai laissé aux gazettes et aux historiens le soin d'en décrire le cérémonial. J'étais en calèche découverte, ayant à mes côtés Madame Royale, et vis-à-vis mes seigneurs de Condé ; mon frère et le duc de Berri chevauchaient autour de nous, ce dernier nouvellement arrivé de Jersey, où on l'avait retenu malgré son impatience. Le duc d'Angoulême était encore occupé d'organiser le Midi ; je l'attendais plus tard.

On me reçut avec des transports qui me ravirent ; je n'aperçus nulle part la moindre trace de la république ou de l'empire. On aurait pu croire que Paris ne renfermait que des royalistes. J'ai entendu dire que Monsieur, qui avait eu la primeur de l'enthousiasme parisien, se vantait d'avoir été mieux reçu que moi, mais à coup sûr je ne pouvais en demander davantage. Peut-être même qu'en gardant plus de mesure on m'aurait mieux éclairé sur mes véritables intérêts : mais le Français prend facilement des impressions bienveillantes. Il croit à tout ce qu'il éprouve, et la sensation du moment lui semble l'expression réfléchie de sa volonté. Je m'imaginais un peu légèrement, je l'avoue, que tout ce monde était las de révolutions, que chacun comprenait les avantages d'une autorité légitime, et qu'en conséquence on agirait de concert avec moi dans l'intérêt commun. Ce fut une erreur : plus fin que moi s'y serait laissé prendre.

Je ne voyais que joie et bienveillance sur les physionomies ; on criait *Vive le roi* de manière à me persuader qu'un autre cri serait impossible désormais. Je saluais à droite et à gauche en souriant à tout le monde ; je posais la main sur mon cœur, geste qui a bien son éloquence. Plus je conjurais Madame Royale de surmonter son émotion, car nous approchions des Tuileries, et plus elle avait de peine à la contenir. Il fallut tout son courage pour ne pas s'évanouir, pour ne pas fondre en larmes en présence de tant de témoins. J'obtins d'elle cet effort surnaturel.

Moi-même, j'étais vivement agité, le passé si déplorable m'apparaissant dans toute sa nudité. Je me rappelais d'être parti de cette ville vingt-trois ans auparavant, et presqu'à la même époque où j'y rentrais en roi. Avec quelle joie j'aurais renoncé à ceindre cette couronne, si j'avais pu prévoir tout le sang qui devait être répandu avant qu'elle se plaçât sur mes cheveux blanchis par l'infortune!

Je fus aussi près de défaillir lorsque j'aperçus les Tuileries. J'évitais de porter mes regards sur Madame Royale, afin de ne pas provoquer en elle une scène alarmante. Je tremblais que sa fermeté ne l'abandonnât dans ce moment si critique. Mais s'armant de résignation contre tout ce qui devait l'accabler, elle entra presque souriante dans ce palais d'amers souvenirs. Dès qu'elle put être seule, ses sentimens si long-temps comprimés débordèrent, et ce fut par des sanglots, par un déluge de larmes, qu'elle prit possession de l'héritage qui doit lui revenir tout entier selon le cours ordinaire des choses.

Que je fus heureux de me retrouver sans témoins, car je voulus l'être, dans la chambre occupée d'abord par mon frère, par Buonaparte ensuite, et où je rentrais après une si longue absence! cette solitude absolue était un besoin pour mon âme. Je priai, je gémis sans obstacle, cela me soulagea : puis je m'arrêtai à la résolution irrévocable d'agir de manière à ne plus exposer la France, les miens et moi-même à la révolution qui venait de finir.

J'aurais souhaité qu'on me laissât en paix le

reste de la journée, mais on voulait me voir.
Une multitude prodigieuse remplissait le Carousel,
la cour et le jardin; les cris me demandaient impérieusement. Je fis appeler Madame Royale, mon
frère et mon neveu, et nous nous montrâmes à
cette foule, toujours *affamée* de voir un roi, pour
parler le langage de Henri IV. Monsieur voulut me
baiser la main ; mais je l'embrassai. Nous plaçâmes
au milieu de nous notre nièce chérie ; ce groupe
redoubla les élans de l'enthousiasme. La journée
se termina ainsi : il était temps, car nous succombions de fatigue et d'émotion.

Je me couchai dans le lit de Buonaparte : c'était
aussi celui du roi-martyr, et je n'y trouvai pas le
sommeil tout de suite. Une foule de visions m'apparurent. En vérité, mon imagination avait rapporté quelques brouillards de mon séjour en Angleterre : comme un des rois de Shakspeare (hélas !
celui dont mon malheureux frère avait eu la singulière charité de réhabiliter la mémoire en traduisant une paradoxale brochure de Walpole), comme
Richard III, dis-je, je revis en songe tous ceux que
j'avais perdus; et dans le lointain, au milieu d'une
vapeur sanglante, j'aperçus des fantômes menaçans.
Que me voulaient-ils ? je ne le compris pas : la
suite me le fit mieux connaître.

Jusque là, ma maison avait été formée provisoirement en quelque sorte; je la constituai définitivement. Le prince de Condé en conserva la grande-maîtrise ; l'archevêque de Reims, oncle du prince de Talleyrand, fut grand-aumônier de France. Je laissai dans leurs fonctions de premiers gentilshommes de la chambre, les ducs de Duras, de Villequier, de Richelieu et de Fleury. Les quatre capitaines des gardes furent : le duc d'Havré, le prince de Poix, le duc de Grammont et le duc de Luxembourg. Deux nouvelles compagnies eurent ensuite pour chefs le prince Alexandre Berthier et le maréchal Marmont. Le comte de Blacas demeura grand-maître de la garde-robe, et le marquis d'Avaray, père de mon malheureux ami, conserva la charge de son fils, celle de maître de ma garde-robe. Je ne m'en tins pas là; je le créai duc bientôt après. Le marquis de la Suze devint grand-maréchal-des-logis, et le marquis de Dreux-Brézé grand-maître des cérémonies de France. Je fis plus tard du prince de Talleyrand mon grand-chambellan.

Je le nommai tout d'abord ministre des affaires étrangères, fonctions qu'il était capable de remplir à la satisfaction générale. L'abbé de Montesquiou fut appelé au ministère de l'intérieur. Une longue habitude me liait à lui ; sa fidélité ne s'était jamais démentie, et nous étions toujours restés en correspondance. Chacun d'ailleurs s'était prêté à lui faire une réputation de haute capacité et d'habileté administrative, que lui-même, par une abnégation étrange, se mit peu en peine de soutenir.

Je voulais relever la magistrature en plaçant à sa tête un homme de l'ancienne robe. Mon choix fait à l'avance se porta sur M. Dambray, ex-avocat-général à la cour des aides et au parlement de Paris. La révolution, en interrompant sa carrière, lui avait laissé une réputation d'éloquence et de fond dont je conservais le souvenir ; aussi lui fis-je endosser la simarre. Ce fut un autre mécompte ; le chancelier ne me fut d'aucun secours, et la nécessité me contraignit, à mon retour de Gand, de borner ses fonctions à la présidence de la chambre des pairs. C'était d'ailleurs la vertu, la fidélité en personne, une de ces âmes franchement dévouées, quoique sans énergie, et dont je n'ai jamais eu à me plaindre, bien que n'en ayant été servi qu'à moitié.

On me supplia de laisser le comte Dupont à la guerre et j'y consentis, car il me revenait de tous côtés qu'il y faisait merveille. Le baron Louis garda les finances, M. Malouet la marine, et M. Beugnot passa à la police avec le titre de directeur-général.

Je rétablis le ministère de la maison du roi, que je remis aux soins de Blacas. Il possédait à juste titre toute ma confiance; je le savais par cœur depuis à peu près treize ans qu'il était avec moi. Mes intérêts étaient les siens, et je pouvais dormir en repos quand il veillait. On l'a calomnié, on s'est complu à l'accuser injustement, il a pu faire des fautes, car qui n'en fait pas ? mais il a toujours eu des intentions droites et loyales. On le charge des fautes de mon gouvernement en 1814, et cependant il en a eu la moindre part. Je pourrais citer les vrais coupables ; mais il ne me convient pas de récriminer. J'ai voulu seulement justifier mon second ami des reproches non fondés que la malveillance lui adresse. Il a de l'esprit, de l'instruction, une facilité de travail peu commune ; et si je ne l'ai employé que pendant la première année de ma rentrée, c'est uniquement par égard pour une opinion générale prononcée contre lui, et égarée par les ennemis acharnés de ce fidèle serviteur.

Je complétai la nouvelle administration en appelant Monsieur au commandement général des gardes nationales du royaume. Ce poste était le premier et le plus important dont je pusse l'investir ; car la garde nationale jouera toujours un grand rôle quand elle sera appelée à se montrer. En élevant Monsieur à cette dignité, je le liais plus étroitement avec les citoyens. Je voulais aussi faire honneur à ceux-ci en leur prouvant que, dans ma pensée, le titre de leur commandant ne pouvait appartenir qu'au prince qui était le plus près du trône.

Dès que mon ministère fut composé, je me hâtai de m'occuper de l'administration du royaume. Jusque là, je n'avais pu concevoir qu'imparfaitement les améliorations apportées par Buonaparte dans les rouages administratifs. Mieux placé maintenant, je pus les apprécier; leur simplicité me surprit. J'admirai surtout la manière dont les impôts étaient recouvrés ; manière si différente des formes embrouillées et dilapidatrices de l'ancien régime. Il ne me vint pas dans l'idée de la détruire, comme certains osaient me le proposer, pour la remplacer par les fermiers-généraux. Bon Dieu! que d'inepties il m'a fallu ouïr sans me fâcher, et même en ayant l'air de les approuver! Que de conseils pernicieux m'ont été donnés à bonne intention! Et moi aussi j'ai eu presque le droit de dire: *Pardonnez-leur, Seigneur, car ils ne savent ce qu'ils disent.*

Je résolus donc de conserver dans son ensemble le système dit impérial, sauf à y ajouter les améliorations que me fournirait l'expérience. Je regrettai peut-être la division des anciennes provinces; mais je m'en consolai en voyant avec quelle promptitude mes ordres étaient transmis et exécutés dans les communes les plus éloignées. Cette division, d'origine presque républicaine, est cependant tout à l'avantage du pouvoir central: Louis XIV l'eût trouvée digne de lui. C'est le *divide ut impera* de la politique administrative. Quant aux parlemens, j'étais bien déterminé à ne jamais les rétablir, et ceci pour cause à moi connue. Je n'aime pas ces grands corps de magistrature qui se placent entre le prince et le peuple. Buonaparte, avec ses cours impériales, me semblait avoir résolu le problème à moitié compris par le chancelier Maupeou.

Les préfets remplaçaient les intendans avec toutes sortes d'avantages. Ce sont des ministres au petit pied fort utiles aux souverains par la docilité qui les porte à une obéissance passive.

Somme toute, je m'accommodai parfaitement du nouveau système lorsque j'en eus bien saisi le mécanisme.

Le régime municipal me parut aussi préférable à celui que j'avais connu précédemment. Il me semblait plus convenable que les communes fussent sous le joug d'une honnête tutelle, qui délivre de toute inquiétude à leur égard. Jamais un monarque légitime n'eût osé toucher à ce point délicat; il fallait pour l'entamer, que la république y mît la main. Il est à remarquer que la tyrannie ne s'est naturalisée en France que pendant le prétendu gouvernement populaire de la Convention, du Directoire, et de Buonaparte.

Le reste du mois de mai se passa à recevoir les députations qui me venaient de toutes les parties du royaume. Il y avait foule aux Tuileries; c'étaient des offres de cœurs, de services et de bourses; je ne savais qui entendre, et m'émerveillais de ne rencontrer nulle part tous ces républicains si féroces, si hargneux, que j'avais connus jadis. Je me rappelais ces époques de 1789, 90 et 91, où au moindre mot, au moindre acte de l'autorité royale, la susceptibilité des jacobins s'enflammait, et je pouvais dire avec Abner :

Que les temps sont changés...!

Le duc d'Angoulême me mandait bien d'autres merveilles du Midi. C'était là que l'on retrouvait par excellence la terre classique de la monarchie: là que réellement on était plus royaliste que le roi; je m'en plaignais pour la forme; bien qu'au fond j'en fusse enchanté : un monarque est comme une jolie femme, il n'est jamais fâché qu'on le chérisse jusqu'à l'extravagance.

Le comte Jules de Polignac avait été envoyé dans le Languedoc en qualité de commissaire extraordinaire. Il me semblait que Monsieur, qui lui avait donné ces fonctions, s'était un peu pressé. Jules, car je me plais à le traiter sans cérémonie, a les meilleures qualités du monde, mais il n'est point du bois dont on fait les diplomates. Ce sera toujours un oiseau bleu, élégant, gracieux, qui, bien enseigné, répètera les jolis airs qu'on lui aura sifflés. Quant à lui demander du sien, ce serait peine perdue. Il fit plus d'une faute en Languedoc, et, de retour à Paris, il couronna l'œuvre en prétendant ne prêter serment à ma Charte qu'avec des restrictions. Aussi je me promis que tant que je siégerais sur le trône, Jules serait un grand seigneur, et rien de plus.

Je laissai à l'écart un bien autre personnage, M. de Chateaubriand, qui se montra un peu surpris de ce que son nom ne fût accolé ni à un ministère ni à la pairie. Certes il y avait des droits ; sa brochure de Buonaparte et des *Bourbons*, dont j'ai parlé tout à l'heure, méritait récompense ; mais dans ce premier moment j'eus à calmer des susceptibilités ombrageuses. Je dus donc oublier pendant quelque temps l'homme d'esprit, de génie, sauf un peu plus tard à lui payer l'arriéré de ce qui lui était dû.

Ma première promotion de pairs était toute politique. J'appelais les anciens ducs et pairs, et la portion du sénat que je jugeai convenable d'y adjoindre. J'en écartais les régicides, puis les sénateurs originaires des pays qu'on allait distraire de la France, et enfin quelques hommes ou trop nuls, ou qui avaient trop marqué dans la révolution; plusieurs militaires de haute réputation, sur lesquels je croyais pouvoir compter, et un petit nombre d'émigrés de la faveur intime, complétèrent ce noyau. Mon projet était de l'étendre à la fin de l'année, et d'y appeler alors les personnages recommandables que je m'abstins d'y placer d'abord. Voilà pourquoi M. de Chateaubriand ne fut pas sur cette liste de début.

Il avait des admirateurs, et surtout parmi les femmes, qui en cela n'obligeaient pas un ingrat. Plusieurs dames de la cour trouvèrent moyen de me glisser son nom en manière de reproche. Une des plus aimables, que j'avais du plaisir à agréer, me querella même en tête-à-tête sur mon oubli. Je m'en excusai ; elle insista.

— Et M. de Sèze, lui dis-je, n'a-t-il pas défendu le roi mon frère ?

— Oh ! me répondit-elle, je croyais Votre Majesté plus égoïste.

Le mot me plut ; et je promis de me rappeler M. de Chateaubriand, si lui-même pouvait consentir à s'oublier un peu. Je savais que ce serait difficile, d'après les nombreux hommages qui lui étaient journellement rendus.

Le 30 mai, mes ministres plénipotentiaires signèrent le traité de Paris. On ne tint pas en cette circonstance tout ce qu'on avait annoncé dans des proclamations antérieures. La France fut sévèrement resserrée dans ses anciennes limites, sauf une assez grande partie de la Savoie qu'on me laissa, puis le protectorat de la principauté de Monaco. Les Anglais ne s'oublièrent pas, et je dus renoncer à l'Ile-de-France ; mais en revanche, ils n'entendirent à aucune fantaisie de l'Autriche, qui revenait toujours à ses anciennes prétentions.

Ce traité de paix acheva de consolider la monarchie ; s'il ne nous fut pas avantageux, il n'eut du moins rien de flétrissant, la restitution n'ayant pas été exigée des innombrables richesses que renfermait le Musée, où depuis vingt ans on entassait le fruit des conquêtes de toute l'Europe. Nous n'eûmes à céder ni places fortes de l'ancien sol, ni à donner aucune contribution de guerre. Chacun eut à payer ses frais d'armement. Quoi qu'il en soit, ce n'était pas à moi que la France pouvait reprocher la perte de ses conquêtes ; car, au moment où Buonaparte avait abdiqué, il était démontré qu'il lui serait impossible de reconquérir par la force ce qui lui avait été enlevé par la force.

Ne pouvant étendre les limites de la France, je tâchai d'y suppléer par un travail opiniâtre qui devait assurer son bonheur. Je voulus accroître son commerce, donner de l'élan à son industrie, et lui rendre l'empire de la littérature et des arts, dont elle possède tous les élémens. C'est du moins une suprématie qu'on ne peut lui contester. Je ferai voir dans la suite de mes Mémoires comment je m'y pris pour accomplir ce projet.

CHAPITRE V.

Clauses secrètes du traité de Paris. — Pourquoi l'Angleterre soutint Murat. — Le roi se détermine à un rôle passif provisoire. — Il appelle des sénateurs au travail de la Charte. — Détail d'une audience qu'il accorde à l'abbé de P.... — Cambacérès. — Intrigues. — Révélation du comte Fabre de l'Aude. — Composition de la commission consultative de la Charte. — MM Boissy d'Anglas, Barbé-Marbois, Pastoret, Fontanes, Garnier, Semonville, Serrurier, et Vimot. — Boisavary, Blanquart de Bailleul, Chabaud de La Tour, Clausel de Coussergue. — Duhamel, Duchêne, Faget de Baure, Fauleon, Lainé. — Délégués du roi. — Son mot. — Un aveu. — Séance du 4 juin. — Discours d'ouverture.

Des clauses secrètes étaient attachées à ce traité de paix ; la plus importante sans doute fut celle qui m'obligeait à reconnaître tous les changemens politiques qu'il plairait à la coalition d'imposer au reste de l'Europe. Comment aurais-je pu m'y opposer? propriétaire nouvellement rentré dans ma maison, je devais, avant tout, m'occuper de la maison seule, la restaurer, la reblanchir, la consolider sur ses bases ébranlées en raison de ma longue absence. Je n'avais alors aucun droit à m'immiscer dans les affaires d'autrui. Dailleurs, en avais-je le temps ?

6

On me communiqua un premier projet, celui de faire disparaître de l'Europe tout type de gouvernement républicain. Ce fut de ce texte que partit l'empereur d'Autriche pour ne pas rendre l'indépendance à Venise. Voilà pourquoi on fit passer Gênes sous la domination du roi de Sardaigne, Lucques sous celle de l'ex-reine d'Étrurie ; et pourquoi, enfin, la Hollande conserva son roi. Le même plan, qui ne laissa à l'écart que la république de Saint-Marin, aurait dû s'appliquer à la Suisse ; mais ici on rencontra des difficultés locales qui l'arrêtèrent ; la principale vint du peu de ressources que trouverait un roi d'Helvétie pour former sa liste civile. La pauvreté dont on le menaçait effraya les candidats. Nous avions un autre Alexandre, mais où trouver un autre Abdolonime, pour régner chez un peuple pasteur. Il fallut donc souffrir ce type de gouvernement anarchique au milieu de tous nos royaumes possédés légitimement en vertu du droit divin.

J'insistai pour que la branche de ma famille qui régnait en Sicile fût remise en possession du royaume de Naples. L'Angleterre y apposa son *veto* et *sa bonne foi* ; elle prétendit avoir traité avec Murat et garanti ses États de toute agression. La vérité est que ces États si voisins, et naturellement ennemis, devaient rentrer également sous le protectorat de la Grande-Bretagne, qui serait plus sûrement établi dans l'île et en terre ferme, par ce moyen, que si les deux couronnes reposaient sur la même tête.

Je voulais aussi que Parme et Plaisance fussent restitués à leur souverain ; l'Autriche s'éleva contre cet acte de justice, sans oser cependant manifester son arrière-pensée. Elle se contenta de faire reculer indéfiniment l'Espagne de la restitution.

Quand je vis la manière dont on agissait envers moi et les miens, je pris le parti de me taire, de protester, et d'attendre, bien déterminé, après deux ou trois ans de paix, à recommencer mes insistances à la tête de cinq cent mille hommes. Je voulais qu'on donnât Naples et Parme aux Bourbons, Venise et son territoire à un prince indépendant ainsi que Gênes, grand-duché séparé du Piémont ; puis la ligne du Rhin, toute la Savoie, et la Belgique entière à la France.

Tel était mon plan : je l'aurais mis à exécution au commencement de 1819, si les funestes évènemens de 1819 ne l'eussent renversé. On ne comprendra jamais tout le mal que la fatale apparition de Buonaparte a fait à la France ; le plus grand, sans doute, fut le réveil complet de l'esprit de jacobinisme et de révolte qui s'éteignait complètement. Depuis lors il a repris des forces et de l'énergie, l'usurpateur ayant cru nécessaire de s'appuyer sur lui ; et cependant il eût été tôt ou tard dévoré lui-même par ce monstre, ennemi éternel des rois parvenus comme des rois légitimes.

Ma résolution arrêtée me porta à me montrer plus facile à toutes les exigences de la coalition. Je ne déployai une véritable énergie que pour sauver le roi de Saxe, mon cousin, d'un abaissement total ; non que je lui fusse très-attaché, car c'était peut être de tous les monarques celui dont j'avais eu le plus à me plaindre dans mon exil, mais parce que nos pères étaient communs, le bon sang ne peut mentir.

Voilà tout ce que je dirai de la politique étrangère ; peut être y reviendrai-je plus tard lorsque j'aurai parlé de certains détails d'intérieur moins arides.

J'avais appelé à conférer avec moi des sénateurs, d'anciens conseillers d'État, et quelques autres personnages recommandables, afin d'avoir l'air de les admettre à la rédaction de la Charte. Un de ceux qui n'étaient pas admis à ces conférences força presque ma porte ; ce fut l'abbé de P...; si célèbre par son esprit et l'emploi bizarre qu'il en fait. Je crus, à la vivacité qu'il mit à obtenir une audience, qu'il s'agissait de le nommer au cardinalat ; et, bien que je ne le croie pas fort avant dans les bonnes grâces du Saint-Père, cette ambition dans un ecclésiastique, me semblait naturelle ; je me trompais.

— Sire, me dit-il d'un ton assez délibéré, je suis effrayé de tout ce qui me revient de toutes parts. On dit que Votre Majesté médite un grand travail constitutionnel, et ceux qu'elle n'appelle pas à y prendre part sont précisément les hommes que l'opinion publique désigne.

— Et qui donc ai-je oublié ? répondis-je en souriant à demi.

— Mais votre très-humble serviteur et très-fidèle

sujet... Oui, sire, moi-même.,. car, toute modestie
à part, je dois apprendre au roi que c'est par mes
soins que Buonaparte est tombé, qu'il a manqué
son expédition de Pologne, et par suite celle de
Russie ; que j'ai presque seul amené les évènemens
du 31 mars, et que, si le prince Talleyrand s'en est
donné l'honneur, c'est moi qui en ai eu la peine.

Le *pauvre homme* me débitait cela d'un ton si pénétré, que je fus tenté de l'inviter à s'asseoir pour
se reposer de la fatigue qui devait encore lui en
rester; aussi me hâtai-je de répondre :

— Ah ! M. de Malines, *sic vos non vobis*. Qu'il y
a de gens disposés à se donner les gants du labeur
d'autrui ! Croiriez-vous que déjà j'ai été assailli de
ces fanfarons, qui tous prétendaient avoir fait votre
ouvrage ? Oui plus de cent personnes me l'ont af-
firmé, et chacun, à les entendre, a déterminé positivement ma rentrée.

— Ah ! sire, je sais comme vous que les avantageux et les intrigans ne manquent point dans ce
siècle. Grâce à Dieu, Votre Majesté se connaît en
mérite ; et, si par malheur une erreur l'entraîne,
sa sagesse est là pour l'en faire revenir... Oui, tout
m'assure que si je ne fusse pas venu aujourd'hui de
moi-même, ce soir ou demain matin le roi m'eût
fait appeler... Or ça, sire, poursuivit le belliqueux
prélat avec un redoublement de volubilité qui ne
me laissait pas le loisir de placer un mot, j'ai médité depuis long-temps votre déclaration de Saint-
Ouen, la charte à donner à la France, et pour

preuve de mon zèle et de mon ardent désir de vous donner du repos, voici un acte dressé et libellé auquel il ne manque que votre signature.

— Et cet acte...? demandai-je en retenant une envie de rire.

— Est une belle et bonne constitution. Acceptez-la, vous n'aurez pas à vous en repentir.

Ceci devenait trop amusant pour que je ne m'en donnasse pas le plaisir jusqu'au bout. Je répondis d'un très grand sang-froid qu'à mon tour je méditerais cette œuvre politique, et que j'aviserais à en tirer parti.

— Elle est parfaite dans tous ses détails, répliqua ce M. Josse mîtré ; ce ne seront pas des rêves creux à la Sièyes, des actes de despotisme à la Buonaparte ; en un mot, c'est la quintescence du passé et du présent, ce qu'on peut imaginer de meilleur, et ce qu'il est indispensable d'adopter si l'on veut éviter une chute sans remède.

— Vous me donnez un vif désir de la connaître.

En parlant ainsi j'avançai la main, mais mon homme resta immobile. Pourquoi cela? Oh! pour peu de chose : il ne voulait lâcher sa merveille qu'à jeu sûr, et, franchement, je ne pouvais m'engager à l'avance. Ceci prolongea un peu la conversation, et, en définitive, j'eus le tort de préférer ma Charte à la constitution du saint homme. Je suis persuadé que c'est uniquement à ma conduite dans cette circonstance que l'abbé de P... a attribué la catastrophe de 1815.

Au demeurant, il ne fut pas le seul à m'apporter un plan de gouvernement ; j'en recevais par jour une quantité qui me prouvait le zèle de mes fidèles ; car il y a des gens assez simples pour s'imaginer que ces sortes de choses s'improvisent comme un madrigal ou un couplet de chanson. A propos de vers, puisque j'en suis sur ce chapitre, ils ne me manquèrent pas non plus à mon retour. Le Parnasse de Buonaparte déserta sous mon drapeau tout comme son état-major, et je fus assailli d'un déluge de poésies ; les vaudevillistes surtout se signalèrent, j'eus lieu d'être satisfait de leur amour et de leur fidélité.

Parmi les hommes d'État que j'aurais consultés préférablement à tous les autres, si des considérations indépendantes de ma volonté ne s'y étaient opposées, je nommerai Cambacérès. Celui-ci depuis long-temps jouissait d'une réputation véritablement européenne ; on le reconnaissait dans les cabinets étrangers pour la meilleure tête qui fût en France. Il avait réparé les torts du conventionnel par sa conduite mesurée et prudente ; enfin on ne pouvait dédaigner sa profonde connaissance des lois et de l'administration. J'aurais vivement souhaité de me donner un pareil coopérateur, et il eût été heureux pour moi qu'au lieu de suivre Marie-Louise à Blois, il fût demeuré à Paris. Comme je ne fais nul doute du parti de soumission qu'il aurait pris d'abord, aucun obstacle n'aurait pu m'empêcher de l'employer, et je suis certain qu'il m'aurait utilement servi.

Une intrigue y mit obstacle. La haute opinion que j'avais de Cambacérès inspira de la jalousie à certaines gens. On chercha donc à l'écarter dans le premier moment, et comme il était peureux, on lui fit craindre et Buonaparte et les alliés. J'ai appris du comte Fabre de l'Aude que, dans les derniers jours de mars 1814, l'archi-chancelier reçut plusieurs lettres écrites par de prétendus royalistes qui le menaçaient de le faire pendre dès que les étrangers seraient entrés à Paris ; cela le détermina à se lier à la régence éphémère de Marie-Louise.

Le comte Fabre ajouta que les royalistes n'avaient nullement songé à Cambacérès, et que les lettres anonymes provenaient de plus haut lieu ; j'en ai eu depuis la certitude. Voilà pourquoi Cambacérès se vit laisser de côté à la restauration. Je le regrettai vivement ; ses lumières et son expérience m'eussent été d'un grand secours, et il m'eût servi de garant envers les hommes de la révolution.

Cambacérès lui-même, après avoir envoyé son acte d'adhésion accompagné d'une lettre pleine de noblesse et de convenance qui m'était adressée, ne chercha pas assez à se rapprocher de moi ; je l'aurais vu avec plaisir à la cour ; car je ne le comptais pas au nombre des régicides : il est certain que son vote dans le procès du roi mon frère avait été combiné de manière à le servir plutôt qu'à lui nuire. L'intrigue qui l'avait chassé de Paris agit quelque temps encore ; le cours des choses fit le reste. Je raconterai en son lieu les rapports que plus tard nous eûmes ensemble.

La commission chargée en apparence de préparer les bases de la Charte que j'avais moi seul déterminées, fut composée de la manière suivante ; les députés du sénat étaient :

Les comtes Barbé-Marbois, Boissy-d'Anglas, Barthélemy, Fontanes, Garnier, Pastoret, Semonville, Serrurier et Vimot. Les quatre premiers étaient mes hommes, je puis le dire, tous imbus de mes maximes. Boissy-d'Anglas m'avait appartenu autrefois par une charge dans ma maison, et sans manquer à sa probité politique, il avait toujours conservé des relations avec moi : il me mettait au courant de tout ce qui pouvait m'être utile, en évitant toutefois de trahir les secrets qui lui étaient confiés, ou de s'adjoindre à aucun comité ; je l'en estimais davantage, et j'ajouterai à son éloge qu'à mon retour il ne me demanda rien, aussi suis-je encore son débiteur. Ceci explique pourquoi en 1815 il fut seul excepté de la mesure par laquelle je chassai de la chambre des pairs les membres qui avaient accepté le même titre de Buonaparte.

Le comte Barbé-Marbois était aussi du vieux bois royaliste, incrusté d'une sorte de libéralisme qui cependant ne nuisait en rien à ma cause. Quant à M. Barthélemy, il avait fait ses preuves au directoire, où il était entré pour mon service à Paris, et dont on le chassa si outrageusement le 18 fructidor.

MM. Pastoret et Fontanes venaient de la même source. La force des choses les poussa au milieu du torrent révolutionnaire, bien qu'ils fussent attachés dans le fond à la monarchie; le premier est un jurisconsulte très-recommandable, un chancelier futur, qui, placé comme Cambacérès, aurait probablement agi de même; le second s'était fait avec adresse une réputation littéraire qu'il devait à ses amis bien plus qu'à ses ouvrages; il l'avait soutenue par des discours en qualité de président du corps léglislatif, dont on disait merveille. M. de Fontanes avait d'ailleurs de l'esprit, de la conduite et des vues très-sages. Je crus devoir me l'attacher corps et âme: nul ne pouvait être mieux placé que lui à la tête de l'instruction publique, j'aurais dû y ajouter les beaux-arts.

Le comte Garnier ne manquait pas non plus de mérite: d'abord secrétaire du cabinet de ma tante Adélaïde, il se montra royaliste à une époque où il y avait du péril à l'être. Il refusa de Louis XVI le ministère de l'intérieur lorsque M. de Lessart passa à celui des affaires étrangères plus tard; il émigra. Buonaparte lui confia la préfecture de Seine-et-Oise, puis l'appela au sénat. Ce corps, appréciant ses qualités, le perpétua pendant trois ans dans la présidence; c'étaient d'honorables antécédens qu'il n'a pas démentis dans sa vie postérieure. Il se rangea parmi les hommes purs de la révolution; malheureusement le chiffre n'en est pas élevé.

Les comtes Vimat et Serrurier, ce dernier maréchal d'empire et de France, ne déparaient pas le choix des commissaires du sénat ; quant à M. Huguet de Sémonville, j'en parlerai plus tard.

Les élus du corps législatif furent MM. Boisavary, Blanquart de Bailleul, Chabaud-Latour, Clausel de Coussergue, Duchêne, Duhamel, Faget de Baure, Felix Faulcon et Laîné. Ici encore c'était un choix parfait. On trouvait réunis en ces messieurs l'amour de la patrie et de la royauté, avec un vif désir de procurer à la France le bonheur dont elle avait été si long-temps privée. M. Laîné est un véritable Romain ou Spartiate monarchique : constitutionnel de cœur et d'âme, il ne voit que son devoir ; j'ai pour lui une estime véritable ; mais, attendu qu'il ne cède jamais, on ne peut composer avec lui ; si bien que la plupart de ses qualités sont neutralisées par cette rudesse de formes. Croirait-on que lorsque je l'appelai plus tard à la chambre des pairs, il voulait y entrer sans titres, et seulement sous le nom de M. Laîné ! Je lui fais cependant une pension.

Ceux que j'adjoignis à ces séances solennelles en qualité de commissaires, furent le chancelier Dambray, l'abbé de Montesquiou, MM. Ferrand et Beugnot. Déjà d'autres personnages importans, le comte Fabre de l'Aude, Lanjuinais, etc., avaient eu avec moi des conférences préparatoires sur le même point.

La Charte discutée et non remaniée, me revint par conséquent telle que je l'avais envoyée, avec quelques mots ajoutés, peu importans. Il n'était donc plus question que de la promulguer, ce qui dut être fait à l'ouverture des séances de la chambre des pairs et du corps législatif, que j'avais fixée au 4 juin.

Ici je dois faire un aveu, c'est qu'en conservant la chambre élective je commis une faute; il est certain qu'elle manquait de pouvoir pour représenter; car lorsqu'un gouvernement tombe, et avec lui la constitution qui le fondait, tout doit tomber à la fois, afin que les institutions émanent d'un seul et même principe.

J'avais renvoyé le sénat, je me réservais la faculté de congédier les juges, il convenait donc d'en faire autant de la chambre élective. J'aurais pu, d'ailleurs, rendre une apparence de vie aux états-généraux, auxquels il faudra revenir lorsqu'on voudra établir quelque chose de légal; mais j'eus peur de jeter un élément de discorde au milieu d'une masse tranquille, et je me servis de l'instrument émoussé qui se trouvait sous ma main.

Le 4 juin je partis du château des Tuileries en grande pompe, ayant déjà autour de moi une partie des divers corps de ma maison militaire. J'aurais dû aussi me dispenser de rétablir celle-ci telle qu'elle existait au temps de Louis XV. Ce n'était pas mon intention, il est vrai; mais mon frère et ma nièce y tenaient beaucoup, on fit valoir une foule de raisons pour me convaincre;

enfin je cédai ; ce fut encore une erreur dont j'ai porté la peine.

La marche de mon cortége fut brillante ; les vivats, les acclamations frappèrent les airs à mon approche. J'arrivai ainsi jusqu'à la salle du corps législatif, où les pairs élus s'étaient rendus de leur côté. Le cérémonial réglé à l'avance et de commun accord, voulait que je disse à ces messieurs de se couvrir, et que cette permission fût donnée en mon nom aux députés, par l'intermédiaire de mon chancelier.

Ceci fit peu de bruit à cette époque; plus tard les libéraux s'en formalisèrent, car ils étaient gens à se fâcher de tout. Mais le meilleur parti est d'aller droit son chemin sans s'inquiéter de ceux qui veulent entraver votre marche.

Après que les cris de vive le roi! qui résonnèrent à mon entrée dans la salle, se furent calmés, je pris la parole, et d'une voix ferme et distincte, je m'énonçai en ces termes :

« Messieurs,

» Lorsque pour la première fois je viens dans
» cette enceinte pour m'entourer des grands corps
» de l'État, des représentans d'une nation qui ne
» cesse de me prodiguer les plus touchantes mar-
» ques de son amour, je me félicite d'être devenu
» le dispensateur des bienfaits que la divine Pro-
» vidence daigne accorder à mon peuple.

» J'ai fait avec l'Autriche, la Russie, l'Angle-
» terre et la Prusse, une paix dans laquelle sont
» compris tous les alliés, c'est-à-dire tous les
» princes de la chrétienté. La guerre était uni-
» verselle, la réconciliation l'est pareillement.

» Le rang que le France a toujours occupé
» parmi les nations n'a été transféré à aucune au-
» tre, et lui demeure sans partage. Tout ce que
» les divers États de l'Europe acquièrent de sé-
» curité, accroît également la sienne, et par con-
» séquent, ajoute à sa puissance véritable. Ce
» qu'elle ne conserve pas de ses conquêtes ne doit
» pas être regardé comme retranché de sa force
» réelle.

» La gloire des armées françaises n'a reçu au-
» cune atteinte ; les monumens de leur valeur
» subsistent, et les chefs-d'œuvre des arts nous
» appartiennent désormais par des droits plus sta-
» bles et plus sacrés que ceux de la victoire.

» Les routes de commerce si long-temps fer-
» mées vont être libres. Le marché de la France
» ne sera plus seul ouvert aux productions de
» son sol et de son industrie. Celles dont l'habi-
» tude lui a fait un besoin, ou qui sont néces-
» saires aux arts qu'elle exerce, lui seront fournies
» par les possessions qu'elle recouvre ; elle ne
» sera plus réduite à s'en priver, ou à ne les ob-
» tenir qu'à des conditions ruineuses. Nos ma-
» nufactures vont refleurir, nos villes maritimes
» vont renaître, et tout nous promet un long

» calme au dehors, et une félicité durable au de-
» dans, qui seront les heureux fruits de la paix.
  » Un souvenir douloureux vient toutefois troubler
» ma joie. J'étais né, je me flattais de rester toute
» ma vie le plus fidèle sujet du meilleur des rois, et
» j'occupe aujourd'hui sa place ; mais du moins il
» n'est pas mort tout entier ; il revit dans le testa-
» ment qu'il destinait à l'instruction de l'auguste et
» malheureux enfant auquel je devais succéder.
» C'est les yeux fixés sur cet immortel ouvrage,
» c'est pénétré des sentimens qui le dictèrent, c'est
» guidé par l'expérience et les conseils de plusieurs
» d'entre vous, que j'ai rédigé la Charte constitu-
» tionnelle dont vous allez entendre la lecture, et
» qui asseoit sur des bases solides la prospérité de
» l'État.
  » Mon chancelier va vous faire connaître avec
» plus de détails mes intentions paternelles. »
  Ce discours fut applaudi, et il devait l'être :
j'annonçais aux Français une ère nouvelle; je leur
ouvrais cette carrière de liberté dont jusque là on
les avait leurrés sans jamais la leur rendre réelle.
Le chancelier parla ensuite; il fut beaucoup l'homme
d'autrefois. Je connaissais son discours, et je n'étais
pas fâché qu'on y retrouvât ce qu'il ne me convenait pas de mettre dans le mien. Il y a dans la direction des affaires un art à saisir lorsqu'on veut
les mener à bien. Je crois l'avoir rencontré : j'en
appelle à la France.

CHAPITRE VI.

Marche du gouvernement. — Confiance du roi dans le comte de Blacas. — Explication qu'il croit devoir donner à ce sujet. — Intrigue d'intérieur. — Qui on aurait voulu que le roi employât. — Les amis de Monsieur. — Ceux des révolutionnaires qui auraient convenu au roi. — Motifs de sa condescendance pour son frère. — Pourquoi certains des siens demeuraient comme étrangers à la France. — Erreur de sentiment du comte de Blacas. — Pourquoi le roi supporte les régicides. — Fouché. — Quelque chose qui le concerne. — Son propos lors de la rentrée de roi. — Son manége. — Détails de l'audience que le roi lui accorde. — Plan qu'il lui propose. — Paroles à ce sujet.

J'étais impatient de faire l'ouverture des Chambres, afin d'assurer mon gouvernement et de le constituer d'une manière définitive. Jusque-là j'avais paru marcher à l'aide du provisoire et avec le concours des étrangers. C'était une sorte de tutelle dont il convenait de se débarrasser. Je voulais voir d'ailleurs si je pouvais suffire à l'action administrative, et si, comme certains ne cessaient de le répéter autour de moi, le système représentatif était incompatible avec les formes et le caractère français. Je ferai connaître ailleurs le résultat de cette tentative ; mais avant il convient d'entrer dans quelques autres détails.

Mon ministère constitutionnel marcha bien d'abord. Ceux qui le composaient comprirent qu'il me serait agréable qu'ils s'entendissent avec Blacas : il le firent, et la besogne journalière alla selon mon gré. Je ne dis pas cela sans motif ; je sais qu'on s'est plu à répandre que Blacas gouvernait la France, et qu'il ne laissait arriver à ma connaissance que quelques affaires, me dérobant les plus importantes ; cela est faux. Blacas était mon homme, mon porte-voix, et pas autre chose. Je trouvais commode de communiquer avec les ministres et une foule de gens par son organe. Il disait ce que souvent je n'aurais osé dire. Enfin il était un autre moi-même, et cela me convenait fort.

Mais ni lui, ni d'Avaray, ni aucun autre ne peut se vanter d'avoir régné sur moi ; je ne l'aurais pas souffert vingt-quatre heures. Blacas me rendait un compte détaillé du moindre point ; tout venait de lui à moi. Je le surveillais avec un soin extrême, et certes il était trop bien averti pour se permettre des réticences dont je l'aurais sévèrement puni.

Il est rare qu'on veuille permettre à un roi les délassemens de l'amitié. S'il ose donner sa confiance à un ami, aussitôt les jaloux s'agitent, intriguent, murmurent ; on l'accuse de se laisser tromper, on lui refuse le sens commun. J'avoue que, quant à moi, je me figurais avoir assez fait mes preuves pendant vingt-deux ans d'émigration, pour qu'on me fît l'honneur de croire que je pouvais me passer d'un directeur.

Ceux qui faisaient courir ces bruits étaient précisément les prétendus royalistes qui voulaient me conduire à leur guise. Avant même mon arrivée, il y eut une cabale montée pour m'imposer, en qualité de guide souverain, un personnage que j'eus le désir d'évincer aussitôt qu'on me l'eut présenté. On se flattait de lui donner la haute main sur le gouvernement, et pour y parvenir, on avait arrangé, à l'instar de l'empire, une sorte de ministre universel sous le titre modeste de ministre secrétaire d'État, sans autre département que celui de contre-signer les actes et de les présenter à ma signature. Ce ne devait être, me faisait-on entendre, qu'une fonction de forme et d'étiquette.

Je ne me laissai pas prendre à ce piége. Vainement mon frère, qui lui-même avait été trompé, me conjura d'essayer de ce personnage; je m'y refusai obstinément, et ma persistance à agir selon ma volonté brisa cette omnipotence si bien cachée. Malheureusement, à cette époque, la science administrative existait uniquement parmi les hommes que Buonaparte avait employés. J'aurais voulu les appeler à moi, en composer mon conseil; mais les circonstances de ma position et les préventions de ma famille rendaient ce désir impuissant.

Pour avoir la paix intérieure, j'aurais dû me

servir seulement de MM. de Bonald, de Juigné, de Vitrolles, Jules de Polignac, Rivière, Mathieu de Montmorency, Latil, Ferrand, et de quelques autres. Je ne contesterai pas à la plupart de ces messieurs un dévouement sans bornes à ma cause, un vif désir de la faire triompher. Plusieurs même avaient des talens réels ; mais enfin ils ne me convenaient pas, puisque je voulais être non le chef d'un parti, mais le roi de la France entière.

Pourquoi ne me proposait-on pas d'autres personnages bien plus habiles qui avaient fait leurs preuves, et qui depuis la révolution conduisaient la barque politique avec une supériorité incontestable ? Cambacérès, Regnauld-de-Saint-Jean-d'Angely, de Fermont, Boissy d'Anglas, Lanjuinais, Laisné, Réal, Lambrecht, Garnier, et autres ? Je leur aurais adjoint le spirituel Benjamin Constant, le duc de Larochefoucault-Liancourt, le duc de Doudeauville, le duc de Richelieu. Mais non, je rencontrais des oppositions, des pleurs ou des craintes. On voyait les révolutions venir par toutes les brèches que je cherchais à combler, et j'étais réduit à louvoyer afin d'avoir la paix de la maison.

Certes, ma conduite aurait été toute différente si j'avais eu des enfans ; fort de ma conviction, je ne me fusse pas laissé entraîner à des impressions qui me choquaient. Mais que pouvais-je répondre à mon frère, à mon héritier présomptif, lorsqu'il me manifestait ses alarmes sur la politique que j'adoptais, lorsqu'il me conjurait de ne pas compromettre ses intérêts et ceux de ses fils? Je ne cédai pas toujours assurément, mais on sait que la persistance finit toujours par influencer la résolution la mieux arrêtée.

Je connaissais d'ailleurs la plupart des héros de mon frère, et, tout en rendant justice à l'excellence de leurs intentions, je ne pouvais leur accorder aucun des talens nécessaires à la conservation d'un État. Mon frère se trompait tout le premier. L'émigration, il faut le dire, n'avait pas été pour nous tous l'école où nous aurions dû puiser ce qu'à l'avance nous ne pouvions savoir, et voici pourquoi.

Le temps d'exil, malgré sa durée, avait toujours laissé autour de nous quelques souvenirs de Versailles; dans quelque lieu où le sort nous poursuivît, nous étions sans cesse avec les mêmes hommes; l'étiquette qui nous suivait partout nous maintenait dans un isolement funeste; ce n'était guère que des fenêtres que nous voyions les habitans des divers pays; aucune communication, aucun rapport ne s'établissait d'eux à nous. Il en résulta que nous dûmes revenir en France tel que nous en étions partis.

Quant à moi, j'échappai quelque peu à la contagion par suite de mes études sérieuses et du soin que j'avais mis à ne me laisser influencer par aucun préjugé. Déjà, avant 1791, j'avais mûrement médité les diverses constitutions, la vie politique;

j'avais calculé quels changemens devenaient indispensables dans la forme du gouvernement, quelles concessions devaient être accordées à l'opinion publique et aux exigences du temps.

Muni de cette instruction, j'avais pu les approfondir durant les longues années de l'exil, et me préparer à les mettre en œuvre dès le jour de ma rentrée. Il n'en fut pas de même de Monsieur, qui, ne connaissant que l'ancienne France, exporta ses idées au-delà du Rhin et en Angleterre ; de sorte qu'à son retour il ne comprit pas tout d'abord ce qu'il fallait accorder à la France nouvelle, et crut que ce serait chose facile de la replacer sur ses bases antiques. Ce fut une erreur que depuis j'ai constamment combattue. Enfin, je crois être parvenu à l'éclairer sur ces points importans, et il me paraît résolu à entrer franchement dans la voie constitutionnelle lorsque la Providence l'appellera à me succéder sur ce trône qui a tant besoin d'être consolidé par la force des institutions et la sagesse du monarque.

Tous ceux qui rentraient avec nous étaient plus ou moins imbus d'idées anti-constitutionnelles. Blacas, par exemple, aurait préféré que je fusse revenu au système antérieur à 1789 : il ne s'en cachait pas, et ceci prouve que s'il était vrai qu'il eût exercé tant d'ascendant sur moi, comme on se plaisait à le prétendre, j'aurais cédé à ses antipathies politiques. Loin de là, je m'attachai à rendre ma Charte inattaquable : pouvais-je mieux répondre aux calomniateurs? Blacas souffrait de mon opiniâtreté ; mais en homme d'honneur il savait se soumettre et obéir.

Je souffrais quelquefois à mon tour du chagrin que lui causaient les concessions que je croyais devoir faire à la révolution expirante. Aussi lui cachais-je bien des choses ; par exemple, il frémissait d'indignation à la seule pensée qu'un motif quelconque pût rapprocher de moi les assassins de mon malheureux frère. J'ai rendu hommage à ses qualités, à ses talens politiques ; et avec la même impartialité, je dirai maintenant qu'en lui les préjugés de la naissance éclipsaient parfois ses lumières et son bon sens. Une générosité qui eût été à sa place dans un particulier, mais dangereuse chez un roi, lui faisait souvent répéter ces deux vers d'Athalie :

<blockquote>
Le sang de vos rois crie, et n'est pas écouté ;
Rompez, rompez tout pacte avec l'impiété.
</blockquote>

Et en vertu de cette maxime, il eût préféré perdre la monarchie et le roi plutôt que d'entrer en accommodement avec tel ou tel régicide.

Ceux-ci assurément étaient de grands coupables ; leur vue aussi ne pouvait que m'être odieuse. Simple Français, je les aurais repoussés ; mais j'étais monarque ; une fatalité cruelle avait placé parmi quelques-uns de ces hommes des talens peu communs, cette énergie, cette habileté qu'on cherchait vainement ailleurs. D'autres, sans posséder des qualités aussi transcendantes, étaient placés de manière à rendre à la France et à son roi des services éminens. Il me fallait donc ou en faire le sacrifice à mes affections de famille, ou, préférant l'intérêt commun, en retirer tout l'avantage que leur concours pouvait offrir au royaume.

Dans cette hypothèse, je ne balançai pas à m'immoler au bien-être public ; je repoussai dans mon cœur les sentimens qui voulaient en déborder, et me déterminai à rapprocher de ma personne des gens que j'aurais voulu ne jamais voir en face. Blacas, lorsque je lui en parlai, jeta d'abord les hauts cris; sa fidélité sentimentale s'effaroucha à tel point, qu'avant de le *condamner au supplice,* comme il me le dit, de *la présence des régicides*, je résolus de le subir moi-même.

Il existe diverses particularités de ma vie qui jusqu'à présent sont restées enveloppées d'un profond mystère : je le soulève pour la première fois. On apprendra, en lisant mes Mémoires, ce qu'on n'a pas encore soupçonné, ce que peut-être quelques mémoriographes, historiens ou publicistes, dans un but quelconque, auront pris le soin de nier à l'avance. Je ne me charge pas de faire coïncider mon récit avec le leur, de ne rapporter sur ma personne et mes actes que ce qu'il leur conviendra de m'attribuer ; je me contenterai de dire la vérité pure et simple, et peu m'importe si elle ne cadre pas avec leurs romans. Je conseille donc à ceux qui jetteront les yeux sur ces écrits mensongers de ne le faire qu'avec méfiance ; car celui qui croit avoir pénétré le plus avant dans mon intimité n'a jamais connu qu'une partie de ce que j'ai fait.

Après ce préambule nécessaire, je vais passer au récit historique.

Le duc d'Otrante, dans les dernières lettres qu'il m'adressa pendant mon séjour à Hartwell, avait commis une grande faute, celle de réveiller la juste méfiance qu'il devait m'inspirer, et cela par suite de l'impatience qu'il éprouvait de se mettre, pour ainsi dire malgré moi, dans le secret de mon cabinet. Dès ce moment, je ne lui avais plus donné signe de vie, et la restauration complétée, il était demeuré trop loin des évènemens pour y prendre part, ou les soumettre à son influence indirecte. Ce dut être un rude crève-cœur pour cet habile politique; mais du moins il ne mit pas de retard à son retour, et comme chacun à cette époque était libre de rentrer en France, M. le duc d'Otrante ne se fit pas faute d'y revenir aussi promptemement qu'il le put.

Sa présence à Paris causa une sorte de sensation. Chacun le questionna sur ce qu'il pensait de cette nouvelle révolution.

— On ne peut encore rien en dire, répondit-il, puis il se tut ; il tâcha de se mettre en avant, mais sans succès ; c'etait un de ces instans où toute la force est dans les masses, et où l'habileté n'a pu encore construire la digue nécessaire pour la contenir.

Il ne perdit pas de temps non plus pour se rappeler à mon souvenir. Je reçus à Londres deux lettres, dont l'une était de lui. J'en trouvai une seconde à Compiègne, une troisième à Saint-Ouen, mon silence ne le rebutait pas. Je me taisais avec lui par prudence, ignorant comment le royalisme agirait envers ces hommes de la révolution, et dans le cas où la vindicte publique demanderait leur punition, je ne voulais pas m'engager à embrasser leur défense. Mais, par une de ces bizarreries inexplicables du cœur humain, les royalistes, tout en se prononçant avec véhémence contre les régicides, prenaient sous leur protection spéciale le duc d'Otrante. Son éloge me venait de tous côtés ; ceux même qui en 1815 l'accablèrent de malédictions, étaient les premiers à faire son apologie en 1814. On me le montrait comme le seul homme capable de bons conseils, comme le plus adroit et ayant les meilleures vues. On ajoutait que les circonstances exigeaient impérieusement certains sacrifices.

Les souverains encore à Paris, où ils demeurèrent jusqu'à la promulgation de la charte, pensaient aussi fort avantageusement du duc d'Otrante. C'était un parti pris en faveur de ce personnage ; mais tandis que le public se prononçait ainsi à son égard, mon ministère, et Blacas surtout, manifestaient pour lui une haine de plus en plus invétérée ; on me représentait sans cesse les actes criminels auxquels il avait pris part, les mesures atroces dont à Lyon et ailleurs il s'était souillé, le sang des miens qui criait vengeance contre lui ; on voulait qu'il eût trempé plus avant qu'aucun autre dans l'assassinat du malheureux duc d'Enghien ; c'était à qui enfin le chargerait davantage. Le prince de Talleyrand surtout ne le ménageait pas.

Il y avait là de quoi m'embarrasser beaucoup. Cette diversité d'opinions sur la même personne, cette manière de me pousser en sens inverse, les continuelles récriminations qu'on faisait dans mon intimité contre le duc d'Otrante, et par-dessus tout, je dois le dire, ma crainte de manquer à des convenances sacrées, me tinrent assez long-temps indécis sur ce que je devais faire. J'avais envie de causer avec cet homme extraordinaire, de m'assurer par moi-même de ce qu'il valait ; car qu'on ne s'y trompe pas, il faut parler avec un homme pour le connaître ; ni les actes, ni les écrits, ni sa vie entière ne vous procurent sur son compte autant de lumières qu'une ou deux heures de conversation avec lui : il y a dans le geste, dans l'inflexion de la voix et dans le regard quelque chose de particulier que rien ne remplace.

Mais comment appeler auprès de moi le duc d'Otrante, sans provoquer une violente tempête ? on m'aurait mis aux prises avec ma famille, mon meilleur ami ; on aurait invoqué l'honneur, les égards, la nature, la majesté royale ; et qu'aurais-je pu répondre à tant de puissantes voix ? alléguer ma volonté ? c'est un fâcheux moyen à employer envers ceux qu'on aime. Donc, après de mûres délibérations, je résolus de voir l'ancien ministre de la police impériale dans un tête-à-tête, sans en prévenir aucun des miens, pas même Blacas.

Il me fallut prendre mes mesures de loin, combiner l'entrevue avec prudence, et pour cela, je choisis un jour où le comte de Blacas devait aller conférer avec un haut personnage sur un point fort important. Sachant que cette conférence serait longue, je pensai que j'aurais le temps de causer tout à mon aise avec le duc d'Otrante. Un des gens de mon service intime fut seul mis dans le secret. Il alla le trouver, lui fit part de mon désir, et l'introduisit plusieurs heures à l'avance dans les Tuileries, où, en 1814, on arrivait un peu plus librement qu'à la Place-d'Armes. Ce serviteur le cacha dans sa chambre, et enfin l'amena chez moi au moment indiqué.

Tout ce qui devait assurer cette audience mystérieuse réussit à souhait. Le duc de Fleury, bien que peu ami de l'homme, fut cependant mis aussi dans la confidence, et il ne l'a jamais trahie. J'avais besoin de lui, car il fallait que mon domestique, si le duc d'Otrante était aperçu, pût répondre qu'il agissait d'après les ordres du duc de Fleury, et qu'à son tour celui-ci avouât, dans le cas où il s'y trouverait forcé, qu'il avait fait venir un inconnu pour traiter avec lui d'une affaire purement personnelle.

Le duc d'Otrante, déguisé avec une perruque, des favoris postiches et des conserves qui changeaient complètement sa physionomie, entra dans le château sans éveiller aucun soupçon ; puis il fut introduit dans ma chambre à l'heure du rendez-vous. Sa contenance, en me voyant, n'eut rien d'embarrassé ; seulement il fit mine de se jeter à mes pieds, mouvement qui me déplut.

— Monsieur, lui dis-je, il aurait mieux valu ne pas me rappeler qu'un pardon vous était nécessaire.

Il répondit par une belle phrase qui me donna le loisir de me remettre de l'émotion que m'avait causée sa présence. Je n'exagèrerai pas en disant que je crus voir la révolution en personne tombée à mes genoux, et que je n'eusse pas été surpris, je crois, de voir le roi mon frère m'apparaître soudain comme une effrayante vision qui venait se placer entre moi et son assassin. Cette première émotion irréfléchie m'inspira le mot un peu rude avec lequel j'accueillis le duc d'Otrante ; mais à mesure qu'elle se dissipait, je sentis combien était puissant l'ascendant de cet homme sur ceux qui l'écoutaient, car il produisit sur moi cet effet magique auquel Buonaparte n'avait pu se soustraire.

Il entra en matière sans avoir l'air de remarquer ce que peut-être je n'avais déguisé qu'à moitié. Il me fit un tableau rapide et profond de la situation politique de l'Europe, et me démontra clairement le péril de la mienne, si je m'écartais de la marche que je m'étais tracée, je puis dire, avec quelque habileté. Puis il me montra Buonaparte sur le rocher de l'île d'Elbe, jetant sur la France son regard d'aigle ; et enfin il m'annonça, sous la forme d'une prophétie, ce qui ne s'est que trop réalisé en 1815.

— Mais, lui dis-je, comment éviter cet écueil ?

— En régnant pour tous, sire ; en faisant de nombreuses concessions à l'époque ; en mettant votre pied là où Henri IV mit le sien. Il devint, vous le savez, non le roi de ses amis, mais celui de la Ligue.

— Mais sa position n'était pas la même.

— Vous dites vrai, sire, la vôtre est moins favorable que celle de votre aïeul ; on avait combattu pour sa cause avec succès ; il était maître, par la force des armes, de la majeure partie du royaume, tandis que vous y rentrez sur la foi incertaine de quelques corps constitués. On vous accueille bien, sans doute ; la nouveauté plaît toujours en France. Que fera-t-on plus tard? voilà la question. Vos royalistes sont sans puissance réelle ; ne vous fiez pas à leur promesse ; car de quelles belles paroles ne vous ont-ils pas bercé pendant vingt-trois ans sans en effectuer aucune?

— Et la Vendée ?

— La Vendée est précisément ce qui décide la question : elle a entrepris pour votre cause l'impossible, et a succombé dans la lutte. Mais, à son exemple, qu'ont tenté toutes les provinces du royaume? rien... Combien de fois vous a-t-on fait passer le contrôle de nombreuses armées prêtes à se lever? en a-t-on jamais vu la moindre partie en mouvement? Croyez-moi, sire, les royalistes sont trop riches encore pour se battre. Les pauvres seuls ont du courage pour la guerre civile, parce qu'ils n'ont rien à perdre, et franchement, les pauvres ne sont pas pour Votre Majesté.

J'exprimerais mal avec quelle douloureuse impatience j'écoutai la froide raison du duc d'Otrante. Je lui en voulais de ce qu'il se plaisait ainsi à me désenchanter de mes plus chères illusions, et cependant mon expérience me forçait à reconnaître la vérité de ses paroles, bien que je ne le fisse qu'avec un amer regret. Aussi, dans ma colère, je lui dis :

— D'où vous concluez, monsieur le duc, que je ne puis régner si vous et les vôtres ne régnent aussi.

— Oui, sire, reprit-il avec un calme imperturbable. Je ne dis pas moi précisément ; mais je crois indispensable que Votre Majesté se serve des hommes supérieurs qui dominent l'époque. Eux seuls peuvent soutenir et consolider les affaires de l'État. Un congrès va s'établir à Vienne : il me revient déjà qu'on veut nous y donner un rôle secondaire ; qu'on s'appuie pour cela sur nos embarras intérieurs, sur votre situation personnelle, sur la crainte que Buonaparte vous inspire encore, et, s'il faut le dire, sur la faiblesse positive de votre cabinet. Il ne vous reste donc qu'à tromper ces espérances, et à prendre une attitude qui fasse pencher la balance politique de l'Europe de votre côté.

— Et quelle serait cette attitude ? demandai-je piqué au vif d'un langage que nul n'osait me tenir.

— Appelez à la justice le duc de Parme, Cambacérès ; à la guerre Carnot, à la marine le contre-amiral Truguet, à l'intérieur le comte Regnault-Saint-Jean-d'Angely, aux finances le comte Mollien, aux commerce et manufactures le comte Chaptal, aux relations étrangères le comte de Pontécoulant, et à la police Réal ou moi.

— Ce seraient du moins des hommes habiles. Mais vous, mais Carnot...

— Sans lui, sans moi, je ne crains pas de le dire ici, tout ce qu'on établira pèchera par les fondemens ; adjoignez-nous la totalité du conseil d'État impérial, récompensez vos fidèles avec des titres, des décorations, des pensions; mais, au nom de vos intérêts, ne leur confiez pas le salut de la monarchie!

Je fus frappé du ton d'assurance avec lequel il s'exprimait, et voyant que je me taisais, il poursuivit :

— Déjà j'ai travaillé à vous débarrasser de ces deux adversaires. J'ai écrit à Buonaparte pour l'engager à se retirer aux États-Unis : il n'en veut rien faire, ce qui prouve qu'il a une *arrière-pensée* sur la France. Quant à *l'autre prince*, c'est au roi à trouver les moyens de le contenir dans *de justes bornes;* l'éloigner de Paris serait le plus sage. S'il y reste, les mécontens l'auront toujours sous la main, et dans un État bien gouverné, il ne faut pas qu'il existe un monarque de rechange.

Ces paroles s'accordaient trop bien avec ma pensée pour que je n'y fisse qu'une légère attention, néanmoins je me contins et répondis :

— En face du drapeau contraire n'y aurait-il pas Carnot et Lafayette?

— Ni l'un ni l'autre ne sont aujourd'hui à redouter; plus tard, je ne dis pas... Surveillez, sire, ceux qui vous entourent ; à votre place je les craindrais bien plus que des ennemis.

— Monsieur le duc, laissez-moi ma confiance en ceux que j'aime ; je vous reverrai, et nous reprendrons cette conversation.

Cela dit, je le saluai, et il me laissa à mes réflexions.

CHAPITRE VII.

Le roi parodie un mot de Louis XIV. — Ce que Fouché lui inspire. — Remaniement du ministère. — M. Benoît. — Le maréchal Soult. — Mort de Malouet. — Qui le remplace. — Dandré et la police. — Il plaît au château. — L'opinion travaillée contre le roi. — Il perd certains hommes de lettres. — Sa position mieux arrêtée en 1815 qu'en 1814. — Quelques dames buonapartistes. — Embarras. — Chagrin du comte de Blacas. — Le roi s'explique avec Monsieur. — Son erreur sur le Midi. — Jeu couvert du prince de Talleyrand. — Madame de Staël. — Elle vient aux Tuileries. — Ce qu'elle dit au roi. — Son propos sur Rovigo.

Louis XIV, mon aïeul, disait au célèbre Bourdaloue : « Mon père, lorsque j'entends d'autres prédicateurs, je suis satisfait d'eux; et lorsque je vous écoute, je suis mécontent de moi. » Ces paroles, qui rehaussaient si bien le talent de l'éloquent jésuite, j'aurais pu me les appliquer au moment où le duc d'Otrante me quitta. Je fais ici un aveu plein de franchise. Cet homme étrange venait de mettre le doigt sur chacune de mes plaies secrètes; il avait détruit mes chimères en les dépouillant de leur prestige. Certainement un ministère composé tel que celui qu'il m'avait proposé aurait pu faire croire aux souverains étrangers que la masse de la nation s'était ralliée à lui, et par suite ils auraient vu dans l'adhésion absolue de trente millions d'individus un sûr garant de triomphe.

Mais comment aurais-je pu faire adopter ce ministère à ma famille, à mes amis? Quel scandale n'était-ce pas présenter aux royalistes? Carnot et Fouché à la tête des affaires, d'autres régicides au conseil d'État, Merlin procureur-général de la Cour de cassation, les émigrés écartés, et la révolution vaincue se relevant victorieuse par les soins de ce même roi auquel on avait donné la mission de l'extirper. Ces choses, compréhensibles un peu plus tard, devaient apparaître sous les formes de spectres hideux.

J'eus beau les envisager dans tous les sens, il me fut impossible d'y accoutumer mes yeux. Les avantages qu'ils me présentaient ne purent me dissimuler ce qu'ils avaient d'odieux; et, tout bien considéré, me confiant aux promesses des honnêtes gens, je me déterminai à ne pas me livrer à mes ennemis naturels: peut-être eus-je tort? Cependant, il y avait trop de sagesse dans ce que m'avait dit le duc d'Otrante pour que je n'en retinsse pas quelque chose. Je résolus donc de veiller et sur Buonaparte et sur le duc d'Orléans. Ces deux personnages, en effet, me paraissaient les plus à craindre dans le concours des circonstances actuelles.

Il fallait, pour cela, remanier un peu le ministère. Je conservais encore à cette époque une bonne opinion des talens administratifs de l'abbé de Montesquiou ; je le savais d'ailleurs aidé par Benoît, trop habile à faire ses affaires, pour ne pas me paraître capable de conduire un peu les miennes. Les finances allaient bien dans les mains de l'abbé Louis ; mais il n'en était pas de même du ministère de la guerre ; le général Dupont s'y noyait complètement. Ses discussions avec la chambre des députés avaient mis trop à jour son impéritie et l'avidité de ses subordonnés. Le scandale en était devenu public ; il convenait d'y mettre ordre. En songeant aux conseils de Fouché, je crus devoir investir de ce portefeuille un homme nouveau. Je regardai autour de moi, et mes yeux se portèrent sur le duc de Dalmatie.

Je trouvais en lui non pas seulement le général, mais l'administrateur habile, et l'autorité d'un grand nom militaire. Il avait en outre, sous des formes peu gracieuses, un art exquis à se produire à la cour, et un besoin du commandement et de la faveur joint à une flexibilité de principes fort commode pour ceux qui auraient à les employer. Le maréchal Soult était devenu royaliste de manière à en remontrer à ceux même qui avaient fait du royalisme le culte de toute leur vie. Il avait dans son gouvernement de Bretagne, auquel je venais de le nommer, surpassé les Vendéens en enthousiasme ; il avait, le premier, mis la main au monument de Quiberon. Ses ordres du jour, ses proclamations, exhalaient un parfum d'émigration à nous embaumer. En un mot, je voyais en lui une de ces pierres sur lesquelles tout gouvernement peut bâtir avec sécurité tant que lui-même est solide. D'ailleurs, Monsieur et tous ceux qui m'approchaient, après avoir assez maltraité le duc de Dalmatie dans les premiers jours de notre retour, s'étaient laissé prendre à son absence de toute rancune. Ils ne juraient plus que par lui, et cela me décida à l'appeler au ministère de la guerre. Ce choix fut reçu avec l'approbation générale; l'armée se félicita doublement de la chute d'un homme qui n'avait pas son affection et de son remplacement par un de ses plus grands capitaines. L'émigration seule fit mine de bouder, mais je ne m'en inquiétai pas.

M. Malouet mourut. Je perdais en lui un serviteur dévoué que je remplaçai par le comte Beugnot. Celui-ci ne réussissait pas à la police à cause de son empressement à en faire une des branches de la *chose religieuse*, pour me servir d'une expression assez ridicule de Carnot. On me reprochait de confier le soin de ma sûreté et de celle de mon royaume à des gens qui n'avaient donné aucune garantie, tandis que je repoussais l'assistance de ceux qui m'avaient servi dans l'exil. Je me piquai de ce rabâchage perpétuel, et nommai à la direction générale de la police M. Dandré.

C'était un ancien conseiller au parlement de

Provence, un député aux états-généraux, où il se montra dévoué à la monarchie. Il se rapprocha de moi plus tard, et je le chargeai de diverses missions qu'il remplit avec autant de zèle que d'intelligence. Il eut en quelque sorte mon ministère de la police pendant la durée de mes malheurs. Je n'avais eu que des éloges à lui donner, et me persuadai facilement qu'il en serait de même à l'avenir. Il remplaça donc M. Beugnot.

Le château en tressaillit de joie : M. Dandré était un des nôtres, *un pur*, un vrai Français. Il joua cependant de malheur ; car dès le jour où il entra en fonctions la police fut en quelque sorte neutralisée dans son action. Il s'en créa deux en dehors de celle de M. Dandré : l'une soumise au duc d'Otrante et sans but apparent, et l'autre à une dame Hamelin, dévouée à Buonaparte, laquelle eut en quelque sorte la suprême direction du ministère. Les choses s'arrangèrent de manière que nous ne sûmes bientôt plus ce qui se complotait autour de nous, et que Buonaparte put librement correspondre avec ceux de son bord. M. Dandré nous fut bien funeste, non à mauvaise intention, mais parce qu'il ne connaissait pas la France, et, dans sa bonne foi, s'imaginait que la restauration ayant été accueillie avec acclamation, la police politique n'était plus qu'une superfétation de l'autre.

Cependant, plus le temps s'écoulait, et plus il devenait nécessaire de surveiller nos ennemis. Je ne sais d'où provenait le mécontentement de la multitude, et pourquoi mon gouvernement paternel lui arrachait des murmures. Il est certain que ni le commerce auquel j'avais ouvert des débouchés immenses, ni l'armée dont j'assurais le bien-être dans l'état de paix, ni la propriété intérieure dont je consolidais l'existence en consacrant l'irrévocabilité de la vente des biens nationaux, ne se montraient satisfaits. Des plaintes multipliées s'élevaient de tous les points du royaume. On recommençait à crier après le clergé et les nobles, tandis que sous le règne de Buonaparte nul n'avait osé souffler mot contre ces deux corps. On proclamait l'intolérance des prêtres, comme si le clergé n'était pas soumis aux lois ; on affirmait que chaque gentilhomme tendait au rétablissement des droits féodaux, et c'était une autre imposture qui néanmoins prenait de la consistance.

Le foyer de ces insinuations perfides était à Paris. La presse, ingrate envers moi, la presse, qui croirait ne pas être libre si elle n'attaquait pas le gouvernement même qui l'a délivrée de ses entraves, ne tarda pas à agir contre la restauration. Une portion considérable de la littérature lui déclara la guerre. Les censeurs impériaux, par exemple, furieux de ne pas avoir été conservés à ce titre, passèrent dans les rangs de mes adversaires ; ils devinrent constitutionnels de désespoir de ce que nous n'en avions pas voulu pour absolutistes.

Ce fut cependant une perte ; ces messieurs primaient dans la littérature, et il eût été convenable de les conserver. Pour cela, il suffisait de les bien payer, car ils ont toujours mis à l'enchère leur patriotisme et leur plume. Cette défection amena l'établissement du *Nain Jaune*, journal plein de malice et d'esprit qui livrait impitoyablement au ridicule les agens de la restauration et les fidèles de l'émigration. La satire, l'épigramme, et la calomnie assaisonnée du vaudeville, déchiraient à belles dents ce qu'il aurait fallu respecter ou imiter. Ce genre de combat journalier ne connut plus de bornes, et ne s'arrêta devant aucune réputation. On désigna sous le titre de voltigeurs de Louis XIV les nobles vieillards qui avaient tant souffert pour notre cause. On créa les ordres malicieux de la Girouette et de l'Éteignoir. On fit circuler des brevets de ces dignités ironiques attachées au nom de ceux qui s'étaient ralliés sous mon drapeau. En un mot, ce fut un déluge de vers, de chansons, de pamphlets et d'outrages de tout genre qu'il fallut supporter sous peine de conjurer un plus violent orage.

Ma position, en 1814, était singulière : elle se dessina mieux après les cent-jours. Alors je devins véritablement roi ; mon parti avait réellement triomphé des buonapartistes et des jacobins, et mon gouvernement pouvait marcher en vertu de cette victoire. A ma première rentrée, au contraire, il semblait que je n'avais que des politesses à rendre. J'étais venu appelé par tout le monde ; aussi me fallait-il sourire à chacun. Cette situation avait ses avantages et ses inconvéniens ; j'en acquis bientôt la preuve, et il en résulta que, malgré ma longue expérience, je conduisis pendant cette année le char du Soleil à la manière de Phaéton. Je voyais que quelque chose manquait à mon système, sans en comprendre la cause qui provenait de ce défaut de prise de possession énergique, sans laquelle un nouveau monarque ne peut siéger en maître sur son trône.

J'ai dit que ma police n'alla pas mieux sous la surveillance de M. Dandré que sous celle de M. Beugnot ; et non contente de son aveuglement, elle se fit moquer d'elle : on allait et venait impunément, à sa barbe, de l'île d'Elbe à Paris.

La duchesse de Saint-Leu, la comtesse Regnault-de-Saint-Jean-d'Angely, la dame Hamelin dont j'ai parlé plus haut, d'autres encore intriguaient en faveur de Buonaparte. La conspiration était patente, et ma police ne la voyait pas.

Il est vrai que j'avais à peine le loisir d'examiner la marche des choses. Le dedans, le dehors, tout m'occupait à la fois. Il fallait donner des instructions pour le congrès qui allait s'ouvrir à Vienne, négocier séparément avec chacune des puissances, travailler à rallier les esprits, à éteindre les haines, à guérir les méfiances ; tout cela demandait beaucoup de temps et de soins ; nul d'ailleurs ne m'aidait ; il semblait que la tâche des royalistes eût fini au jour de mon entrée à Paris ; l'égoïsme avait pris la place de la fidélité ; chacun tirait à soi et agissait pour soi.

Ce n'était pas seulement les hommes de la révolution et de Buonaparte qui intriguaient contre Blacas : les amis de mon frère lui en voulaient particulièrement, et c'était du pavillon Marsan que partaient les malices, les noirceurs, je tranche le mot, dont on l'accablait sans pitié.

Blacas, poussé à bout, et peu désireux de rester au pouvoir, me conjura, à diverses reprises, de lui permettre de se retirer. Il souffrait de ces divisions intestines, de ces injures qu'il ne méritait pas.

— Mon ami, lui dis-je, laissez faire les envieux; j'aime votre personne; j'apprécie vos talens et surtout votre probité. Ne vous inquiétez donc pas de tous ces clabaudages; je suis roi, et à ce titre je dois être obéi.

A la suite d'une de ces explications, je me plaignis sérieusement à Monsieur, et ne pus m'empêcher de lui dire :

— On recommence à Paris les fautes qui vous ont tant nui chez l'étranger. Vous êtes le meilleur des hommes, mon frère, et vous seriez parfait si vous ne vous faisiez pas l'écho de l'ambition d'autrui.

Monsieur prétendit qu'on le calomniait près de moi, et que jamais il n'avait formé un plan qui pût m'enlever à son profit la moindre parcelle de mon autorité.

— Il n'est pas question de vous ici, lui dis-je, je parle de ceux qui vous entourent ; certes ce n'est pas dans vos intérêts qu'ils agissent, mais bien dans les leurs.

C'était vrai; les importans du pavillon Marsan se croyaient assez forts pour se passer de moi et de Monsieur. Un des caractères de la faiblesse est de croire à sa force ; voilà pourquoi elle a tant de jactance.

Notre explication fut presque orageuse, et se termina bien néanmoins. Le cœur de mon frère est parfait, et s'il se trompe, c'est toujours à son insu. Il était maintenu dans ses anciennes idées par les récits du duc d'Angoulême et des seigneurs qui l'avaient suivi dans le Midi ; puis par ce que lui-même avait vu lors de sa course dans la Provence et une partie du Languedoc. Les populations de ces contrées se montraient royalistes à la manière d'autrefois ; elles ne nous demandaient ni charte, ni constitution, ni garantie ; la vieille monarchie leur suffisait. Je riais lorsque mon frère insistait sur ce point. Le Midi nous a toujours perdus par ses promesses trompeuses. Madame Royale aussi comptait sur les Gascons. Elle dut voir, en 1815, combien ses espérances étaient peu fondées.

Outre cette opposition de château et de famille, si je puis m'exprimer ainsi, il en existait une autre non moins redoutable, quoiqu'elle partît de plus loin. Celle-ci avait pour chef invisible un homme réputé le plus habile, et qui, en effet, avait secondé avec un rare bonheur les efforts de la restauration. Cet homme n'était pas satisfait de la part que je lui avais faite. Il aurait voulu avoir mon amitié comme il possédait ma confiance. Blacas était encore sa pierre d'achoppement; mais trop habile pour l'attaquer en face, il le combattait par des voies indirectes qui n'allaient pas moins au but.

Un de ses agens principaux qu'il ne tarda pas à me détacher, fut la femme forte du siècle, la Montesquieu enjupon de l'époque, la fille de M. Necker, madame de Staël enfin. Qui ne connait pas cette *illustre* dame, qui n'a pas eu les oreilles étourdies de ses querelles avec tous les gouvernemens, peu empressés de se laisser gouverner par elle? Il est certain que si Marie-Antoinette l'avait prise en qualité de directrice, elle se serait fait tuer pour Marie-Antoinette. Mais comme nous ne voulions ni de madame de Staël, ni de son père, nous ne fûmes pas bons à jeter aux chiens.

Madame de Staël, qui avait une soif insatiable de pouvoir, allait frapper à toutes les portes pour l'obtenir : elle voulut exercer son empire même sur Robespierre, qui peu jaloux de subir son joug devint sa bête noire. Mais Barras et Rewbell trouvèrent grâce devant elle, parce qu'ils la laissèrent faire de l'intrigue tout à son aise. Gagner Buonaparte eût été pour cette dame gagner une belle partie; mais elle échoua de ce côté, et l'on sait quelle haine s'alluma réciproquement dans ces cœurs superbes. On se combattit de puissance à puissance avec une vigueur qui fit honneur aux deux champions. C'est la belle époque de madame de Staël.

A notre retour elle était exilée ; son premier mouvement fut de revenir à Paris, et aussitôt la voilà cherchant à circonvenir mon frère qui en avait peur. Quant à ma nièce, elIle ne voulut point en entendre parler, se rappelant les torts que madame de Staël avait eus envers sa mère. Quant à moi, je ne pouvais être négligé. M. Necker avait fait porter au trésor deux millions pendant son ministère, et n'en ayant pas été remboursé, sa fille les réclamait. Ce fut le prétexte dont on se servit pour arriver dans mon cabinet.

Je ne me refusai pas à cette audience, désireux d'ailleurs que j'étais d'entendre causer madame de Staël. J'eus lieu d'être satisfait : il fut peu question de la somme avancée par M. Necker ; mais en revanche la conversation ne languit pas sur la politique et la législation. La baronne de Staël avait aussi sa charte : qui n'en avait pas une en 1814 ? Elle me la déroula ; c'était un prodige.... J'aurais régné en dormant ; on eût veillé pour moi ; mais il fallait pour cela que je plaçasse ladite dame à l'un des côtés de mon chevet ; le prince de Talleyrand de l'autre; puis Benjamin Constant au pied de mon lit : à cette condition, *le sceptre ne sortirait plus de la maison de Juda.*

J'eus beaucoup de peine à me défendre des insistances de madame de Staël, qui voulait tout reconstituer en France selon sa fantaisie. Elle me répéta jusqu'à satiété son refrain éternel : Prenez Benjamin Constant, Talleyrand et moi, Moi d'abord ; Benjamin Constant ensuite, Talleyrand après. La baronne insistait moins sur ce dernier, parce qu'elle savait qu'il serait plus difficile à dominer que l'autre. Elle maltraita beaucoup le parti de Buonaparte : le comte Regnault, le duc de Bassano, et le duc de Rovigo, objet perpétuel de son indignation.

— Sire, me dit-elle, il a abandonné Buonaparte, et maintenant il n'est plus que le marche-pied du despotisme.

CHAPITRE VII.

Le roi paie ce qu'il ne doit pas. — Benjamin Constant, à propos d'argent.— Décès.— Citation. — Ce que le roi dit à Picard. — Lormian. — Jouy. — Soumet. — Le roi protége les sciences et les arts. — La duchesse de Saint-Leu. — Bonté du roi mal reconnue. — Le prince Eugène.— Madame. — Sa première causerie avec le roi. — Ce que cette dame lui conseille. — M. C.... — Il trompe le roi.— La comtesse... — Le roi doit donner un ministère à son mari pour faire diversion à sa jalousie. — Recette pour avoir des enfans quand une femme est stérile. — Intrigues. — Cardinal Maury. — Sa fin.

Pour me débarrasser des instances politiques de madame de Staël, je reconnus la dette de son père. L'argent ne la contenta pas; il lui fallait du crédit ; dominer surtout était sa marotte. Elle publia à cette époque son livre de l'*Allemagne* ; cet ouvrage rappelait ses conversations parsemées d'éclairs et de paroles inutiles. Buonaparte avait fait la guerre à cette production, parce qu'il était en lutte ouverte avec son auteur. Quant à moi, je n'y vis rien qui alarmât ma susceptibilité ou mon patriotisme. Je ne pouvais être blessé qu'une Génevoise donnât la préférence à la littérature allemande sur la nôtre. J'y voyais une affaire de goût, et rien de plus. Ma colère donc ne troubla pas le succès de la fille de M. Necker ; mais, en revanche, je ne pris ni ses conseils, ni ne renvoyai celui qui lui faisait ombrage.

Cependant il fallut malgré moi m'accommoder au parti de Benjamin Constant, libéral besogneux dont la probité politique savait s'arranger de la flatterie comme de l'argent. C'est un de ces conseillers qui ne reçoivent jamais rien eux-mêmes, mais qui savent vous envoyer leurs créanciers pour régler leur compte. Il fut à moi en 1814, plus tard je me piquai de sa conduite inconvenante pendant les cent-jours. Je refusai de fixer cette brillante girouette, et elle tourna contre moi.

En 1814 la plume de Benjamin Constant fut toujours à mon service ; c'est un fait dont on n'est pas assez persuadé : il est certain que tous les libéraux qui écrivent contre ma maison restaient, dans le principe, disposés à se déclarer pour elle. On les dédaigna, ils devinrent mes ennemis. MM. Étienne et Arnault, par exemple, que n'ont-ils pas fait, à mon arrivée, pour être admis à mon service ? Je m'y refusai, parce que je connaissais l'un, et qu'on m'avait prévenu contre l'autre. Au demeurant ils n'y ont rien perdu. Arnault a su se faire payer cher, par la famille Buonaparte, ses épigrammes contre moi.

Je ne me montrai pas aussi sévère envers toute la littérature ; il y eut des hommes de lettres dont j'honorai le mérite et appréciai le talent. Ducis fut mis en première ligne ; Ducis républicain et royaliste, qui au fond ne savait pas trop ce qu'il voulait. C'était un poète tragique incomplet, un Shakspeare frisé, poudré, avec des gants et un habit de cour. Il avait, avant 1789, fait parti de ma maison en qualité de secrétaire. Je le voyais alors avec plaisir, je jouissais de sa réputation ; je savais que, sous Buonaparte, il n'avait voulu ni de place au sénat, ni de la décoration de la légion-d'honneur. Je m'enquis donc de lui à ma rentrée avec un véritable intérêt ; et dès que je sus qu'il désirait venir me rendre ses hommages, je fixai un jour prochain pour l'audience qu'il sollicitait.

Il n'y manqua pas ; ma nièce était avec moi lorsque je le reçus. Il me fit un compliment bien tourné, et le termina en me disant qu'il espérait que je n'avais pas oublié un de mes anciens secrétaires.

— Voici, repartis-je, la preuve que je m'en souviens. Et aussitôt faisant un appel à ma mémoire, puis regardant Madame, à laquelle s'appliquaient parfaitement ces vers de Ducis, dans la tragédie d'*Œdipe*, je dis :

> Oui, tu seras toujours dans la race nouvelle
> De l'amour filial le plus parfait modèle.
> Tant qu'il existera des pères malheureux,
> Ton nom consolateur sera sacré pour eux.

Ducis ne voulant pas rester en arrière, dit à son tour :

— Virgile et Boileau récitaient leurs vers à leurs maîtres. Plus heureux qu'eux, j'ai entendu les miens de la bouche de mon roi.

L'auteur comique Picard vint aussi m'apporter la nouvelle édition de ses OEuvres dramatiques. Celui-ci, sans s'élever à la hauteur de la vieille comédie, avait un vrai talent d'observation qu'il employait à peindre les mœurs bourgeoises, mesquines et rétrécies, de son époque. Il excellait dans ce genre de composition, aussi je ne le flattai pas en lui disant :

—Monsieur Picard, je vous connais de réputation. J'ai vu jouer quelques-unes de vos pièces en exil; et lorsque je serai triste, ce sera à elles que j'aurai recours pour chasser ma mélancolie.

Je ne traitai pas moins bien M. Baour-Lormian, l'homme qui, depuis Racine, nous a le mieux rappelé cette belle facture de vers du grand siècle. Je savais que Barras et Buonaparte l'avaient accueilli avec distinction, et je tenais à le faire passer sous mes enseignes : j'y réussis.

J'aurais souhaité également satisfaire les justes prétentions de M. de Jouy, l'un de nos auteurs les plus spirituels, et qui était venu lui-même au-devant de nous par son opéra de *Pélage*, si empreint de royalisme et de dévouement aux Bourbons. M. de Jouy avait une réputation européenne; on s'arrachait son *Ermite de la Chaussée-d'Antin*. Moi-même, quand l'Ermite écrivait dans la *Gazette de France*, je détachais le feuilleton, et l'enfermais dans un tiroir particulier où j'aimais à le retrouver.

Je songeai à M. de Jouy à mon retour. M. de Vitrolles, auquel je témoignai mon désir de le voir, se fit fort de me l'amener. Mais, au lieu d'agir avec les égards que méritait la susceptibilité honorable de M. de Jouy, il imagina de le marchander et de lui faire des offres pécuniaires. L'homme de lettres se fâcha de la proposition de M. de Vitrolles, et il en résulta que M. de Jouy, dans sa mauvaise humeur, abjura ses inclinations, au fond toutes monarchiques, et passa dans le rang de nos ennemis. Ce fut une perte d'autant plus grande pour nous, qu'il exerçait beaucoup d'influence sur la jeune littérature.

Mais si M. de Jouy nous manqua, nous eûmes le jeune Soumet, Parceval de Grandmaison, qui commença à donner ce qu'il promettait lorsqu'il publia son *Philippe-Auguste;* MM. de Fontanes, de Chateaubriand, Michaud, Chénédollé, et nombre d'autres qui consacrèrent leur beau talent au service de ma cause. Je regrettai que l'abbé Delille fût mort avant ma rentrée : j'aurais eu tant de joie à poser sur sa tête la couronne du prince des poètes! Hélas! la fortune m'envia cette satisfaction ; mais à défaut de sa personne, je trouvais son souvenir dans tous les cœurs.

Je ne négligeai pas non plus les hautes sciences; je me fis fort de fournir au Journal des savans un nouveau véhicule ; j'étendis mes libéralités sur le Collége de France, au Jardin-du-Roi ; j'encourageai les études sérieuses, empressé que j'étais de faire ressortir les grandes réputations qui entretenaient le culte de la langue française jusque chez l'étranger. La peinture non plus ne dut pas m'accuser d'indifférence ; si je ne pus accorder à David le titre de mon premier peintre, du moins je le protégeai de tout mon pouvoir. Ses illustres élèves reçurent des commandes de tableaux. Les sculpteurs, les graveurs, les architectes, acquirent aussi la preuve que j'appréciais leurs talens.

Les princes de ma maison ont toujours aimé et protégé les arts. J'ai voulu agir comme mes devanciers ; et dès ma rentrée, j'ai continué ce que j'avais commencé à la cour de mon frère. Les savans, les artistes se rapprochaient de moi, connaissant mon amour pour le beau et tout ce qui élève l'âme. Je me flattais qu'assis sur le trône, ils m'aideraient à l'illustrer ; et mon regret le plus amer fut cette scission qui eut lieu dans la littérature. La faute n'en est pas à moi, je me plais à l'affirmer. J'eus affaire à des esprits ombrageux, avides, gâtés par les libéralités de Buonaparte : ils ne voulurent pas comprendre que j'étais moins riche que lui, que j'avais à solder la fidélité malheureuse, et que tout mon trésor enfin devait être également partagé.

L'influence qu'exerçait la duchesse de Saint-Leu ajouta encore à cette rupture. J'ai dit plus haut que ma position en 1814, n'avait rien de tranché, et c'est la vérité. Je gouvernai alors avec de la galanterie et des formes chevaleresques. Ce fut un tort ; mon premier soin eût dû être de renvoyer au moins pour plusieurs années tous les membres de la famille impériale d'abord, et ensuite ceux qu'elle investissait de sa confiance. Je sais par expérience combien sont faibles les complots fomentés à l'étranger ; ce sont de vaines attaques presque toujours impuissantes. Il est certain que nous n'avons jamais pu rien tenter de sérieux, malgré tous nos efforts, pendant vingt-cinq ans d'exil.

Donc, si j'avais fait vider les lieux à la duchesse de Saint-Leu, aux ministres de Buonaparte, à une cinquantaine de militaires de haut grade, et à tous les conventionnels marquans, je me serais délivré d'un dangereux foyer de conspiration permanente. Les agens en sous-ordre auraient manqué de point de ralliement, de ressources, de secours ; l'opposition écrite et parlée aurait été plus faible, et peut-être que le coup de main des cent-jours n'aurait pas eu lieu.

Faire le chevalier français était donc chose fort peu convenable dans ma position. La duchesse de Saint-Leu se mit à cabaler activement aussitôt après la mort de sa mère. Elle avait de l'esprit, de la grâce, une volonté ferme, un vif désir de remonter à la place d'où nous l'avions fait descendre ; et elle agit en conséquence. Je négligeai l'avertissement involontaire que son frère Eugène me donna lorsque, croyant faire beaucoup pour lui, je lui accordai le titre de maréchal de France. Loin de m'en remercier, il me parla de son rang. Je l'aurais mieux compris s'il eût été question de sa gloire. Nous nous séparâmes brouillés sans nous être épargné néanmoins les complimens réciproques.

Ces prétentions que la défaite ne rabattait pas ; cette persistance à vouloir être prince du droit divin aurait dû m'éclairer ; mais je regardais tout cela comme les bouffées d'une vanité prête à s'éteindre à l'aide de sages réflexions et du temps. Il n'en fut rien néanmoins ; on ne me tint aucun compte de ma grâce, de mon indulgence : on tenta de lutter avec la maison de Bourbon. La chose était plaisante sans doute, et pourtant elle fut triste en réalité. Je recevais bien quelques avertissemens ; mais j'avais la manie de me méfier des prophètes de malheur, parce que je les croyais toujours en arrêt devant ma cassette.

Parmi les femmes de qualité qui venaient aux Tuileries, il y en avait une que je ne nommerai pas, et pour cause. Madame..., dès avant ma rentrée, m'avait donné des preuves non équivoques de son attachement à la monarchie ; elle a de l'esprit, du jugement, et pourrait passer pour jolie femme ; mais elle n'écoute les complimens qu'on lui adresse qu'autant qu'ils peuvent lui servir à obliger ses amis, pour lesquels elle est toute dévouée. Madame.... a une gaieté communicative et un instinct d'intrigue de cour parfait ; j'aime à cau-

10.

ser avec elle; je ne lui dois que de bons avis, et peut-être aurais-je dû y avoir égard plus souvent. Ses ennemis l'accusent d'être libérale, ses amis lui reprochent son excès de royalisme ; quant à moi, je la trouve bien telle qu'elle est.

Peu de temps m'avait suffi pour la connaître, la juger et l'apprécier. Elle me raconte tout ce qu'on lui dit, et le fait de manière à ne compromettre personne. Cependant, en 1814, vers la fin de l'année:

— Sire, me dit elle, avez-vous une couronne à céder à la duchesse de Saint-Leu?

— Hélas! repartis-je, tant de gens en demandent, qu'elles sont à haut prix. Est-ce que cette dame rêverait encore au passé ?

— Peut-être ne serait-elle pas fâchée d'y revenir.

— Je ne vois pas de trône vacant. Quant au mien, la loi salique m'interdit de le lui offrir.

— C'est cependant celui-là que cette dame semble convoiter ; savez-vous, sire, que le nombre de mécontens qui vont chez elle augmente tous les jours ?

— Je fais ce que je puis pour satisfaire la masse; mais il y a des gens avides qui trouvent toujours moyen de se plaindre.

Madame .... me dit ensuite que plusieurs réunions avaient eu lieu chez mademoiselle de Beauharnais. Elle me signala même quelques hommes qui ne cherchaient pas à dissimuler la haine qu'ils me portaient, et me fournit des lumières dont on

aurait dû tirer parti. Sans y ajouter beaucoup
d'importance, je communiquai cependant cette
conversation à Blacas; il me répondit qu'il en demanderait explication à Dandré. Celui-ci chargea
du soin de surveillance un homme de l'ancienne
police impériale, M. C... On me fit valoir cette mesure comme devant avoir un plein succès, puisque
les conspirateurs, s'il y en avait, ne pourraient soupçonner un des leurs. Au résultat, M. C.... prit notre
argent, et se moqua de Dandré en lui prouvant
victorieusement qu'on ne faisait chez la duchesse
de Saint-Leu que de la musique.

— Mais les conférences secrètes?

— Ce sont des charades en action qu'on prépare
pour les soirées.

Dieu sait jusqu'à quel point cette explication contenta des gens sans malice. Blacas prit madame....
à part, et lui conseilla de ne plus m'alarmer mal à
propos, et surtout de mieux voir les choses. Madame..., interdite et piquée, ne me rapporta plus
rien, et les charades allant leur train, se terminèrent
par les cent-jours.

A peu près vers cette même époque, la femme
d'un homme célèbre dans notre histoire moderne
me fit demander une audience secrète. Elle s'entoura de tant de mystère, que le duc d'Aumont,
auquel elle s'adressa, me parla de cette audience
comme d'une chose très-importante. Je n'ai jamais
refusé de voir les dames, surtout quand elles
sont jolies, et la beauté de celle-ci est incontesta-

ble. Je consentis donc à la recevoir : elle arriva au château par les entrées dérobées, entre chien et loup ; enfin avec les mêmes précautions que celles qui avaient présidé à l'entrevue du duc d'Otrante.

J'avoue qu'à part le plaisir de voir de près une de mes *malveillantes*, je m'attendais à d'importantes révélations, d'autant mieux que la comtesse était en position de connaître bien des choses Elle vint parée comme une châsse. On ne peut être trop convenablement vêtue lorsqu'on se présente devant son roi. Je lui fis fête.. Elle était charmante, causait bien, souriait à ravir, avait une naïveté parfaite... On va en juger.

Je la savais fort avant dans la confiance de la duchesse de Saint-Leu, et à cette époque on ne m'avait pas encore parlé des charades ; aussi m'attendais-je à apprendre quelque fait particulier de la belle comtesse. La voyant embarrassée, je m'efforçai de la rassurer par quelques phrases adroites. Enfin elle se décida à franchir le pas, et.... elle me conjura de donner à son mari une place qui le mît à même de me prouver son dévouement.

— En vérité, sire, poursuivit-elle, l'habitude de l'occupation lui rend son état présent odieux ; on ne le reconnaît plus ; c'est un homme perdu s'il reste ainsi à l'écart, et moi-même je serai trop malheureuse..., Oui, sire, lorsque l'empereur régnait, mon mari avait tant de besogne que personne n'était plus aimable que lui. Aujourd'hui qu'il se repose, il est insupportable. A peine alors s'il avait le loisir de penser à moi, tandis que maintenant il a du temps de reste pour se livrer à sa jalousie.

Je faillis commettre l'impolitesse de rire au nez de madame...., à tel point son discours me sembla plaisant. Il fallait donc que j'employasse son mari pour qu'elle eût la faculté de coqueter tout à son aise. Cette nécessité d'un nouveau genre me parut singulièrement piquante. Je me contins cependant, et, voulant mystifier cette belle impérialiste, j'eus l'air de m'apitoyer sur son sort, et me montrai très-disposé à utiliser les talens de son digne mari.

Cela fait, je voulus amener la conversation sur un sujet dont, à mon tour, j'aurais tiré profit; mais cette corde, quoique habilement touchée, je puis dire, ne rendit aucun son. La comtesse ne voyait, n'entendait, ne songeait qu'à la jalousie intempestive dudit époux. Était-ce ruse ou indifférence? je l'ignore; mais il est certain que j'y perdis ma peine. Néanmoins je la congédiai avec de bonnes paroles, et quand elle fut partie, je m'en amusai beaucoup avec Blacas. Nous eûmes la malice de remercier le duc d'Aumont du service qu'il m'avait rendu, et lui laissâmes croire aux révélations de la comtesse.

L'apparition de madame.... au château ne put être assez secrète pour qu'on n'en sût pas quelque chose. Ma nièce s'en inquiéta, et Monsieur questionna Blacas à ce sujet. Mais ni lui ni moi ne laissâmes rien transpirer sur cette audience, et le secret de l'État fut fidèlement gardé.

Il arrivait ainsi parfois certains incidens qui faisaient diversion au graves intérêts dont j'étais occupé. Je me rappelle qu'en 1814, un homme de renom, ancien magistrat supérieur dans un département du royaume, se donna aussi beaucoup de peine pour arriver jusqu'à moi. Il avait à me communiquer, disait-il, quelque chose de si extraordinaire, que cette révélation lui assurerait à jamais ma reconnaissance. Je consentis à le faire venir dans mon cabinet.

Il m'apportait une recette certaine pour rendre féconde une femme frappée de stérilité, et me conseillait d'engager Madame Royale à en faire usage dans l'intérêt du royaume, ou bien de l'employer pour la reine de France, dans le cas où je voulusse me remarier.

Tandis que ce fou me débitait ses absurdités, il me prit envie de lui demander s'il était marié et père. Qu'on juge de ma surprise lorsqu'il me répondit qu'en effet il avait une femme, mais point d'enfans.

Il y eut aussi des hommes qui me proposèrent de me défaire de Buonaparte, et s'offrirent à me procurer les moyens de reconquérir la moitié de l'Europe. On ne peut imaginer la millième partie des choses déraisonnables, atroces, plaisantes ou ridicules dont les souverains sont assaillis. Il n'est rien dont nous puissions nous préserver. Que de lettres passionnées j'ai reçues ! que de dames se sont éprises de ma vieillesse *si belle*, *si admirable* ! Enfin on cherchait à me surprendre de toutes manières, heureusement que le renard avait trop d'expérience pour tomber dans le piége.

J'étais journellement en butte aux sottises, à l'avidité, aux haines ; chacun voulait m'exploiter à son profit : j'avais donc à me défendre à la fois de mes amis et de mes ennemis. Parmi ces derniers, figurait le cardinal Maury, ce misérable (qu'on me pardonne de le traiter si durement, car il a dépassé les bornes de l'ingratitude) était, à Rome, mon ambassadeur auprès du souverain pontife, lorsque tout-à-coup, sans aucun motif, il m'abandonna en écrivant à Buonaparte une lettre que la postérité lui reprochera avec raison. Cette perfidie retomba sur son auteur. Dès ce moment le déshonneur du cardinal Maury fut patent, et il ne s'en releva pas.

La restauration l'accabla. Cependant il eut l'audace d'essayer à m'éblouir ; il m'écrivit avant que j'eusse quitté l'Angleterre. Je trouvai une de ses lettres à Compiègne ; la troisième vint à Saint-Ouen. Je ne daignai pas lui répondre, à tel point je le méprisais. Je puis dire que chaque grand coupable de la révolution eut au moins une voix pour intercéder en sa faveur, nulle ne s'éleva dans les intérêts du cardinal Maury ; enfin il dut céder à sa destinée, il alla se faire juger à Rome, et mourut peu de temps après dans l'impénitence finale.

CHAPITRE IX.

Opposition dans la chambre des députés. — Dumolard. — Durbach. — Bedoch. — Flaugergue. — Souques. — Lefèvre-Gineau. — Raynouard. — Quelques autres. — La pairie. — Système qu'elle adopte. — Opposition dans cette chambre. — Influence du prince de Talleyrand. — Ce que le comte de Blacas aurait voulu. — Colloque à ce sujet. — Il ne veut pas des députés. — Comte Ferrand. — Dupont de l'Eure. — Travail des chambres. — Liste civile. — Désintéressement de Henri IV. — Opinion du roi sur la liberté de la presse. — Loi proposée pour la réprimer.

En accordant un gouvernement représentatif à la France, en rendant la parole à la chambre des députés de Buonaparte, j'aurais cru que la nation me saurait gré de concessions aussi importantes. J'espérais surtout que les législateurs eux-mêmes, pénétrés de gratitude pour la confiance que je leur témoignais en les conservant, au lieu de les soumettre aux chances d'une réélection ; j'espérais, dis-je, qu'ils se prêteraient aux circonstances, et que nul d'entre eux par son opposition n'ajouterait aux embarras de mon ministère.

Mais je comptais sans mon hôte, comme dit le proverbe. Si la chambre des pairs fit acte de reconnaissance en m'aidant de son vote, celle des députés se montra peu disposée à composer avec mes volontés. Non que la majorité m'échappât encore, car elle conservait trop bien le pli de soumission imprimé par Buonaparte pour s'en départir aussitôt. Mais, dès la session ouverte, il se forma une minorité méticuleuse, inquiète, qui fit beaucoup de mal à la restauration.

Parmi ceux qui se signalèrent par une opposition constante, je signalerai MM. Bedoch, Dumolard, Durbach, Lefèvre-Gineau, Souques, Flaugergue, Raynouard, Maine de Biran, Gallois, Lainé et Sylvestre de Sacy. Ces derniers, moins acerbes et royalistes au fond, auraient voulu que mon ministère se renfermât dans les bornes la égalité qu'ils l'accusaient de dépasser quelquefois ; les autres, plus impétueux, se montraient ennemis de ma cause.

Dumolard, ancien membre de plusieurs assemblées délibérantes, était un parleur impitoyable, s'emparait de la discussion qu'il fatiguait à force de raisonnemens faux et de véhémence à froid. Ce fut lui qui, dans je ne sais quelle circonstance, s'écria qu'il fallait jeter un voile sur la statue de la liberté. Cette assertion inconvenante, injuste, eut un retentissement funeste. On la répéta dans tous les journaux ennemis, on la commenta, et il en advint que moi, qui le premier avais donné la liberté à la France, je fus accusé de vouloir la lui ravir. M. Dumolard faisait le désespoir de mes ministres, et ma cour ne pouvait le souffrir.

Je devais espérer que M. Durbach emprunterait à son beau-père le maréchal Mortier cette facilité que les militaires professent en faveur du pouvoir : mais il n'en fut rien ; il se prononça contre moi avec une excessive rudesse, et prétendit que ma charte n'était pas octroyée, mais une concession impérieuse aux circonstances. Je fus blessé du choix de ce texte de déclamation, parce qu'il touchait un point délicat. M. Durbach, en agissant ainsi, se déclara mon ennemi personnel, et m'en donna de telles preuves, qu'après les cent-jours je dus le comprendre, dans l'ordonnance du 25 juillet, au nombre de ceux qui eurent à quitter le royaume.

M. Bedoch, magistrat et procureur-général impérial près de la cour criminelle de Tulle, se mit aussi dans les rangs de l'opposition. J'en fus fâché, parce qu'il jouissait d'une réputation de probité et de science qui le rendait recommandable. On lui offrit des places qu'il refusa ; plus tard il les accepta de Buonaparte. C'était déclarer ouvertement la haine qu'il portait à ma famille. Les émigrés trouvèrent en lui un adversaire acharné ; cela ne me surprit pas quand j'appris qu'il avait acheté des biens d'origine nationale.

J'avais espéré, à mon arrivée, que M. Flaugergue se rallierait à ma cause ; il s'était prononcé contre Buonaparte, et ceci me confirmait dans mon opinion. Il avait de l'esprit, de l'éloquence, et j'aurais souhaité le compter dans nos rangs; mais cette espérance fut déçue ; il plut à M. Flaugergue de passer dans l'opposition.

Un autre membre démocrate s'était prononcé depuis long-temps en faveur des principes républicains. Ami de Brissot, et peut-être orléaniste au fond de l'âme, il était sur la liste de ceux dont nous devions nous méfier. Dès que la parole fut rendue à la chambre législative, il se déclara en effet contre mon gouvernement; il se prétendait ennemi de la tyrannie, bien qu'il eût servi celle de Buonaparte avec cette obéissance passive qui était alors à l'ordre du jour. M. Souques, à la fois législateur et homme de lettres, eût réussi s'il eût voulu s'accommoder aux circonstances. Je le fis prévenir à diverses reprises du plaisir que j'aurais à lui être agréable; mais ces offres le trouvèrent impassible.

Le dernier chef des récalcitrans, dans cette chambre d'ailleurs si bien disposée, était un membre de l'Institut, Lefèvre-Gineau, homme de talent. Lui aussi avait la prétention de jouer un rôle, en affectant de contrecarrer les propositions de mon ministère. On ne rencontrait pas en lui la même souplesse que chez quelques-uns de ses confrères. Quelqu'un lui faisant observer que sa conduite ne plairait pas à la cour, il répondit : « Peu m'importe, mon intention n'est pas d'aller aux Tuileries. » Je n'ai jamais aimé ces esprits austères qui se renferment dans leur maison : les gens du monde sont bien plus faciles à aborder.

J'eus moins à me plaindre de M. Raynouard ; l'auteur des *Templiers*, en sa qualité de Provençal, n'aime pas Buonaparte ; et quoique d'ailleurs très-libéral de principes, il a un penchant involontaire pour la monarchie en général, et pour la maison de Bourbon en particulier. C'est un homme d'honneur, un homme de la vieille roche ; d'une franchise peu aimable, mais sur lequel on peut compter. Il a des connaissances très-profondes sur tout ce qui regarde l'ancien régime municipal.

Après ces messieurs, venaient encore MM. Maine de Biran, Le Gallois, Lainé et Sylvestre de Sacy. L'opposition de ces quatre derniers, toute constitutionnelle et point systématique, me convenait ; ils apportaient dans leurs actes une mesure parfaite, et leurs qualités privées rehaussaient l'éclat de leur vie publique. Je parlerai plus tard de M. Lainé, parce qu'il sera appelé à jouer un rôle important dans mon gouvernement.

La chambre des pairs, formée en majorité des débris du sénat, ne m'inspirait pas beaucoup d'inquiétude ; ses membres, accoutumés au joug de Buonaparte, et rompus aux habitudes de la cour, ne se présentaient pas en ennemis du pouvoir. Ce corps fut bientôt dominé par la pensée que la paix et le repos étaient nécessaires au bien-être du royaume ; que son devoir était de conserver et non d'améliorer ; que la chambre élective, portée aux envahissemens, avait besoin d'être modérée, et qu'il fallait enfin, puisqu'elle manquait de mesure, que la pairie se rendît vénérable par la solennité de ses formes et la gravité de son caractère.

Certes, rien ne pouvait mieux convenir à moi et à mes ministres; aussi n'épargna-t-on rien pour engager la pairie à marcher dans cette ligne de modération et de sagesse. Si elle y perd en popularité, elle y gagne en considération personnelle. Voilà pourquoi les réponses de ce corps sont pâles; il ne veut rien faire pour exciter les passions, et cherche ainsi à contrebalancer l'impétuosité de la seconde chambre.

Ce n'est pas que là il n'y eût aussi un noyau d'opposition contre les décisions de mon cabinet, Mais MM. Lanjuinais, Dedelai-d'Agier, Destutt-de Tracy, Boissy-d'Anglas, Garnier, Barbé-Marbois, Ségur, et quelques autres, ne perdaient pas de vue que la résistance devait s'arrêter là où elle provoquerait à la sédition. Toute discussion d'ailleurs avait lieu avec une urbanité excessive, une obligeance réciproque dont nul ne se départait.

Le prince de Talleyrand était de tous mes ministres celui dont le caractère, le langage et la grâce convenaient le mieux à la chambre des pairs; aussi je le chargeais d'y faire passer les lois, qu'il savait obtenir à peu près sans amendement. Je regrettai donc d'être forcé d'envoyer M. de Talleyrand au congrès de Vienne, à tel point j'avais à me féliciter de ses rapports avec la chambre haute.

Blacas aurait souhaité pouvoir le remplacer dans cette suprématie. Il y serait parvenu sans doute, s'il ne s'était agi que de talens parlementaires; mais il lui manquait *la tache originelle*, il n'avait pas pris part à la révolution ; et quoique les pairs en grande partie fussent pour le principe monarchique, ils éprouvaient une sorte de méfiance et de jalousie contre ceux qui purs de tout acte de jacobinisme, n'étaient rentrés qu'avec moi.

Il en résultait que le comte de Blacas ne leur était pas agréable, et que, sans affectation, ils lui manifestaient une mauvaise volonté évidente. Je gardai donc Blacas dans l'intérieur des affaires, et m'opposai à ce qu'il se mît trop en avant. Cela lui causa un vrai chagrin.

— On ne me connaîtra pas, me dit-il.

— L'essentiel est qu'on vous connaisse plus à vos actes qu'à vos paroles, répondis-je. Vous avez le malheur d'être un homme de bonne compagnie, et c'est un tort aux yeux de certaines gens qu'on ne vous pardonnera pas.

J'aurais pu confier au comte de Blacas les rapports directs avec la chambre des députés, mais ceci lui parut une sorte d'infériorité qui ne lui convenait point. Cette mission, qu'il refusa, fut acceptée par l'abbé de Montesquiou, habile faiseur de phrases philosophiques et sentimentales. C'était ce qu'il fallait aux députés ; aussi tant que dura son ministère, leurs rapports ensemble furent pleins d'urbanité.

Quant à M. Ferrand, la chambre législative lui fit peu d'accueil. Royaliste de corps et d'âme,

M. Ferrand détestait la révolution autant qu'une dévote abhorre celui qui tourne en ridicule son confesseur. C'était en lui une vertu dont je lui savais gré, mais les députés qui pensaient différemment prirent à tâche de désobliger M. Ferrand. Je le soutenais parce que j'étais convaincu de sa fidélité, et je voyais avec chagrin cette aigreur entre des hommes sur le dévouement desquels nous pouvions entièrement nous reposer.

Parmi ceux qui se signalèrent dans cette opposition perpétuelle, j'ai oublié de nommer M. Dupont de l'Eure, qui se plaignait de mon ingratitude. Il était déjà mécontent avant de m'avoir rendu aucun service. On m'indiqua plus tard le moyen de me raccommoder avec lui, mais je ne me souciai pas de l'employer, M. Dupont de l'Eure m'ayant toujours paru bien au-dessous de sa réputation parlementaire.

La chambre des députés commença ses opérations par la présentation de cinq candidats à la présidence. Ce furent MM. Lainé, Raynouard, Gallois, Flaugergue et Félix Faulcon. Ces messieurs comptaient parmi les adversaires de Buonaparte ; les dangers qu'ils avaient courus par suite de leur conduite à la fin de l'an passé leur valut le choix de leurs collègues. Je pris M. Lainé non-seulement parce qu'il était le premier sur la liste, mais encore parce que je devinai sa supériorité : je dis devinai, car jusque-là les talens de M. Lainé n'avaient pas jeté l'éclat qu'ils ont jeté depuis. On pouvait voir en lui un bon jurisconsulte, mais l'homme d'État ne s'était pas montré.

Après que les chambres se furent occupées de leur règlement intérieur et disciplinaire, M. de Lorme proposa aux députés, qui l'adoptèrent sur-le-champ, la mesure de fixer sans retard le chiffre de la liste civile. C'était une nécessité à laquelle je me soumis : j'aurais voulu pouvoir dans ces circonstances déjà si pénibles ne pas augmenter les charges de la nation ; mais comme je rentrais pauvre, il fallait bien que le trésor public suppléât à ce qui me manquait.

Si Henri IV, notre grand aïeul, en montant sur le trône, se fût réservé pour lui et ses successeurs la libre propriété des superbes domaines qu'il possédait à titre d'héritage paternel et maternel, la branche aînée de la maison de Bourbon aurait toujours été suffisamment riche, puisque à part le royaume de Navarre, dont à la vérité il n'avait en propre qu'une portion, il était investi des duchés de Vendôme, comtés d'Armagnac, de Foix, d'Albret de Périgord, des vicomtés de Béarn, de Limoges, et d'une foule d'autres terres, de domaines et seigneuries. Il donna le tout à la France ; voilà comment ses descendans étaient les plus pauvres parmi les princes, car personnellement nous ne possédions rien.

Ce que je n'avais pas, je l'obtins de l'État, on m'accorda une liste civile égale à celle qui avait été votée pour Louis XVI par l'assemblée constituante. Elle était suffisante, et je me flatte d'en avoir fait un bon usage. J'avais contracté, ainsi que mon frère, des dettes pendant l'émigration ; les chambres, auxquelles mes ministres en firent part, consentirent à ce qu'une somme de trente millions fût employée à les payer. Cela ne faisait guère plus de douze cent mille francs par an pour toute la durée de mon exil, en y comprenant mon entretien et celui de ma famille. Eh bien ! une restitution aussi convenable fit murmurer. J'en eus un vif chagrin, et de là, je commençai à craindre que le peuple français ne fût pas complètement mûr pour la liberté.

Plusieurs propositions furent faites à la chambre élective. M. Dumolard, entre autres, impatient de prendre la parole qu'il n'a plus quittée tant qu'il a été législateur, voulait que les deux chambres prissent le nom de *parlement de France*. On repoussa cette proposition, ainsi que d'autres non moins intempestives du même auteur. M. Durbach attaqua toute censure avant la publication des ouvrages. Il frappait des lois impériales que je n'avais pas l'intention de conserver ; on le lui dit, puis on passa à l'ordre du jour.

Cette affaire de la liberté de la presse et des mesures à prendre pour en comprimer les abus n'était pas facile à traiter avec des hommes qui, lassés de leur long silence, voulaient parler à leur aise. Parler, soit ; les meilleurs discours ont peu de portée pour le vulgaire. Mais il n'en est pas de même des écrits, qui alimentent, qui excitent les esprits. La presse est le levier qu'Archimède demandait pour soulever le monde. Il est peu de tranquillité possible, de gouvernement solide, là où chaque jour on peut calomnier, inspirer les soupçons, les méfiances, entretenir les haines. Le mal fait aujourd'hui ne peut être réparé par le remords de demain. Et comment d'ailleurs suffire aux attaques injustes, aux mensonges? Comment espérer éclairer le public, lui apprendre à distinguer le vrai du faux, à ne juger qu'avec connaissance de cause? Une impression reçue s'efface difficilement; un homme indignement compromis sans motif n'en sera pas moins coupable aux yeux du plus grand nombre. Ce n'est pas ici la lance d'Achille, guérissant elle-même les blessures qu'elle a faites. Il faut sans doute une liberté d'écrire quelconque; il convient d'aider à la propagation des lumières, au maintien des droits publics et particuliers. Mais aller au-delà, c'est folie; le souffrir serait un crime.

L'usage illimité de la presse amènera nécessairement dans tous les états une continuité de perturbation, qui décideront sa ruine. Il est impossible que le partisan du système repoussé se taise, et que par conséquent le gouvernement établi ne soit sans cesse représenté comme mauvais dans son essence et dans sa marche. On l'attaquera donc, on l'ébranlera, on le renversera, et cela sans avantage pour la masse.

La liberté illimitée de la presse est, selon moi, une arme de mort que l'autorité consent à laisser dans les mains de ses adversaires, et dont tôt ou tard ils se serviront contre elle, si elle ne la leur retire pas. La presse périodique est la plus dangereuse : transiger avec elle, c'est s'abandonner soi-même; jamais on ne l'amènera à une opposition légale et prudente, elle restera en permanence aux ambitieux et aux affamés.

J'étais convaincu de ces vérités, et ce qui avait lieu depuis mon retour me maintenait davantage encore dans cette opinion. Je frémis en voyant le mal que la presse allait faire à la religion, à la monarchie, aux lois et à la société. Déjà elle exhalait son fiel contre la cour, le clergé, la noblesse, et rappelait les calomnies de 1789. Je compris qu'il était temps de la renfermer dans des bornes propres à en contenir les excès. Aussi, le projet de loi apporté à la chambre des députés par MM. l'abbé de Montesquiou, comte de Blacas, Ferrand et Beugnot, avait été entièrement rédigé dans ce soin ; il disait:

« Tout écrit de plus de trente feuilles d'impres-
» sion pourra être publié librement et sans exa-
» men de censure préalable. Il en sera de même,
» quel que soit le nombre de feuilles des écrits en
» langues mortes et en langues étrangères, des
» mandemens, lettres pastorales, catéchismes et
» livres de prières, des mémoires sur procès signés
» d'un avocat, etc. Si deux censeurs au moins ju-

» gent que c'est un libelle diffamatoire ou qu'il
» peut troubler la tranquillité publique, ou qu'il
» soit contraire à l'article 11 de la Charte, ou enfin
» qu'il blesse les bonnes mœurs, le directeur gé-
» néral de la librairie pourra ordonner qu'il soit
» sursis à l'impression. Les journaux et écrits pé-
» riodiques ne pourront paraître qu'avec autorisa-
» tion du roi.

» Nul ne sera imprimeur ou libraire, s'il n'est
» breveté par le roi et assermenté. Nul imprimeur
» ne pourra imprimer un écrit avant d'avoir dé-
» claré qu'il se propose de ne le mettre en vente,
» ou de le publier d'une manière quelconque,
» que lorsqu'il aura déposé le nombre d'exemplai-
» res prescrit. Le défaut de déclaration avant l'im-
» pression et le défaut de dépôt avant la publica-
» tion, seront punis chacun d'une amende de 1,000
» francs pour la première fois, et de 2,000 pour
» la seconde. Tout libraire chez lequel il sera
» trouvé un ouvrage sans nom d'imprimeur, sera
» condamné à une amende de 2,000 francs. L'a-
» mende sera réduite à 1.000 francs si le libraire
» fait connaître le nom de l'imprimeur. La présente
» loi sera revue dans trois ans pour y apporter les
» modifications que l'expérience aura fait juger
» nécessaires. »

CHAPITRE X.

Le petit Guizot. — Triomphe des rentrées. — Il ne va pas loin. — Le roi envoie aux chambres le compte-rendu de la situation de la France. — Présentation du budget. — Bon effet qu'il produit. — Moyen d'avoir de l'argent. — Le prince de Talleyrand agréable aux pairs. — Principes du roi. — Révélation. — Ce que le roi se proposait de faire. — Ce que voulaient les impatiens. — Loi de restitution. — Discours du roi prononcé par M. Ferrand. — La chambre hostile. — Clôture de la session. — Joie au château. — Monsieur. — Prévision sur le congrès de Vienne.

Ce projet de loi que je pourrais dire mien, à tel point il était conforme à ma pensée, fut rédigé par le petit Guizot, secrétaire de l'abbé de Montesquiou; celui-là encore était à prendre, mais personne autour de moi ne se soucia de me l'attacher : aussi, lorsque son patron quitta le ministère, il se tourna contre nous. Il me revint plus tard avec M. Decazes; c'est un de ces philosophes qui se ménagent un petit prétexte pour laisser de côté leur philosophie quand elle les gêne.

M. Guizot rédigea donc le projet de loi que je viens de transcrire. Je tenais beaucoup à ce que les chambres l'adoptassent, tant il entrait merveilleusement dans mes vues. La chambre des députés se montra hostile envers lui ; elle nomma une commission dont M. Raynouard fut le rapporteur, laquelle discuta contradictoirement le projet de loi, et enfin conclut à son rejet. Ce fut une décision hardie, inconvenante, et que certes je ne méritais pas. Dirai-je qu'on en triompha autour de moi, qu'on me reprocha d'avoir ouvert la porte à tous les abus en octroyant la Charte !

Je répondis qu'on se hâtait trop de condamner mon essai de mon gouvernement représentatif ; qu'en l'accordant à la nation, je n'avais jamais pensé qu'il marcherait sans embarras et surtout sans contradictions ; que l'opposition ressortait de la liberté de discussion ; qu'il fallait souffrir celle de la chambre des députés. Je parlais, bien persuadé que la majorité de la chambre ne me serait pas contraire. La discussion éclaira même les députés ; les discours de l'abbé de Montesquiou, ce qu'il rappela en prouvant les fautes commises par l'assemblée constituante, lorsqu'elle voulut la liberté illimitée de la presse, produisirent un bon effet. Le projet de loi fut adopté et porté ensuite à la chambre des pairs, qui, l'ayant amendé légèrement, y donna son suffrage. Ma sanction, comme on doit le croire, ne se fit pas attendre, et nous eûmes enfin une digue contre les excès qui s'accroissaient chaque jour.

Buonaparte envoyait tous les ans le ministre de l'intérieur présenter à la chambre législative le tableau de la situation de l'empire. Cet usage me parut bon à suivre, et je chargeai de cette tâche l'abbé de Montesquiou. J'avais mis un soin extrême à rédiger cet acte moi-même ; j'y montrais tous les avantages que la France retirerait de ses anciennes institutions; je les comparais avec les nouvelles, de manière à prouver qu'il n'y avait eu de bonheur pour le royaume qu'avec les Bourbons. Je m'attachais particulièrement à faire ressortir les actes de la tyrannie impériale, et le nombre d'hommes moissonnés sur le champ de bataille; je dépeignais l'épuisement physique et moral de la France; enfin, je faisais voir qu'après tant de désastres et de malheurs, mon rôle était de réparer, de consolider, ou de rétablir.

Cette pièce produisit tout l'effet que j'en attendais ; le ministre en reçut des complimens de tous côtés. A la suite, le baron Louis présenta le budget ; voici comment il l'établissait: les dépenses de 1814 s'élevaient à huit cent ving-sept millions quatre cent quinze mille francs. La recette avait été, à cause des malheurs de la guerre, de cinq cent vingt millions. Un déficit de plus de trois cent sept millions était patent, il fallait y pourvoir. L'exercice des dépenses présumées de 1815 fut établi de la manière suivante:

Liste civile.	33,000,000
Chambre législative.	1,200,000
Justice.	20,000,000
	54,200,000

Report.	54,200,000
Affaires étrangères.	9,500,000
Intérieur.	85,000,000
Guerre. . , ...	200.000,000
Marine.	57,000,000
Police.	1,000,000
Finances.	23,000,000
Dette publique.	100,000,000
Intérêts des cautionnemens et frais de négociations.	18,000,000
TOTAL. .	547,700,000

On pouvait espérer de couvrir ces dépenses par une recette qui, dans ses diverses parties, s'élèverait à la somme de six cent dix-huit millions, sur laquelle on déduisait deux cent quarante-quatre millions du domaine extraordinaire, et trois cent cinq millions de cautionnement non exigible. Il y aurait donc à payer seulement, afin d'établir la balance, sept cent cinquante-neuf millions. C'était sans doute une somme très-forte ; mais on avait des ressources pour y faire face : d'abord, la vente de trois cent mille hectares de forêts nationales, puis, soit une émission de rentes, soit des bons du trésor payables en trois ans, avec un intérêt de huit pour cent.

La connaissance du budget produisit, j'oserai dire, une sensation agréable. Les calamités de la guerre faisaient craindre que le trésor ne se trouvât grandement obéré. Moi-même, à mon arrivée, je n'avais attaqué cette partie de mes affaires qu'avec une terreur profonde, et je me sentis allégé lorsque j'eus vu ce qui en était. L'emprunt à obtenir était donc peu de chose ; on l'éteindrait facilement, au moyen d'un amortissement qui n'aurait pas lieu encore, parce qu'il fallait appliquer toutes les ressources aux besoins présens. Je me promettais, et mon ministère le fit savoir aux chambres, que ce système de payer la dette nationale serait promptement adopté.

Les députés ne firent nulle objection à ce budget à l'exception toutefois de l'intérêt de huit pour cent à accorder aux bons du trésor. On déclama contre cet appât donné à l'agiotage; mais *vox clamans in deserto;* on finit par comprendre que le moyen de trouver de l'argent consiste à présenter des bénéfices à ceux qui en ont à placer. On loua beaucoup la générosité de mon gouvernement, qui consentait à prendre toutes les charges de la révolution, et à solder les fautes précédentes. On reconnut combien une autorité légitime toute réparatrice était préférable à celle qui se base sur la violence ou la terreur.

Ce ne fut pas le baron Louis qui porta le budget au Luxembourg, mais le prince de Talleyrand. Le discours qu'il prononça enleva tous les suffrages.

Les pairs y applaudirent; il trouva peu de critique dans le public; c'est un hommage à lui rendre.

L'affaire du budget terminée, on passa à une

autre d'un intérêt au moins égal aux yeux de nos serviteurs. Je n'avais pu rien faire encore pour l'émigration, et la force des choses agissant contre ma volonté, m'avait conduit à sanctionner la vente des propriétés dites nationales. Je savais bien qu'en ceci j'outrepassais mon droit, puisque je n'étais roi légitime qu'en vertu du principe sacré de la propriété, et que ce principe était complètement violé par la Charte. Or, puisque par ce principe je remontais sur mon trône, en en chassant le détenteur actuel, Buonaparte et ses ayans-cause, il était naturel que ceux qui m'avaient suivi dans l'exil rentrassent comme moi dans leurs domaines.

Certes, on ne pouvait rien répondre à la question ainsi posée; mais le vœu de tous me rappelant, ma situation devenait une spécialité qui ne troublait rien, tandis que la réintégration des émigrés, quoique voulue par la justice, bouleverserait la face du royaume et porterait le désespoir dans une multitude de familles. On pouvait donc soutenir spécieusement le principe de la spoliation; quant à moi, j'éprouvai autant de douleur que de honte d'être contraint à le changer en loi de l'État; et lorsque je m'y décidai, ce fut un des plus grands sacrifices que je pus faire à la tranquillité du royaume.

Les émigrés, jusqu'au dernier moment, s'étaient flattés que mon retour les réintégrerait dans leur patrimoine. Ma famille avait eu le tort de les entretenir dans cette espérance, et je dois avouer que moi-même, jusque-là, j'avais évité de m'expliquer sur ce point délicat. Je dois dire encore que ma résolution d'approuver l'acte inique et révolutionnaire ne remontait pas fort loin, et que je ne me déterminai qu'à la suite de ma triple correspondance avec Boissy-d'Anglas, le duc d'Otrante et le prince de Talleyrand. Ces trois hommes d'État étaient parvenus à me convaincre de l'impossibilité de rentrer dans mon droit si je persistais à soutenir celui des émigrés, ajoutant que cette persistance ferait éclore des germes de guerre civile dans tout le royaume.

Je me rendis donc à l'évidence dans l'intérêt général ; mais je me hâte de le dévoiler, ce fut avec l'arrière-pensée bien arrêtée de réparer cette injustice patente, et de dédommager les émigrés d'une manière ou d'une autre de l'expropriation que la charte légalisait. Il était d'autant plus nécessaire de cacher cette résolution, qu'il fallait craindre qu'elle n'effrayât les contribuables. Je ne voulais pas d'ailleurs étendre la mesure de restitution ou d'indemnité au clergé; et comme déjà on m'accusait d'avoir négligé les intérêts de l'Église, je ne voulais pas achever de l'indisposer contre moi.

Mais la pauvreté et le droit sont impatiens, et, dès 1814, lorsque j'étais pour ainsi dire encore en Angleterre, je fus assailli de demandes et de provocations. Il s'agissait de faire rendre les biens nationaux à leurs propriétaires légitimes au prix que les acquéreurs les avaient payés : laquelle somme leur serait comptée en autant d'années qu'ils en avaient joui.

Ce projet était le plus raisonnable de tous ceux qu'on me soumit. Un autre voulait qu'on fît deux parts des domaines vendus, l'une des biens d'émigrés, l'autre des biens de l'Église ; que la première revînt sur-le-champ aux dépossédés, et que la seconde fût divisée de manière à fournir une indemnité quelconque aux acquéreurs évincés. La noblesse, par ce moyen, pouvait être satisfaite, mais non le clergé ; aussi éludai-je de prendre un engagement définitif envers les malheureux émigrés. La force des choses me dicta, pour ainsi dire, celui que je contractai avec la révolution par ma déclaration de Saint-Ouen.

A cette nouvelle, à la certitude que je consacrais la confiscation de la propriété au profit des jacobins, il se forma contre moi un orage qui ne tarda pas à gronder. J'ai cent raisons pour me taire à ce sujet : qu'il suffise de savoir que, malgré le respect qui m'était dû, on me maltraita cruellement, et qu'on ne me tint compte ni de la volonté de la France, ni de la faiblesse de mes moyens, ni de l'exigence de la coalition, qui aussi me dictait cette mesure. Je dus me plaindre, parler en roi, et menacer d'aller prendre ma place en dehors de mes amis.

Je conjurai néanmoins les dépossédés d'espérer en mon affection, et de croire que je ne les abandonnerais pas. J'ajoutai que, ne pouvant rien faire pour eux dans ce moment, il fallait attendre du temps une occasion favorable. Mais je parlai en vain, on était trop irrité pour m'écouter avec calme. Les murmures, les projets violens continuèrent : il y eut des assemblées dans lesquelles on décida des enlèvemens à main armée, des prises de possession de vive force; on alla même jusqu'à députer vers les trois souverains et à l'ambassade d'Angleterre pour savoir si on soutiendrait ce coup d'éclat. La réponse fut unanime ; elle portait qu'on ne verrait là dedans qu'un acte de rébellion, propre à compromettre par ses conséquences la victoire européenne, et, que loin de l'aider, on me fournirait tous les secours nécessaires à la comprimer instantanément.

Cette réplique foudroyante calma le mouvement belliqueux et me sauva de la guerre intestine. Les esprits apaisés par la certitude de la défaite, on me revint en me conjurant d'avoir pitié de tant de malheureux. C'était une recommandation inutile ; mon cœur parlait assez pour eux. Je leur en fournis enfin une preuve irrécusable en leur accordant le projet d'une loi qui tendait à faire rendre aux émigrés la totalité de leurs biens non vendus. Il y en avait encore pour des sommes immenses, presque toutes les forêts se trouvant entre les mains du gouvernement.

Le soin de proposer cette loi fut confié à M. Ferrand, un des hommes, ai-je dit, le plus monarchique. Je ne puis résister au désir de citer quelques phrases du discours qu'il prononça à la chambre des députés, et dont j'avais moi-même dicté la meilleure partie. Il dit d'abord:

« Lorsqu'après avoir essuyé les tourmentes d'une
» révolution dont l'histoire n'offre pas d'exemple,
» une grande nation rentre enfin dans le port d'un
» gouvernement sage et paternel, le bonheur
» qu'elle éprouve peut être encore pendant long-
» temps mêlé de malheurs individuels. Cependant
» le terme attendu arrivera enfin. Dans ces pre-
» miers momens où un jour plus propice luit après
» tant d'orages, où la possibilité de faire le bien se
» laisse entrevoir, il faut néanmoins s'astreindre à
» ne rien entreprendre qu'avec prudence. Un des
» inconvéniens trop souvent attachés aux lois qui
» remplacent les lois révolutionnaires, est qu'elles
» ne peuvent avoir l'unique et pure empreinte
» d'une équité rigide et absolue. Méditées d'après
» les principes, rédigées d'après les circonstances,
» elles sont quelquefois entraînées par celles-ci,
» quand elles ne voudraient pas se séparer de ceux-
» là: le souverain qui se résigne à de si grands sa-
» crifices peut seul savoir ce qu'ils lui coûtent, et
» une seule pensée peut les adoucir: c'est qu'en
» s'identifiant avec les sujets qui lui sont rendus,
» il anéantit toutes les dominations révolutionnai-
» res qui avaient divisé la grande famille. Telles
» sont, messieurs, les maximes que le roi a cons-
» tamment suivies depuis sa rentrée en France.
» Déjà, par son ordonnance du 21 août, il a assuré

» l'état civil de la portion de ses sujets faussement
» désignés sous le nom d'émigrés. Il est bien con-
» nu qu'en s'éloignant de leur patrie, tant de bons
» et fidèles Français n'avaient jamais eu l'intention
» de s'en séparer; jetés sur les rives étrangères, ils
» pleuraient les calamités de la patrie qu'ils se flat-
» taient toujours de revoir. A force de malheurs et
» d'agitations, tous se trouvent au même point;
» les uns y sont arrivés suivant une ligne droite
» sans jamais en dévier, les autres en parcourant
» plus moins les phases révolutionnaires où les
» évènemens les ont entraînés.

» La loi que nous avons l'honneur de vous
» apporter dérive de l'ordonnance du 21 août :
» elle reconnaît un droit de propriété qui existe
» toujours ; elle légalise la réintégration, mais
» dans cette réintégration même, le roi a dû ap-
» porter une grande réserve et quelques exceptions.
» C'est dans cet esprit que cette loi a été rédigée;
» elle commence par maintenir tout ce qui a été
» fait d'après les lois sur l'émigration jusqu'à la
» charte constitutionnelle. »

Je crois qu'on ne pouvait employer un langage plus convenable, où, sans rien abandonner du principe sacré de la propriété, des concessions étaient faites aux circonstances ; où l'on s'y fût mieux pris pour calmer les inquiétudes des détenteurs de biens injustement ravis.

J'avais espéré que la sagesse de cette grande mesure serait appréciée à sa valeur, et que la loi proposée passerait sans débats ; il n'en fut pas ainsi ; le rapporteur de la commission , M. Bedoch, se prononça contre mes intentions paternelles avec une aigreur qu'il essaya de déguiser sous une apparence de constitutionnalité dont on ne fut pas dupe. M. Dumolard aussi exerça son opposition furibonde ; il pérora , selon sa coutume, sans rien dire de positif. La loi passa néanmoins après avoir été vivement discutée.

Mes ennemis saisissaient toutes les occasions de nuire à ma cause. Le conseil des ministres, par mesure d'économie, avait décidé la suppression des maisons d'éducation et des succursales établies par Buonaparte pour les filles des membres de la légion-d'honneur. Si c'était un tort, il était facile de le démontrer, le conseil serait revenu de lui-même sur sa délibération ; mais il fallait du bruit et du scandale ; en conséquence on s'adressa à la chambre des députés par voie de pétition ; des mères prétendirent que mon gouvernement ne laissait à *leurs demoiselles* que la ressource du vice et de la prostitution. Une dame Lebeau que personne ne connaissait fit offrir trente mille francs de rente, toute sa fortune, pour m'aider à payer les frais de ces établissemens ; des grands-officiers de la légion-d'honneur proposèrent l'abandon de leur traitement. Cela fit un éclat désagréable qui me donna des chagrins et de l'inquiétude.

On ne se borna pas à ces actes hostiles ; on fit entendre à la tribune des paroles séditieuses , on essaya d'indisposer contre mon autorité le peuple qui me voyait avec plaisir. Les députés se montraient chaque jour plus acharnés dans leur opposition. Les alliés avaient évacué le territoire, le prince de Talleyrand était parti pour le congrès de Vienne, je n'étais plus sûr de rien, et commençais à concevoir des craintes sur ma position; on m'offrait, il est vrai, de la changer, mais par des moyens qui ne me convenaient pas. Je tenais à me maintenir en bonne harmonie avec l'universalité des Français, et tout bien calculé, je voulus essayer si l'administration ne marcherait pas mieux en l'absence des chambres.

En conséquence de la disposition des esprits et la mauvaise volonté qui n'était que trop apparente au sein de la chambre élective, je me déterminai à clore la session. Des gens bien informés m'assurèrent que si j'avais maintenu aux députés la pension de dix mille francs dont Buonaparte rétribuait leurs services, aucun d'eux ne m'aurait abandonné. Leur mécontentement provenait de ce que ma charte leur coupait les vivres. J'eus d'abord de la peine à croire ceci, mais plus tard on m'en fournit la preuve évidente. Alors il ne convenait plus de revenir sur une détermination solennelle et tout honorable aux députés, il fallait seulement aviser aux moyens de s'entendre avec les députés nécessiteux.

La résolution prise de terminer cette session, une ordonnance de clôture fut rendue le 30 septembre, et apportée aux chambres dans la forme voulue. Les députés en parurent mécontens ; j'étais pourtant dans mon droit, et il me semble que de juin à la fin de l'année ils avaient eu le loisir nécessaire pour se montrer bons citoyens.

Ce fut au château une grande joie que ce renvoi des chambres ; on les y redoutait toujours à tel point que les souvenirs de l'assemblée constituante avaient de la peine à s'effacer. Monsieur, comme les autres, éprouvait du malaise en présence de ce gouvernement représentatif. Il s'y est accoutumé depuis ; bien que parfois il se surprenne à me demander si je suis dans mon droit, et si je n'ai pas fait aux circonstances une part trop large. J'espère que, lorsqu'il règnera à son tour, celle qu'il fera ne sera pas moindre.

La clôture des chambres nous allégea un peu. Je me sentis plus à mon aise, et me promis d'employer la meilleure partie de 1815 à raccommoder les affaires de la France de manière à ce qu'elles ne rappelassent pas le passé ! Je voulais administrer à ma guise, et j'ose croire que j'aurais réussi. Mais l'homme propose, et Dieu dispose, dit le proverbe. J'étais loin de croire à ce que l'avenir me préparait, quoique j'eusse un instinct d'inquiétude. Je voyais l'intérieur tranquille dans la masse, mais agité dans les individualités : l'extérieur ne me rassurait pas non plus.

Le congrès venait de s'ouvrir. Je connaissais les motions qu'il discuterait et les querelles qui en seraient le résultat. On avait repoussé les prétentions de la France ; on s'était attaché à reculer ses limites de manière à ce qu'elle ne fût momentanément d'aucun poids dans la balance politique, lorsqu'il s'agissait du partage des dépouilles. Mais dans ce plan on n'avait point paré aux obstacles futurs.

Les prétentions des trois grandes puissances continentales les firent se rencontrer sur le même terrain pour qu'elles pussent être complètement satisfaites. Chaque cabinet en particulier tendrait à son agrandissement, et chercherait à empêcher celui de son voisin. Une méfiance réciproque portait les cours de Vienne et de Saint-Pétersbourg à se surveiller et à se nuire sous main. Or, il devait en résulter des différends qui finiraient par amener la guerre. Le cas échéant, la France reprenait aussitôt sa force naturelle. Mais quel fruit retirerait-elle de nouveaux combats ? c'est ce que je ne pouvais bien déterminer.

CHAPITRE XI.

La noblesse de Buonaparte ne veut pas sortir des Tuileries. — Le comte Vandamme. — Princesses, duchesses, comtesses impériales. — Chacun demandait des faveurs. — Joséphine. — Le cardinal Fesch. — La duchesse de Saint-Leu. — Comte de Ségur. — Son Altesse Royale madame la duchesse d'Orléans. — Détails curieux sur le retour du duc d'Orléans en 1814. — Le magnifique procureur. — Ce que le roi dit à ses ministres au sujet du duc d'Orléans. — Antipathie vaincue de Madame Royale. — Madame la duchesse douairière d'Orléans. — Comte de Folmont.

Par un misérable calcul, on s'était attaché à multiplier les embarras autour de moi. Les gens qui avaient courbé le plus bas la tête devant la tyrannie de Buonaparte, ceux qui s'en étaient rendus les ministres, affectaient sous mon gouvernement des manières d'indépendance fort peu en rapport avec leur vie passée. Je dois dire toutefois que cette déclaration de guerre, qui m'avait été faite par tant de gens, avait été précédée, de leur côté, par des offres de paix que j'eus peut-être le tort de ne pas accepter. Je pose en fait que la majorité des fonctionnaires impériaux, sans en exclure les militaires, avait commencé à m'envoyer son adhésion à la déchéance de leur souverain. A la suite de cette première démarche, une seconde ne se fit pas attendre ; on me demanda de l'emploi : ce furent MM. Cambacérès, Regnauld, Carnot, Excelmans, Vandamme, David. En un mot, quiconque avait mangé le pain de Buonaparte s'imagina avoir le droit d'écorner le mien.

Je revenais sans préventions aucunes, et bien déterminé, ai-je dit, à m'accommoder avec la ligue. Mais je ne restais pas seul ; ma famille, mes amis, mes fidèles, formaient autour de moi un rempart que tout le monde ne put pas franchir. On se souleva contre certaines gens qui n'étaient pas plus coupables que d'autres ; on m'excita contre eux ; bref, on m'empêcha de les employer.

Le ressentiment de ces hommes mis à l'écart passa toutes les bornes. Je fus taxé d'injustice et de despotisme, parce que je n'accueillais pas à bras ouverts tous ceux qui ne demandaient pas mieux que de me servir. Ce fut une vraie sédition de salon. Le général Vandamme, par exemple, ne pouvait se faire à être négligé, bien qu'il touchât exactement les appointemens de son grade. Il se mourait de rage de ne pas obtenir de moi un sourire, ni un mot obligeant : cette folie trop *commune* à cette époque, le poussa à prétendre forcer ma porte, et à me présenter ses hommages malgré moi ; car, au fond, son affaire, qui fit tant de bruit, n'était que cela. Je me piquai, et à mon tour je me refusai à laisser augmenter par la violence le nombre de mes courtisans. L'entrée des Tuileries fut donc défendue au général Vandamme.

Tous les habitans du château, au temps de l'empire, s'étaient fait une nécessité plaisante de leur présence en ce lieu ; leur désespoir lorsque la restauration fut consommée, prit naissance dans l'opposition d'une noblesse connue antérieurement de la famille royale. Ceux qui auraient souhaité avoir exclusivement le monopole de la courtisanerie, les femmes surtout, furent inconsolables en trouvant là des duchesses, des comtesses, des baronnes de plus ancienne date. Elles se seraient accommodées *de ma royauté*, si Son Altesse Royale n'eût appelé qu'elles seules dans son entourage. Ces fiers libéraux ne combattaient alors que pour ce qu'ils qualifièrent depuis de servilité.

Qui ne se rappelle pas la colère divertissante des princesses de Neufchatel, d'Eckmulh, de la Moskowa, des duchesses de Raguse, de Dalmatie, des comtesses, etc., etc. ; toutes dames dont le regard superbe ne s'arrêtait qu'avec dédain sur ceux qu'elles ne croyaient pas dignes de les approcher, qui mesuraient leurs sourires, et goûtaient tant de douceur à humilier les gens d'autrefois ! Eh bien ! à leur tour, elles éprouvaient non les impertinences des nôtres, qui en étaient incapables, mais des désagrémens, des mystifications. La faveur avait cessé de luire pour elles. Une duchesse de l'ancien régime, malgré sa pauvreté, obtenait la suprématie sur celle du nouveau. C'étaient des piqûres d'épingles qui blessaient plus que des coups de poignard ces *belles grosses madames*, la plupart sortant on ne savait d'où, le reste d'où on ne savait que trop.

On ne les excluait pas néanmoins; mais on entrait en partage avec elles ; et c'était ce qui les désolait, car les femmes en général aiment peu le partage. Le peuple, que les libéraux trompent, n'a pas vu ce que je rapporte ; il s'est laissé prendre aux phrases sentimentales de l'orgueil blessé. Je puis lui affirmer, à ce peuple crédule, que si j'avais voulu flatter la vanité des libéraux; tous seraient tombés à mes genoux et auraient prêté la main à l'asservissement du reste des citoyens.

Le ministère de ma maison avait une chambre entièrement pleine de demandes de la noblesse impériale, pour obtenir les places qui seraient à donner dans ma suite et celle des princes et princesses de mon sang. Lorsque Monsieur forma sa maison, il n'y voulut que des membres de la vieille gentilhommerie. Il eut tort, je le lui dis; mais il persista dans son désir de récompenser nos amis. Que n'ai-je accordé à qui le souhaitait la permission de faire imprimer un petit choix des lettres originales que moi et Monsieur reçûmes à cette époque ! Tous les grands épauletiers de Buonaparte nous fatiguèrent, en cette circonstance, de protestations d'un dévouement sans bornes ! Jamais l'envie de servir un prince ne fit employer des formules plus humbles, plus soumises, plus obséquieuses. Que dirait le général G..., si nous montrions son style ?

que ses actes en 1815 ont été différens de ses instances en 1814 !

Non, je le répète, en général, la noblesse impériale ne conserva aucune dignité dans les premiers temps de notre rentrée. Nous ne lui accordâmes pas notre faveur parce que nous doutâmes de sa sincérité ; l'avenir nous prouva bientôt que notre méfiance n'était pas injuste. Il se peut qu'en la flattant nous l'eussions contenue, mais cela ne l'aurait pas empêchée de nous tourner le dos. Le seul moyen de l'attacher à notre cause eût été de lui sacrifier nos anciens serviteurs.

L'impératrice Joséphine m'écrivit pour demander à me voir ; m'y étant refusé, elle s'en plaignit à l'empereur Alexandre. La duchesse de Saint-Leu engagea ce souverain à négocier en son nom. Elle voulait venir à la cour, sinon en reine de Hollande, du moins à l'aide d'une princerie que je lui aurais donné, et dont elle se serait très-bien accommodée. Le cardinal Fesch réclama la grande-aumônerie de France, excipant de sa charge de grand-aumônier de l'empire. Il n'y eut pas jusqu'au comte de Ségur qui n'aspirât à remplir ses fonctions de grand-maître des cérémonies. Celui-ci m'aurait convenu ; mais la légitimité du marquis de Brezé passa avant la sienne.

J'avoue que ce qui m'endormit le plus au bord du précipice, fut cette manie de se rapprocher de moi. Je me figurais que les impériaux seraient toujours bons à prendre lorsque j'en aurais besoin ;

et, dans mon aveuglement, je ne voyais pas leur chef en arrière, qui seul était capable, par un coup de main, de déranger les calculs de la prévision humaine.

Le duchesse de Saint-Leu manifesta un vif dépit de ce que sa société, tout agréable qu'elle était, ne convenait ni à ma nièce ni aux autres membres de ma famille. Elle se lança alors dans les mécontens, non que déjà elle ne fût hostile, mais du moins conservait-on les apparences. C'est ce qu'on ne se donna plus la peine de faire dès que tout espoir de revenir aux Tuileries fut banni.

Parmi ceux que, loin d'en repousser, j'y vis arriver avec plaisir, je citerai Son Altesse Sérénissime madame la duchesse d'Orléans, fille de Ferdinand IV, roi de Naples. On m'avait dit un bien infini de cette princesse ; mes agens à Palerme me vantaient son caractère, sa douceur inaltérable, sa haute piété. Je connaissais donc son mérite à l'avance, et quand j'eus l'avantage de la voir de près, je distinguai en elle une foule de qualités particulières dont on ne m'avait pas parlé. Un si heureux mariage calma une partie des inquiétudes que ne cessait de m'inspirer le duc d'Orléans.

J'avais été peu satisfait de lui pendant son premier voyage à Paris, et cependant je n'avais aucun reproche réel à lui adresser. Ce prince ne se rendait coupable d'aucun acte, mais je ne sais pourquoi j'éprouvais toujours un certain malaise en pensant à lui. A son arrivée il ne se trouva nullement étranger à la révolution ; il y eût, en quelque sorte entre elle et lui une reconnaissance tacite, des points de contact et d'intimité sans transition qui eurent lieu de me surprendre. Les généraux m'abordaient, ainsi que mon frère, avec une circonspection respectueuse, tandis qu'ils se montrèrent familiers envers le duc d'Orléans dès le premier jour. Ils affluaient en foule au Palais-Royal, lorsque les émigrés affectaient de ne pas y paraître.

Il parut dans ces signes patens quelque chose de menaçant qui me tourmentait ; qu'on y joigne certains avis, les conseils du prince de Talleyrand, ceux du duc d'Otrante, et mes propres réflexions; on aura une juste idée de ce qui devait me déplaire dans le duc d'Orléans.

S'il n'eût dépendu que de moi, il ne serait jamais rentré en France ; je l'y laissai revenir pourtant, et cela par fausse honte. Au moment où je fondais la liberté individuelle, je ne pouvais la violer dans un de mes parens auquel, quatorze ans auparavant, j'avais pardonné ses torts. Si c'était une faute, fallait-il la réparer par un acte en opposition avec ma Charte, et fournir aux méchans un titre irrécusable à nier ma sincérité? fallait-il laisser répandre dans le royaume que, lorsque je promettais l'oubli du passé, j'en conservais le souvenir envers un des princes de mon sang, et par là faire croire que plus tard je reviendrais sur ma clémence.

C'eût été par trop maladroit ; et, quoique je sentisse combien la présence du duc d'Orléans était embarrassante, force me fut de la souffrir. Je n'eus d'ailleurs qu'à me louer de lui au premier abord ; il me pria d'excuser l'empressement qu'il avait mis à venir me féliciter sur ma rentrée : « Ayant appris, avait-il ajouté, que tous les princes de ma maison revenaient avec moi, il aurait cru forfaire à son devoir s'il fût resté seul en arrière. »

Ce compliment bien tourné ne manquait pas d'adresse ; le duc me dit encore que, « pénétré de reconnaissance pour le pardon que j'avais daigné lui accorder, il passerait sa vie à me servir ainsi que les miens, et que sa conduite à l'avenir ne me fournirait aucun motif de regretter la faveur avec laquelle je l'avais accueilli à Mittau. »

Enfin il pérora si bien que j'oubliai de traiter à fond avec lui l'épisode de l'Espagne. Je crus à la sincérité de ses promesses, que rien encore d'ailleurs ne me faisait préjuger devoir être vaines. Il me demanda, en retour, la permission d'aller chercher sa femme et ses enfans, qui seraient, me dit-il, des gages de sa fidélité. J'y consentis, ayant pour principe qu'il faut faire bien ce qu'on est déterminé à faire. J'assurai le duc d'Orléans qu'il jouirait de tous ses droits. Il hasarda alors un mot sur sa fortune, sur les biens de sa famille qu'on pourrait lui rendre, puis sur la propriété du Palais-Royal. Je le vis si bien informé à l'égard des lois qui lui étaient favorables ou contraires, que je ne pus m'empêcher de lui dire :

— Ah! mon cousin, en cas de besoin, vous pourriez être un magnifique procureur.

Au demeurant, comme je n'entendais rien à la chicane, je le renvoyai à mes ministres, auxquels je recommandai de le bien traiter.

— Messieurs, leur dis-je, ayez égard à toutes les réclamations de M. le duc d'Orléans. Dans un cas douteux, je vous autorise à décider pour lui contre moi, si mes intérêts sont en jeu. Mon intention est que cette branche de ma maison soit grandement apanagée.

Mes ministres, surpris de ce langage, se permirent des représentations; je ne les écoutai point: mon parti était pris; il consistait, en cas de rupture, à ce qu'aucun tort ne fût de mon côté. Le duc eut donc lieu d'être satisfait; et aussitôt qu'il eut mis ses affaires au net, il se hâta de partir pour aller chercher la duchesse d'Orléans.

Un point embarrassant s'était présenté : le duc ne pouvait demeurer en France et à la cour sans voir Madame Royale, et ma nièce me conjurait de ne pas la mettre en présence du fils d'un des assassins de son père. Je la suppliai à mon tour de pardonner, d'oublier, et enfin elle céda. Il lui en coûta des larmes bien amères; ce fut pour elle un effort dont je lui tins compte. Le duc d'Orléans possède un tact exquis des convenances ; on n'a pas plus de grâce et de tenue que lui : il se surpassa dans cette circonstance, Madame Royale elle-même fut forcée d'en convenir; elle le traita presque bien:

il ne pouvait espérer davantage. Il put donc revenir; et, par degré, Son Altesse Royale s'habitua complètement à sa présence.

Madame la duchesse douairière d'Orléans arriva aussi; nous la reçûmes à bras ouverts. Elle ne me parla que de son fils, que du besoin qu'il témoignait d'obtenir ma bienveillance. L'estime que j'éprouve pour cette princesse m'ôta la force de l'affliger en lui faisant part de mes pressentimens. D'ailleurs son fils se tenait dans la ligne voulue, et elle aurait pu se plaindre de ce que je lui imputais à crime le plaisir que certaines gens avaient à le revoir.

Cette princesse ramena d'Espagne un M. Rouzet que je fis comte de Folmont plus tard. C'était un ancien législateur, une sorte de royaliste qui avait su, avec autant d'adresse que de bonheur, se tirer des circonstances les plus critiques. Ce personnage ayant rendu de véritables services à madame la duchesse douairière d'Orléans, l'avait suivie dans son exil. Il était le Michel Morin de sa maison; les méchans et les sots prétendaient qu'il l'avait épousée ; on ne veut pas que les princesses royales puissent rester contentes de leur veuvage.

CHAPITRE XII.

Le duc d'Otrante. — Conversation à son sujet avec l'empereur de Russie. — Ce qu'elle amène. — Opinion du roi sur Fouché. — Celle de Monsieur. — Le duc d'Otrante intrigue autour du roi. — Le duc d'Avray. — Le roi envoie le comte de Blacas au duc d'Otrante. — Douleur de l'émissaire. — Il obéit. — Procès-verbal de sa conférence avec Fouché. — Détails curieux sur cette entrevue. — Ce qui s'y dit. — Comment elle se termine. — Conversation du roi avec le comte de Blacas.

Je sens le besoin de le répéter souvent, afin qu'on ne m'attribue point l'acte le plus déplorable de mon règne, si plus tard j'ai accordé au duc d'Otrante le titre de ministre de la police, j'y ai été entraîné non seulement par les instances de toute ma cour, de plus d'un membre de ma famille, mais encore des principaux monarques alliés et de tous les étrangers de haute distinction, dont les avis devaient être au moins comptés par moi.

J'apprendrai donc que, presque dès mon arrivée, l'empereur de Russie, le roi de Prusse, le duc de Wellington, lord Castlereagh, le prince de Metternich, le comte Pozzo-di-Borgo et nombre d'autres se hâtèrent de me conseiller l'oubli complet du passé à l'égard du duc d'Otrante, et de lui accorder une part dans ma confiance. Celui-là, à entendre ces illustres solliciteurs, déplorait ses erreurs, détestait Buonaparte, et était le seul homme capable de veiller et sur les impérialistes et sur les jacobins ; qu'en conséquence, je commettrais une très-grande faute si je ne l'appelais pas près de moi. Un jour que l'empereur de Russie me pressait vivement à ce sujet :

— Mais, dis-je, Votre Majesté oublie que cet homme est l'un des assassins de mon frère.

— Sire, répliqua Alexandre, il est des circonstances pénibles où la nécessité nous commande d'agir contre notre volonté ; moi-même, ne suis-je pas forcé...

Il s'arrêta, pâlit, et ses yeux se baissèrent ; je pris ses mains dans les miennes en m'écriant :

— Hélas ! que nos devoirs sont rudes à remplir, et que d'horribles sacrifices nous devons faire à la paix de nos royaumes !

— Nul ne le sait mieux que moi, dit l'empereur avec un accent de douleur qui m'alla à l'âme. J'ai beau me répéter qu'une autre conduite troublerait la Russie, cela n'empêche pas que chaque fois qu'un d'*eux* s'approche de moi, *lui* vient se placer entre nous ! Oh ! que de prières j'adresse à la Saint-Trinité pour me délivrer de cette affreuse vision ! Dieu ne m'exauce pas, ma mort seule... Sire, elle sera cruelle...

J'écoutais avec effroi cette confidence dont je

me serais bien passé. Mon embarras allait croissant, et je ne sais ce qui serait résulté de la prolongation de cette scène, lorsqu'on m'annonça l'empereur d'Autriche, qui venait souvent me voir incognito. Je l'aurais embrassé de bon cœur en cet instant, qui fut un de ceux où je m'aperçus que le czar ne jouissait pas toujours de sa pleine raison. Il tenait un peu de son malheureux père.

Quoi qu'il en soit, tant de sollicitations, d'insistances, de prières, me firent enfin céder. J'accordai au duc d'Otrante l'audience secrète dont j'ai rapporté plus haut les détails. Je voulais voir et entendre cet homme dont la fortune a été si étrange; je voulais juger par moi-même ce que je devais penser de lui. Eh bien! cette entrevue ne put triompher de l'éloignement que j'éprouvais envers lui, je l'écoutai, je rendis justice à ses talens; néanmoins je le congédiai, bien déterminé à ne pas me servir de lui.

Mais je gardai pour moi seul cette résolution, et comme on ignora que le duc d'Otrante était venu au château, je n'eus aucun combat positif à livrer. Cependant le nombre de ses admirateurs augmentait. Je ne veux rien taire, ai-je déjà dit, et une sincérité entière est nécessaire à ma justification. J'apprendrai donc que tout le royaume, que tous les émigrés rentrés, que ma cour, sans aucune exception, que ma famille enfin, à part ma nièce, s'attachèrent à me faire employer le duc d'Otrante, et cela de manière à me donner à entendre que ma couronne ne tiendrait pas sur ma tête s'il n'était pas là pour la soutenir.

Monsieur, comme les autres, était sous le charme ; il arriva violemment irrité contre tous les révolutionnaires ; et cet homme trouva grâce devant lui ; je ne revenais pas de ce prodige, je luttais seul, soutenu à peine par Blacas et le prince de Talleyrand, peu payé pour aimer son rival. Blacas surtout me manifestait vivement le désespoir que lui causerait le rapprochement du duc d'Otrante de ma personne. Ce cher ami tenait à me conserver intact comme son honneur.

Sur ces entrefaites, le rusé, qui ne renonçait pas à *violer*, bon gré, malgré, la royauté légitimaire, m'adressa un mémoire concis, rédigé à ravir. Il me le fit remettre par le duc d'Avray, l'un des royalistes fanatiques de l'époque. Certes, rien ne devait m'étonner, puisque celui-là s'était laissé gagner. Mais il y a plus encore, Monsieur arriva presque aussitôt, et se mit à me parler du duc d'Otrante comme de notre ancre de salut. Moi, tout en colère, de m'emporter, et Monsieur de me répondre : Aux grands maux, les grands remèdes. Puis une querelle amicale s'en suivit. Monsieur désirait que *je le visse :* je l'avais vu, et souhaitais m'en tenir là.

— Mais au moins, me dit-il, chargez quelqu'un de causer avec lui, puisque sa présence vous cause tant de répugnance ; donnez cette mission à qui vous en paraîtra digne.

14.

Poussé jusque dans mes derniers retranchemens, je voulus une bonne fois me délivrer de cette persécution ; et chargeai Blacas d'aller en ambassade vers le duc d'Otrante. Ce qui m'amusa au milieu de ces contrariétés fut la mine risible du comte lorsque je lui fis cette proposition ; il semblait que je l'envoyasse près de Satan lui-même ; et si je ne me fusse pas prononcé vivement, il aurait dit comme notre Seigneur Jésus-Christ lors de son agonie au Jardin de Olives: *Pater, si non potest hic calix transire, nisi bibam illum, fiat voluntas tua.*

(*Mon Père, si ce calice ne peut passer sans que je le boive, que votre volonté soit faite*).

— Mon enfant, répondis-je, c'est un sacrifice que je demande à votre amitié, vous m'avez souvent dit que pour moi vous vous jetteriez au feu; et attendu que le moment est arrivé de mettre votre dévouement à l'épreuve, vous ne pouvez plus reculer.

Le pauvre Blacas, qui en effet m'aurait donné son sang, se décida enfin à m'obéir; mais à son tour il me conjura de tenir dans le secret une démarche dont il aurait tant à rougir. Je trouvai cette demande juste, et l'autorisai à prendre toutes les mesures convenables pour que *sa bonne fortune* fût enveloppée de mystère, Nous convînmes d'abord que la conversation aurait lieu dans une maison tierce. Le duc d'Otrante, qui par le fait avait toujours conservé des relations avec des gens de bonne compagnie, proposa la demeure du duc d'Alberg.

Ce personnage, neveu du prince primat qui a joué tant de rôles, était lui-même et est encore l'homme à toutes mains. Ami du prince de Talleyrand, très-avant dans sa confiance, j'ai tout lieu de croire que, dans cette occasion, il dupa le duc d'Otrante au profit de son ancien attachement.

Toutes les mesures prises, l'endroit et l'heure du rendez-vous fixés, Blacas quitta les Tuileries déguisé, et montant dans une voiture sans armoiries ni livrée, il arriva chez le duc d'Alberg. Il s'était arrangé de manière à ne pas devancer le lambin, ne voulant pas, m'avait-il dit, céder le pas *à la révolution* incarnée dans le duc d'Otrante ; et il se croyait lui-même, dans cette circonstance, le représentant de la légitimité. Ce point méritait une grave attention, et il en vint à bout à sa gloire, grâce à l'intelligence d'un valet mis en embuscade, qui l'avertit que le régicide venait d'arriver tandis que lui attendait à quelque distance de l'hôtel d'Alberg, dans la rue d'Anjou Saint-Honoré. Blacas, alors pleinement rassuré sur la dignité de ma couronne et sa propre importance, s'empressa d'obéir au signal convenu.

Voici comment il me rapporta cette entrevue dont j'ai fait écrire les détails. Je le laisse parler afin que le récit soit plus animé :

» J'avoue, sire, que je n'étais pas sans émotion en songeant que non seulement j'allais me trouver avec un traître dont l'échafaud aurait dû faire justice, mais encore que, loin de le traiter selon ses œuvres, j'étais venu pour causer et m'entendre avec lui ; qu'il me fallait en quelque sorte mettre entre nous une égalité odieuse. Cette idée me désespérait, heureusement qu'il me vint celle de ne pas m'asseoir, ce qui l'obligerait à se tenir debout devant moi, et sauverait du moins les apparences.

» J'entrai ; le duc d'Alberg nous présenta l'un à l'autre : nous nous saluâmes ; j'eus à lui faire quelques politesses : autre supplice. Le misérable, pardonnez l'expression, sire, que je m'attendais à trouver honteux et embarrassé, m'accueillit le front serein, la bouche riante ; en un mot, comme si nous étions les meilleurs amis du monde. Je fus indigné de cette effronterie. Ainsi, me dis-je, ces révolutionnaires n'ont ni remords ni vergogne. J'eus besoin de me remettre ; car de mon côté, j'étais tout gourmé, et j'allai m'appuyer contre la cheminée, me tenant toujours debout... Lui, quelques momens après, s'assit... A cette audace, l'envie me prit de partir ; mais j'avais à remplir les ordres de Votre Majesté, et surmontant ma colère, je pris la parole.

» Le commandement exprès du roi m'enjoignait de poser deux questions à cet homme : la première avait rapport à la situation réciproque du monarque et du royaume ; aux obstacles qui surgissaient, et aux diverses factions peu satisfaites des concessions immenses qui leur étaient faites ; la seconde question roulait sur le mode à suivre pour asseoir solidement l'autorité royale. Préparé à l'avance à traiter ces deux points, je m'étendis sur le premier; quant au second, je le traitai plus brièvement; car j'avoue qu'il me semblait impossible que mon interlocuteur pût présenter quelque chose de convenable.

» Ma surprise fut au comble, lorsque, prenant la parole à son tour, il commença par vouloir poser en principe le fait accompli de la révolution. Il me dit à peu près ce que je vais répéter le plus fidèlement possible.

» Que l'on ne devait pas espérer gouverner en vertu de la légitimité, de la conquête, du droit divin ou des antécédens; que la révolution avait élevé un rempart entre le passé et l'avenir; que toute autorité n'avait pris naissance que du jour de sa nouvelle installation; que la révolution existait toujours, qu'elle se réveillerait de son assoupissement si on voulait la comprimer trop fortement, et qu'enfin le roi devait faire alliance avec elle et ses membres sous peine de perdre sa couronne une seconde fois.

» Je répondis avec véhémence à ce premier sophisme en faisant observer que l'usurpation demeurant sans force contre les droits du roi, elle n'avait pu les détruire. Le roi ne tient la couronne que de Dieu et de son épée, poursuivis-je; c'est une maxime sacrée qu'il faut soutenir. Pardonner à la révolution et aux révolutionnaires est donc tout ce qu'on doit attendre.

» Lui repartit :

» Monsieur le comte, je veux moins parler des hommes qui ont pris part à la révolution que des principes eux-mêmes ; ceux que la charte adopte, par exemple l'égalité devant la loi, l'impôt librement consenti, toutes les places et fonctions accessibles à chaque Français, la propriété actuelle garantie ainsi que la liberté individuelle et de la presse, en un mot, l'ensemble de ce qui a fait prendre les armes au peuple français en 1789 : convaincre enfin que les grades cesseront d'appartenir à une seule classe ; et pour montrer que le passé n'existe plus, prendre les couleurs nationales et dater le règne de 1814 seulement.

» A ces prétentions non moins absurdes que coupables, je m'emportai, et, reprenant la parole, j'essayai de faire comprendre à cet homme que son audace passait toutes les bornes. Mais c'est en vain que le feu sacré m'animait, je parlai à un cœur de bronze; il m'écouta et ne m'entendit point. J'avais cependant évoqué les souvenirs sanglans de la terreur, rappelé deux grands attentats : ce fut en pure perte. Lui, qui ne m'avait pas interrompu, me dit :

« — Monsieur le comte, nous sommes, vous et moi, aux antipodes l'un de l'autre. Vous faites des sentimens où je n'allègue que du positif ; vous opposez les mots aux choses. Je vous l'ai dit, la révolution est un fait classé comme ceux qui l'ont précédée. Il a son poids, son rang, on ne peut ni le nier ni le détruire. Il vaut donc mieux l'admettre que le contester et surtout le combattre. Il n'y a plus d'ancienne royauté divine, chevaleresque, féodale, mais une monarchie nouvelle, naissante, appuyée sur les volontés de la révolution ; car, ne vous y trompez pas, le roi ne règne qu'en vertu de la charte.

» —Monsieur, ce langage...

» —Peut et doit vous blesser comme particulier, comme noble attaché à la personne de Sa Majesté ; mais comme homme d'État, vous devez l'écouter. Il naît de mon désir d'épargner au roi de nouvelles infortunes, et à la France de nouveaux revers. Je la connais mieux que vous, cette France ; les circonstances ne vous ont pas permis de l'étudier, vous ne l'avez vue que de loin, vous la croyez royaliste en masse, tandis qu'elle se divise en trois portions : le peuple, républicain au fond du cœur et se croyant Buonapartiste ; la classe mitoyenne, composée des commerçans, des bourgeois des avocats, médecins, gens de rôle et de plume ; celle-ci veut que le pouvoir lui vienne parce qu'elle est la plus riche, la plus éclairée, et qu'elle a fait la révolution pour en tirer son profit. Le retour des anciennes institutions qui lui enlèveraient les biens nationaux dont elle seule possède les trois quarts ; l'admission aux places, titres et honneurs, et à la cour où elle a la sotte manie de vouloir se montrer, cette classe veut un gouvernement qui la compte pour quelque chose ; elle voit que celui qui s'établit fait déjà fi d'elle ; dès lors, elle appartiendra à l'habileté ou à l'hypocrisie qui saura confondre ses intérêts avec les siens. La troisième partie de la nation renferme la noblesse et le clergé ; agglomération antipathique, car le clergé veut primer par la religion, et la masse des nobles est philosophe. Cette classe, d'ailleurs, forme une poignée d'individus sans force réelle. Signalez-moi une seule des grandes époques de la révolution où elle ait triomphé ; voyez le 11 et le 14 juillet, le 6 octobre, le 20 juin, le 10 août, le 21 janvier, le 16, le 18 fructidor, le 18 brumaire et tout l'empire. Elle règne aujourd'hui, et demain elle n'existerait pas si elle osait avouer la cause de sa victoire. Or, puisque de trois portions si inégales, une seule, la moins forte, soutient, et mal encore, la restauration, cette restauration serait-elle solide ?

» Il fallait tout mon dévouement au roi pour que je pusse prolonger une conférence où l'on avançait de telles propositions; aussi, ne pouvant me contenir, je m'écriai :

» — Il faut donc, monsieur, que le roi ouvre ses bras à ceux qui ont versé le sang de sa famille, de ses fidèles sujets, et que la blanche bannière des lis se retire devant le drapeau de la terreur?

» — Il faut, repartit l'interlocuteur sans se déconcerter, que le roi sache s'il veut ou non régner, s'il lui convient que le sceptre aille à ses neveux, au duc d'Orléans ou à Buonaparte.

» — Au duc d'Orléans !...

» — Oui, monsieur, il est situé de manière à ramasser le sceptre de quelque main qu'il tombe; chaque faute du gouvernement le rapprochera du trône. Réfléchissez-y bien, monsieur le comte, le péril est imminent. En 1792, il n'y avait pas de rival à craindre ; aujourd'hui il y en a deux, sans compter le prince Eugène, qui tôt ou tard aura un parti nombreux.

» Ces paroles étranges meconfondirent : ces trois fantômes évoqués me causaient plus de mépris que de frayeur. Je voyais bien où il en voulait venir, et je lui répondis :

» M. le duc d'Orléans sait trop ce qu'il doit au roi et à lui-même pour manquer à son devoir ; s'il l'osait, le châtiment ne se ferait pas attendre; quant à Buonaparte, l'Europe saura le tenir en échec; tous les monarques sont intéressés à ce qu'il ne puisse plus troubler la tranquillité commune. Le vicomte de Beauharnais n'est pas de ceux qui puissent donner la moindre inquiétude au roi de France.

» Je m'aperçus que le duc d'Otrante souriait, puis il dit :

» — Ainsi, monsieur le comte, vous êtes parfaitement en repos.

» — Oui, monsieur, répondis-je avec fermeté : l'armée est soumise, la France heureuse, la paix fait revivre l'agriculture, le commerce, les arts ; le bien-être est universel, la charte sera maintenue, et dès lors je me demande d'où peut venir le danger.

» — De partout, monsieur, du midi, du nord,

Vous comptez sur l'armée? Eh bien ! détrompez-vous, l'armée ne se tournera jamais contre le peuple, puisque déjà elle a abandonné Buonaparte lorsqu'elle a cru que le peuple ne voulait plus de lui. L'armée a manqué à Louis XVI, à Lafayette, à Dumouriez, à Robespierre, à Pichegru, à Moreau, au directoire, à tous les gouvernemens possibles. Elle manquera au roi lorsque le moment sera venu ; les partis se réveillent, on murmure, on craint l'avenir. En arrière de cet amour que vous voyez, j'aperçois du mécontentement et pis encore. La nation voulait que la monarchie se déclarât jeune, la monarchie veut rester vieille : elle en paiera la folle enchère.

» Ceci augmenta mon indignation que je ne dissimulai pas ; lui, alors, se levant brusquement :

» — Monsieur, me dit-il, vous êtes venu à moi pour m'exposer la position du roi et de la France, et pour qu'en retour je vous fisse connaître les moyens de la consolider. Je vous ai parlé en homme d'État, vous m'avez toujours répondu en généreux enthousiaste : que nous reste-t-il à faire ?

» — A nous séparer, monsieur ; j'étais venu par ordre du roi, et maintenant je vais rendre compte à Sa Majesté du résultat de cette entrevue.

» Sur ce, je tirai ma révérence, et partis bien convaincu qu'entre les révolutionnaires et la légitimité ce doit être une guerre à mort. »

Blacas termina ainsi son récit ; il était encore tout ému, et je vis avec un profond chagrin la force et la malice de l'adversaire contre lequel je l'avais envoyé lutter. Je le consolai de ce qu'il appelait sa souillure (l'approche d'un régicide), et, pour achever de l'effacer, je lui promis que jamais ce personnage n'entrerait directement ou indirectement dans mon conseil. Force gens attendaient le résultat de cette conférence ; le duc d'Otrante ayant été par calcul indiscret, il épièrent ma contenance celle de Blacas ; mais nous sûmes si bien dissimuler, qu'ils ne purent rien apprendre. L'homme ne nous imita pas : il raconta ce qui s'était passé, et fit jouer à Blacas un rôle presque ridicule, tandis qu'il avait montré beaucoup d'aplomb et de sagacité. Je fus blessé de ce commérage, et ne tardai pas à m'en expliquer sévèrement.

CHAPITRE XIII.

Ce qu'on veut savoir. — Causeries avec Monsieur. — Abbé de Latil — Comte Jules de Polignac. — Marquis de Rivière. — Duc de Maillé. — Comte de Damas-Crux. — Pourquoi le roi se fâche. — On veut nuire au comte de Blacas — Madame D... et le roi. — Duc de Savoy. — M. de Bourrienne. — Le roi s'explique sur le duc d'Otrante. — Effet de l'insistance. — L'ancienne et la nouvelle cour. — Détails historiques à ce sujet. — Le chat d'une duchesse et la chatte d'une actrice. — La Dalmatie et l'Aulide en présence. — Motifs de certaines audiences. — Le roi ajourne le corps législatif. — Carnot. — Renseignemens sur lui, son mémoire, et sur une intrigue de police.

Monsieur, qui admet toujours ce qu'il croit avantageux à la France, s'était laissé persuader de la nécessité absolue d'employer le duc d'Otrante. Ses alentours, curieux de savoir de moi ce qui s'était passé entre l'ancien jacobin et le royaliste, l'engagèrent à faire un effort sur sa timidité naturelle pour me questionner à ce sujet. Il rôda d'abord autour de ma personne selon sa coutume ; car, s'il a en certaines occasions cherché à conduire sa barque à part, il n'a jamais omis de me rendre directement ce qui m'est dû, et je l'ai trouvé dans toutes les circonstances le meilleur des frères et le sujet le plus soumis.

Il m'arriva donc un jour, et me dit après quelque hésitation :

— On prétend que le comte de Blacas a vu le duc d'Otrante.

— Oui, répondis-je, ils ont causé ensemble.

— Causé seulement ?

— Une conversation sans résultat aucun, ces deux hommes ne pouvaient s'entendre.

— On dit le duc d'Otrante amendé ; et s'il voulait nous servir, il est bien adroit.

— Savez-vous mon frère, à quelles conditions ?

— Non : quelles sont-elles ?

— Il veut que nous fassions alliance avec tous les membres de la convention nationale.

— Il est impossible qu'il ait proposé rien de semblable, et le comte de Blacas...

— Eh bien, mon frère? dis-je, voyant qu'il hésitait.

— A peut-être mal interprété ses paroles. Il se pourrait aussi qu'investi seul de votre confiance, il craigne de la perdre, et que pour la conserver...

Je devinai d'où partait le coup. MM. de Latil, Jules de Polignac et quelques autres intimes de Monsieur, avaient voué à Blacas une haine cachée sous les formes de la politesse. Déjà, pendant l'émigration, on avait cherché à lui nuire auprès de moi ; et depuis ma rentrée, ces messieurs, mécontens du rôle qu'il remplissait, tiraient sur lui à mitraille. Je le savais, aussi me méfiais-je de tout ce qui venait du pavillon Marsan.

M. de Latil, pour l'intelligence, est encore au-dessous de feu l'évêque d'Arras. C'est une ambition négative très-singulière. Je le déclare incapable de tenir pendant un mois les rênes de l'administration ; et malheur à la monarchie si jamais il est appelé à la tête des affaires. Ce serait un bon évêque dans son diocèse ; mais, hors de là, il ne fera que des fautes. Je le connais de longue date ; Jules n'aura pas d'adversaire plus insinuant, plus opiniâtre que lui.

Quant à ce dernier, j'ai déjà exprimé mon opinion sur son compte. Je l'aime comme s'il était de mon sang ; mais je frémirais à l'idée de lui confier un portefeuille. Il n'y a que du vent dans sa tête ; en revanche, il n'est pas de cœur plus dévoué que le sien. Tant que je serai là, je l'empêcherai de mettre la main à mon œuvre : après moi... Dieu protège la France !

Rivière, non moins habile, a plus de sens; c'est un rocher monarchique, mais rien de plus. Je tremble en songeant aux amis de mon frère, tous cependant lui sont dévoués, il n'y a là ni fourbes ni traîtres, ce sont tous gens d'honneur et de probité. Pourquoi ces qualités ne suffisent-elles pas pour gouverner les empires?

Maillé et Damas-Crux sont des hommes que j'affectionne, mais que le moindre révolutionnaire jouerait sous jambe. Ils l'ont bien prouvé en 1815 ils le prouveront encore s'il devient nécessaire de les mettre en avant.

Tout ce monde donc excitait mon frère contre Blacas ; j'en étais mécontent, et c'est ce qui me fit répondre à Monsieur, lorsqu'il me parla de mon ministre :

— Pensez-vous que l'abbé de Latil, et ces autres messieurs qui vous conseillent si puissamment, eussent mieux réussi dans la conjoncture? Blacas avait mes instructions, et il s'y est strictement conformé. La première condition du duc d'Otrante a été que j'arborerais les trois couleurs, et que les hautes dignités seraient données aux régicides. Y auriez-vous consenti ?

Monsieur se récria, fit le chevalier français, et il a bonne grâce dans ce rôle ; mais il tourna la question, et me quitta comme il était venu, tout Otrante. Je lui avais cependant rapporté ce que celui-là pensait du duc d'Orléans, de Buonaparte et du *vicomte* de Beauharnais, mais il s'en inquiéta peu. Il aurait voulu, pour satisfaire les siens, la disgrâce de Blacas et l'élévation momentanée d'un homme qui m'inspirait un éloignement invincible.

Peu après, car j'étais assailli de toutes parts, m'arriva madame D..., dont la langue déliée s'exerce admirablement sur le prochain.

— Le roi, dit-elle, va changer le chef de sa police. Trois hommes se mettent sur les rangs pour succéder à M. Dandré.

— Et qui donc me donne-t-on? demandai-je en riant, car la dame est fort aimable et je sais qu'elle est initiée dans des choses qu'il est toujours utile de connaître.

— Mais sire, le duc d'Otrante, le duc de Rovigo, et M. Fauvelet de Bourrienne.

— Rovigo! m'écriai-je, miséricorde! l'âme damnée de Buonaparte!

— Son ami, sire, son séïde jusqu'au moment de la chute complète et définitive de Sa Majesté Impériale; car, depuis ce jour, il faut rendre justice au duc de Rovigo, il n'a pas voulu seulement voir son ancien maître, n'est-ce pas pour vous prouver qu'il vous est sincèrement dévoué?

— Et il le sera jusqu'à ma mort.

— Pas une heure au-delà, il est vrai, mais du moins Votre Majesté pourra compter sur lui tant qu'elle règnera.

Je me pris à rire, surtout en songeant que depuis ma rentrée Savary ne cessait de me faire solliciter pour que je l'admisse aux honneurs intimes du château. Plus de trente personnes m'avaient parlé en sa faveur; il affichait un royalisme exquis, en un mot, j'aurais pû obtenir de lui ce qu'en obtenait Buonaparte. Mais parmi les instrumens de l'empire je n'avais garde d'aller chercher le plus incapable. Si j'avais une province à perdre je la confirais au duc de Rovigo. Celui-ci écarté, nous passâmes au troisième, à M. de Bourrienne. Il avait ses partisans; moi-même j'étais assez bien porté pour lui en raison des services qu'il avait rendus à ma cause pendant son consulat général à Hambourg. Il est vrai qu'il s'en était fait largement payer, mais je ne m'en étonnais pas, les services à cette époque ne pouvaient être gratuits ; il fallait solder la fidélité autant que l'indifférence ou la trahison. Chacun frappait à ma caisse, et M. de Bourrienne ne lui fit pas plus crédit que cent autres.

— En vérité, sire, dit madame D..., si j'étais à la place de Votre Majesté, je craindrais toujours que ceux que j'aurais achetés, n'eussent par là fait le premier pas pour se vendre plus tard à d'autres.

— En thèse générale vous avez raison, répliquai-je ; mais ici le personnage en question ne peut plus se raccommoder avec son ancien ami, ils se connaissent trop bien réciproquement ; donc qu'on peut l'employer si l'occasion se présente. C'était mon intention, n'ayant pas mis Bourrienne à l'épreuve, je le jugeais trop favorablement. Madame D... alors reprenant la parole :

— Que pensez-vous du premier, sire ? On ne cesse de prétendre, au château, que le roi sautant à pieds joints par-dessus la révolution, fera du duc d'Otrante son homme-lige. On s'appuie sur une entrevue qui aurait eu lieu entre lui et le comte de Blacas, et là-dessus les imaginations brodent.

— Et me blâment sans doute ?

— Bien au contraire, on approuve fort le roi : et celui-là est si habile !

— Madame, répondis-je avec une sorte d'emportement, son habileté ne peut complètement effacer son crime. Je ne conteste pas ses talens, je sais qu'il peut rendre d'importans services à l'État. Je consentirais volontiers à prendre en secret ses avis, mais le mettre à la tête de mon ministère, mais employer ouvertement l'un des assassins de ma famille, non, jamais je n'y consentirai !

Je pensais ce que j'exprimais avec tant de chaleur. Certes j'aurais été bien surpris alors si l'on m'eût fourni la preuve irrécusable que, moins d'un an après, le duc d'Otrante serait mon ministre de la police. Hélas ! notre faible nature s'abuse au point de croire qu'elle imposera des lois à l'avenir; elle se trace une règle de conduite qu'elle prétend suivre sans que rien l'en fasse dévier, et elle oublie ainsi cette sage maxime d'Horace :

Quid œternis minorem
Consiliis animum fatigas.

(Pourquoi fatiguer notre esprit par d'éternels projets qui passent votre portée ?)

J'en suis une preuve vivante, et mes relations forcées avec le duc d'Otrante ne l'attestent que trop. Madame D... était du nombre des possédés. Elle essaya de me ramener vers son héros, et comme elle a autant d'esprit que de beauté, je pris plaisir à l'écouter, sans pour cela rien changer à ma détermination.

Cependant, ce concours unanime en faveur du duc d'Otrante me contraignit à regretter qu'un grand forfait l'eût éloigné de moi ; mais à mesure que je m'apercevais combien Dandré était incapable de lutter avec les circonstances, je me familiarisais avec une idée qui d'abord me causait tant d'effroi. Plus tard, les revers de 1815, l'influence étrangère, la cruelle nécessité l'emportèrent sur ma résolution ; je fus forcé de me faire violence ; mais je ne suis point encore à cette partie désastreuse de mon histoire, je n'y viendrai que trop tôt.

Nous touchions à la fin de l'année, la turbulence de la chambre élective augmentait. Je cherchais vainement à la satisfaire, et quoique la majorité fût pour moi, le combat contre la minorité me devenait insupportable. J'éprouvais un vif chagrin d'avoir à lutter contre mes sujets dès ma rentrée en France. Il m'eût été si doux qu'une unanimité de sentimens et d'opinion annonçât ma force aux étrangers ! au lieu de cela ; je voyais un esprit inquiet, mal intentionné, s'élever contre ma maison. On envenimait mes actes, on se méfiait de mes pensées, on répandait que ma charte ne serait que transitoire, et ces agitations provenaient principalement de la chambre des députés.

Le ministère non plus n'était pas satisfait des législateurs, qui ne lui témoignaient aucune confiance. On attaquait chacun de ses membres avec aigreur, on avait forcé le comte Dupont de se retirer ; bref, nul n'était content, pas même la cour. Cependant les anciennes familles qui la composaient autrefois revenaient aux Tuileries. Il y avait bien eu d'abord une sorte de brouillerie entre les purs et les valets de Buonaparte ; mais, au fond, comme on était de la même souche, on se rapprochait, et du moins la paix régnait au château. Ma noblesse tendait donc, au lieu de se diviser, à faire corps de nouveau. Malheureusement elle ne se trouvait pas seule aux Tuileries ; celle de Buonaparte, toute brillante de gloire militaire, y venait aussi avec désespoir, il est vrai, mais sans manquer une seule éunion.

Je tâchais de satisfaire les anciens et les modernes : j'y perdais mes soins. Les premiers prétendaient reconquérir ce qui leur avait été enlevé, et ne supportaient qu'avec impatience l'irruption des nobles de province et de leurs femmes, qui cherchaient à se dédommager de leurs revers passés par des prétentions exagérées. Il en résultait des attaques journalières, des querelles, qui troublaient ma tranquillité. Les dames du nouveau régime, appartenant presque toutes, par leur naissance, à la classe mitoyenne, n'avaient pas moins d'orgueil ; et comme nous parlions de préférence à ceux que nous avions connus de tout temps, il en advenait que ces *belles madames*, auxquelles nous avions souvent le tort de ne rien dire, rentraient chez elles furieuses, et demandaient vengeance à leurs maris.

De là prirent naissance les murmures, les haines, que nous aurions dû prévoir. On me raconta que peu avant ma rentrée, mademoiselle Bourgoing jolie actrice des Français, et sincèrement royaliste, avait une chatte charmante, objet des agaceries de tous les matous du voisinage. Auprès de la demeure de ladite actrice, dans l'hôtel du maréchal Soult, vivait un superbe angora, grand amateur du sexe chat. Il quittait donc volontiers le giron de madame la maréchale pour courir sur les toits faire sa cour à l'élégante minette de mademoiselle Bourgoing.

Cette conduite, peu décente, indigna sa noble maîtresse, qui plusieurs fois se plaignit des libertés que s'arrogeait son favori. Elle aurait voulu que la porte de la voisine lui fût fermée; mais l'angora trouvait toujours moyen de s'introduire soit par le soupirail de la cave, soit par les greniers; d'ailleurs la facilité aimable de l'actrice ne voyait rien de blâmable dans le commerce galant des gouttières. Elle ne concevait donc pas la colère de la maréchale; qui enfin, dans un élan très-louable de respect pour les bonnes mœurs, écrivit une lettre à mademoiselle Bourgoing, dans laquelle elle exigeait que la chatte fût mise en charte-privée. Les formes un peu hautaines de l'épître, signée *Henriette de Dalmatie*, déplurent à l'actrice, qui ripostant du ton le plus énergique, signa à son tour *Iphigénie en Aulide*. Cette piquante réplique fit du bruit et mécontenta Buonaparte. Je la cite pour prouver qu'il n'était pas facile de contenir la morgue de la nouvelle noblesse, chez les femmes surtout dont les maris remplissaient des fonctions importantes dans l'État.

J'avais la tête étourdie des rapports, des récriminations et des plaintes perpétuelles qui m'étaient faits par les deux partis de ma cour. Toutes ces misères étaient apportées devant mon tribunal. Pendant 1814, lorsque les journaux annonçaient que M. le duc, le maréchal, le comte *tel* ou *tel* avait obtenu une audience, on pouvait présumer qu'il s'agissait d'un grave motif, et cependant la plupart du temps c'était un mari poussé par sa femme, qui venait me conter les griefs, les doléances de cette dernière. Je ne pouvais croire à tant de puérilité, de faiblesse dans ces grands capitaines, ces habiles hommes d'État.

J'employais tout mon savoir-faire à raccommoder les deux partis, à les engager à bien vivre ensemble; c'était peine perdue! les uns voulaient tout reprendre, les autres ne rien céder. La jalousie réciproque se montrait violente, et devait nécessairement amener une catastrophe : elle n'eut lieu que trop tôt!

Au milieu de ce conflit auquel il fallait joindre la lutte littéraire et celle des rues, l'audace de l'apologie du régicide tentée par Carnot, après qu'il eut demandé la croix de la légion-d'honneur, je dus prendre une détermination, celle de congédier la chambre des députés et de clore la session. Cette cérémonie eut lieu par une proclamation renvoyée au 1ᵉʳ mai 1815, et le 30 décembre mes commissaires dirent de ma part aux deux chambres :

Allez-vous-en, gens de la noce, etc.

Sur un ton plus grave, il est vrai. L'an de grâce

1814 prit fin, et je m'en applaudis, aveugle que j'étais.

Dès ma rentrée, je portai mes yeux sur Carnot, et donnai l'ordre qu'on ne lui retranchât ni traitemens de grades, ni pensions, et lorsqu'on référa à ma décision pour savoir si la croix de Saint-Louis devait lui être accordée en vertu de sa demande formelle, je répondis affirmativement. Pouvais-je faire davantage, du moins dans le premier instant? non sans doute. On parla en mon nom à Carnot; on l'engagea à patienter, et je lui fis dire que le jour d'employer ses talens arriverait; mais que je le priais de ne pas y mettre obstacle en se rangeant du côté de l'opposition qui se formait déjà. Il me semble que de telles avances de ma part auraient dû le satisfaire.

Je me trompais; Carnot, fier de sa gloire à la célèbre défense d'Anvers, prétendit traiter d'égal à égal avec le ministère. Il s'opiniâtra à me voir en audience particulière; je ne pus y consentir. Les buonapartistes lui montèrent la tête; et un beau matin il accoucha de son fameux Mémoire; il le livrait à l'impression, lorsque la police le fit saisir.

Sur le rapport qui m'en fut fait, j'ordonnai à M. Dandré de demander à Carnot un exemplaire de ce Mémoire, afin de le lire et d'y faire droit si cela dépendait de moi; puis d'ajouter que je le priais, en attendant ma réponse, de renoncer à le publier. Carnot parut vouloir obéir : le Mémoire me fut remis écrit de sa main et corrigé avec soin. J'en fus effrayé : c'était, comme je l'ai dit plus haut, l'apologie du régicide, telle qu'un jésuite n'aurait pas osé la rédiger.

« Mon indignation fut à son comble ; je crus qu'il était convenable de la prouver en gardant le silence. Je ne répondis donc pas à Carnot; lui, de son côté, se tenait tranquille, lorsque tout-à-coup le Mémoire parut imprimé. Ce fut, je l'avoue, le misérable calcul d'avidité de certains personnages de la police. Ils entraînèrent le comte Beugnot dans cette faute, et on en connaît le fâcheux résultat. Ce Mémoire causa un scandale sans exemple, consterna les royalistes par son audace, et fournit à la révolution un nouveau texte de récrimination. Une autre intrigue, plus relevée, aida à cette publication malheureuse : ceux qui appelaient le duc d'Otrante à la police ne voulaient pas que je pusse me servir contre l'étranger des talens militaires de Carnot.

Cette inconséquence m'a souvent mis dans de cruels embarras. Carnot était la bête noire de l'émigration ; et pourquoi ? qu'avait-il fait de plus que les autres, ou pour mieux s'exprimer, avait-il fait autant ? non sans doute, on n'avait à lui reprocher qu'un seul crime, celui dont Fouché et nombre d'autres avaient été complices. On détestait donc Carnot, et pour l'éloigner sans retour de ma personne, on fit jouer le resssort de l'impression de son Mémoire. Le manuscrit qu'il m'avait adressé devint l'instrument qui servit à cette manœuvre. Monsieur me pria de le lui prêter ; j'y consentis sans songer aux conséquences de cette complaisance. Il fut facile de l'enlever à mon frère, et immédiatement on se mit à l'ouvrage.

Je n'ai su ce que je rapporte que long-temps après. On accuse Carnot d'avoir désobéi à mes ordres, et ce fut contre lui que ma colère se tourna d'abord. Instruit plus tard de la vérité, il n'était plus temps de remédier au mal. C'est du duc d'Otrante que j'ai appris ces détails; il m'en fournit la preuve pendant son ministère, moins sans doute dans le désir de servir Carnot, que pour m'engager à me méfier de mon entourage.

Carnot est de tous les révolutionnaires celui que j'aurais préféré employer. Son inflexible probité ne s'est jamais démentie, et en aucune circonstance il n'a sacrifié les intérêts de sa patrie aux siens propres. J'ai même lieu de croire qu'à l'époque du 18 fructidor, revenu de son effervescence révolutionnaire, il commençait à comprendre que la France ne pouvait être heureuse que sous un gouvernement monarchique. De là jusqu'à la légitimité la route était tracée. Carnot aurait fini par se rapprocher de moi à l'aide de la Charte et de mes principes constitutionnels.

CHAPITRE XIV.

1815. — Cérémonie du 21 janvier. — Le roi l'explique. — Conspiration antérieure. — L'observateur C.... — Révélations importantes. — *Les tyrannicides*. — Plan du complot. — Noms des ministres qui devaient former le gouvernement. — Par quelles voies le roi en est instruit. — Le vicomte de Barras. — Quelques détails sur sa vie postérieure au 18 brumaire. — Il s'éloigne des républicains: — Il veut servir le roi. — Il inquiète le comte de Blacas. — Le roi lui accorde une audience. — Pourquoi elle n'a pas lieu. — Le comte de Blacas aux prises avec le vicomte de Barras. — Propos sentencieux de ce dernier. — Conférence rompue faute de s'entendre.

Les républicains me reprochent vivement quelques actes prétendus contradictoires, avec la promesse que j'avais faite d'oublier le passé. Ils attaquent, par exemple, la cérémonie expiatoire du 21 janvier, qui eut lieu d'une manière solennelle en 1815, par la translation des restes vénérables du roi mon frère, et de la reine sa femme, du cimetière de la Madeleine aux tombeaux de Saint-Denis. Pouvais-je laisser à l'écart ces augustes dépouilles, refuser à ma nièce les hommages dus à la mémoire de ses illustres parens? n'appartenais-je pas moi-même à ces saintes victimes, et pouvais-je faire moins à ma rentrée qu'avait fait en Angleterre Charles II?

Cette cérémonie m'était non-seulement ordonnée par mon cœur, par ma famille et la saine partie de la France, mais encore par les puissances étrangères. Elle était entrée dans les clauses secrètes du traité de Paris. Tous les souverains tenaient à ce qu'une réparation éclatante fût accordée à la royauté qui avait tant souffert du meurtre de Louis XVI. Sur quoi les assassins pouvaient-ils motiver leurs plaintes? les mettait-on hors la loi, saisissait-on leur personne, confisquait-on leurs biens? loin de là ils demeuraient tranquilles; seulement on flétrissait leur vote par une rétractation patente ; on rendait au feu roi des honneurs qui réhabilitaient sa mémoire à leurs dépens, non certes qu'elle en eût besoin; c'était uniquement en manière d'amende honorable, et ceci les importunait d'autant plus.

Quant à moi, je fis ce que je crus devoir faire, ce que je ferais encore, si les circonstances m'avaient empêché jusqu'à ce jour de remplir ce devoir religieux. Quels ménagemens avais-je à garder avec ces hommes de sang? Se tenaient-ils de leur côté dans cette réserve modeste qui les aurait rendus dignes de ma clémence? Ils cabalaient au contraire contre moi ; il s'attaquaient à ma vie! J'ai passé sous silence la première conspiration qui éclata après ma rentrée. Un voile prudent a été jeté sur cette tentative coupable, je ne le lèverai pas en entier ; mais je puis donner quelques détails qui seront curieux par cela que je puis seul les faire connaître.

Parmi les hommes d'un certain rang attachés à

la police et chargés d'inspecter des sociétés assez bien composées, on comptait un M. de C..., connu à Paris par un royalisme qui s'était exercé avant la restauration sous la forme d'un dévouement très-ardent pour Sa Majesté Impériale. Père d'une nombreuse famille, il méritait des égards, et on le traitait bien, parce qu'il ne voyait que bonne compagnie. Il lui était resté des liaisons avec des personnes qui, intéressées au maintien de l'usurpation militaire, exhalaient leur mauvaise humeur en médisances contre moi jusqu'à ce qu'elles trouvassent l'occasion de se prononcer d'une manière plus active. Or il les serrait de près, feignait d'entrer dans leurs vues, et remplissait avec dévouement l'office d'un loyal et fidèle sujet.

M. de C... apprit que les généraux M... V... D... A... au nombre desquels figurait ce C..., exécuté plus tard, formaient une *association tyrannicide :* c'était ainsi qu'on qualifiait ce club, où venaient se réunir certains buonapartistes dont les opinions se rapprochaient le plus du jacobinisme et des républicains exaltés. On comptait encore dans cette association les J..., les M..., les R..., les C.., les P..., les L..., en un mot, ceux qui s'étaient souillés du plus grand des crimes. Cette faction avait cherché des soutiens parmi des militaires, officiers ou soldats, parmi les ouvriers mécontens sans cause, puis dans l'écume des rues et des faubourgs. Ce fut bientôt une bande, capable de toute mauvaise action.

Le plan consistait à choisir une circonstance favorable où l'on pût s'emparer de moi et de ma famille. On disait à ceux qui n'étaient pas complètement initiés dans le complot, qu'il s'agissait de nous retenir en otage ; mais en réalité on en voulait à notre vie. Comme on savait que je devais, avec les miens, visiter plusieurs théâtres, et que l'Odéon était dans cette liste, on décida que le coup serait porté le soir où je m'y rendrais. Le quartier convenait par la facilité de réunir les conjurés, et la proximité de certaines caves propres à recéler des armes et des hommes, si par cas une retraite était nécessaire.

De vastes ramifications s'étendaient entre Paris et d'autres villes du royaume ; au signal convenu, le drapeau tricolore devait être arboré, et la république proclamée dans trente ou quarante cités principales. On se flattait que leur exemple entraînerait les autres. Les buonapartistes étaient joués par les jacobins ; on se servait de leur argent et de leur coopération, dans le but de les mettre de côté dès que le complot aurait réussi.

Un pouvoir gouvernemental, sous le titre de *conseil exécutif*, avait été organisé : on le composait de la manière suivante : M. de Lafayette, président ; MM. Thibaudeau, Barras, Merlin, Carnot, La Rochefoucauld-Liancourt, duc d'Otrante, Masséna, Vandamme, *commissaires de la nation*, avec charge d'administrer provisoirement sous forme de dictature, sauf à proposer ou à provoquer plus tard une constitution républicaine et représentative.

Je sus à n'en pouvoir douter, que plusieurs de ceux que je viens de nommer étaient eux-mêmes étrangers à ce complot ; mais on pensait qu'ils accepteraient. C'est ainsi que M. de Mallet avait à lui seul dressé, en 1812, la liste des membres du gouvernement qu'il prétendait substituer à celui de Buonaparte. A la suite du massacre de la famille royale devait avoir lieu celui des émigrés marquans. Le reste, ainsi que les chefs du clergé, serait jeté hors de la frontière, parce qu'il faut à une révolution des proscrits pour exécuter ce qu'on appelle *l'énergie* révolutionnaire. La guerre serait déclarée à toutes les têtes couronnées, et avec le secours de la propagande on se flattait de mettre l'Europe en feu.

Ce plan horrible, conçu et noué avec force, me fut dénoncé de quatre cotés. C... me donna le premier éveil ; le second me vint d'une dame dont j'ai déjà parlé, et qui m'était toute dévouée. Les mêmes rénseignemens furent fournis par un jeune homme appelé B..., lequel, tourmenté par les remords, révéla la trame ; enfin le duc d'Otrante, auquel je ne sais pourquoi on n'avait fait qu'un quart de confidence, m'en apprit assez cependant pour exciter mes soupçons. Cette fois encore il employa le duc d'Havré, sur qui il exerçait un empire extraordinaire, et je ne pus douter qu'il s'ourdissait quelque chose contre moi, bien que C... et madame... n'eussent pas encore parlé.

Tandis que quelques intrigans jouaient ainsi le repos de l'Europe, le vicomte de Barras était vivement sollicité par les hommes de son ancien parti pour se mettre dans ces intrigues révolutionnaires. Cela ne lui convenait pas ; on a mal jugé le vicomte. Je pense, quant à moi, que, comme Figaro, il a mieux valu que sa renommée. L'époque la moins brillante de sa vie fut celle où il parut au directoire ; le fardeau de l'État était pesant pour ses épaules, de là son allure embarrassée. Il fit bon visage aux gens tarés de l'ancien régime, et s'entoura d'un cortége empesé de parvenus, de fournisseurs, d'agioteurs, de Phrynés à la mode : ce fut sa cour ordinaire ; on ne le vit plus qu'à travers ce brouillard impur.

Barras, d'ailleurs, conduisit malheureusement les affaires ; avec l'aide de ses collègues, il perdit bientôt les conquêtes de la république, revenue à son ancien territoire au moment où Buonaparte lui ravit le pouvoir ; mais, à une autre époque, il avait montré du cœur et de l'énergie, bien qu'en soutenant une cause coupable. Le 9 thermidor, le 30 prairial et le 13 vendémiaire lui acquirent à juste titre les éloges dus au courage et à la promptitude de l'exécution.

Mis de côté par Buonaparte, qui mit une sorte d'ostentation à se montrer ingrat envers lui, il passa dans la retraite les quatorze années de l'usurpation. Ici ce ne fut plus le même personnage ; il se rendit, en quelque sorte, respectable par sa conduite modérée et une dignité qui prouvaient qu'un vrai gentilhomme sait se faire respecter quand il veut ; aussi il se grandit, et les républicains qui le boudaient revinrent à lui, et fondirent un grand espoir sur sa fermeté.

Mais Barras avait changé de manière de penser et d'agir : l'expérience le ramenait vers la royauté, et il m'assura en secret qu'il serait toujours pour moi ce qu'il était déjà à l'époque du directoire. Il est certain que, dans plus d'une circonstance, j'eus à me louer des avis qu'il me fit donner en employant divers agens, avec mesure néanmoins ; car Buonaparte qui le redoutait, le tenait sous une sévère surveillance.

Barras avait eu connaissance des derniers projets de Pichegru et de Moreau ; je savais qu'il y avait pleinement adhéré. Lors de cette fameuse conspiration, le fil de la trame qui se rattachait à sa personne fut rompu avec tant d'adresse, qu'il n'y eut contre lui que de vagues soupçons ; néanmoins il n'évita pas les rigueurs de Buonaparte, qui l'exila à Toulon, dans sa province natale. Là de nouvelles investigations le poursuivirent ; il reçut l'ordre de se rendre à Rome, où il ne fut pas plus tranquille qu'en Provence. On ne pouvait croire à son abnégation politique ; on prétendait qu'il trempait dans une intrigue tendant à enlever le roi Charles IV, et à le ramener en Espagne. Une dépêche du duc de Rovigo lui enjoignit de rentrer en France ; arrêté un instant à Turin, il passa à Montpellier, et, à ma rentrée, il revint à Paris, qu'il lui tardait tant de revoir.

Dès que ses anciens collègues révolutionnaires le surent près d'eux, ils voulurent le mettre en avant; on lui fit une foule de propositions qu'il refusa. Le duc d'Otrante eut avec lui, sur le boulevard de la Porte-Saint-Antoine, une conférence qui fut sans résultat: le duc d'Otrante persistait à vouloir être quelque chose, et Barras aspirait à n'être rien. Ambition d'un côté, lassitude de l'autre: le moyen de s'entendre était donc difficile. Ces deux hommes se séparèrent en se haïssant un peu plus qu'auparavant: Barras ne pouvait oublier la perfidie de cet homme à l'époque du 18 brumaire. Ceux qui avaient fondé un grand espoir sur cet accommodement dûrent chercher une autre base pour édifier avec solidité leurs complots contre moi.

Barras, au lieu de conspirer, voulut me servir. Je penchais pour lui plus encore que pour Carnot, et cette opinion que je manifestai fut cause que les bonnes intentions de l'ex-directeur devinrent nulles. Il en est d'un roi comme d'une maîtresse, on ne veut pas souffrir de partage dans son affection. Blacas me servait depuis près de quinze ans, sa tendresse pour moi était exclusive; aussi supportait-il difficilement qu'un autre, qui pouvait lui causer de l'ombrage, m'approchât. Ce cher ami, plein de modestie, se défiait de ses forces, et craignait que des hommes rompus aux affaires dès avant la révolution n'eussent sur lui des avantages qu'il ne pouvait combattre victorieusement s'ils me voyaient de trop près.

Il en résultait que Blacas me surveillait comme une jeune fille, et qu'il devenait un fagot d'épines chaque fois qu'un homme de la révolution aspirait à arriver jusqu'à moi. Les prétentions du vicomte de Barras lui déplurent : il s'en inquiéta vivement. Ce fut pis encore lorsque Fauche-Borel, vrai factotum de conspiration, eut proposé au duc d'Havré de faciliter à l'ex-directeur une audience royale, et qu'entraîné par mon désir de rallier à ma cause des sommités dont on pouvait tirer parti, j'eus donné mon consentement à cette proposition.

Barras avait vu naguère Murat; il savait ce que tramaient les républicains et les buonapartistes ; toutes les intrigues de l'île d'Elbe lui étaient connues ; il était instruit aussi de ce qui se passait en Dauphiné, en Italie et à Vienne ; de sorte qu'une conversation avec lui aurait eu son côté curieux et utile. J'indiquai donc le jour et l'heure où il pouvait se présenter au château.

La chose conclue, et sans y entendre malice, je fis part à Blacas de la sollicitation de Barras et de mon assentiment. A cette nouvelle, il rougit, pâlit, se troubla, et trouva à peine la force de me demander comment j'aurais le courage de voir en face ce régicide, et d'affliger ma nièce en introduisant au château l'un des assassins de mon auguste famille. Il ajouta une foule d'autres considérations, et finit par se jeter à mes pieds en me conjurant de revenir sur ma détermination.

Je ne pus résister à cet excellent serviteur, et lui promis que Barras ne serait pas admis à mon audience. Mais il était prévenu ; et comment le renvoyer ? Je fis part de mon embarras à qui de droit, et comme l'entrevue devait avoir lieu très-prochainement, nous cherchâmes une défaite pour la retarder d'abord, afin d'aviser, avec le temps, aux moyens de l'éluder sans retour.

Je ne voulais pas non plus blesser le vicomte de Barras dont j'avais toujours eu à me louer. Ce motif me portait à employer une voie détournée pour l'éloigner de ma personne. Le hasard nous favorisa : le duc de Duras, l'un des premiers gentilshommes de la chambre, était de service en ce moment ; il devait introduire l'ex-directeur, qui déjà peut-être était en route pour le château.

Sur ces entrefaites le duc de Duras apprend que son neveu vient de faire une chute grave au bois de Boulogne. Le duc, qui l'aime beaucoup, me demande la permission de quitter son service pour aller voir le blessé. Je la lui accorde, et me tournant alors vers Blacas en me frottant les mains :

— Voilà, dis-je, le prétexte trouvé. Le duc de Duras parti, personne n'a le droit de me présenter ceux qui ont obtenu des audiences sous son auspice ; elles sont nécessairement retardées.

Blacas applaudit, et donne les ordres en conséquence. Il était temps, car le vicomte entrait au château. On lui raconte l'accident qui remet l'entrevue à une autre fois; il se contente de cette raison par respect pour l'étiquette, et moi, je me félicite d'avoir sauvé les apparences.

Blacas me proposa alors de voir lui-même M. de Barras, et d'en apprendre ce qu'il avait à me dire; j'y consentis d'autant plus volontiers, que nul ne pouvait prendre mes intérêts avec plus de chaleur que Blacas. Je n'étais pas d'ailleurs fâché de montrer à tous combien j'avais de confiance en lui. En conséquence, je chargeai le duc d'Havré, qui me servait souvent d'intermédiaire avec une certaine classe de gens, de prévenir Louis Fauche-Borel, que des considérations personnelles, et qui se rattachaient uniquement à la piété filiale de ma nièce, me faisaient désirer que le vicomte de Barras, avant de me voir, traitât directement avec Blacas.

Je savais que cette décision déplairait à Louis et au vicomte. Le bon Fauche avait pris en haine mon ministre, par la seule raison sans doute qu'il m'était agréable, et qu'il s'avisait aussi d'en être jaloux. Quant à Barras, il suffisait de mon refus de le voir pour le mécontenter; ils durent tous les deux en passer par là. Cependant M. de Barras se plaignit avec aigreur du désagrément qu'on lui causait, prétendant qu'il ne dirait pas à mon ministre la moitié de ce qu'il aurait déposé dans mon sein; que néanmoins, par respect pour ma personne, il consentait à s'entendre avec lui.

Le rendez-vous fut fixé à un jour peu éloigné dans l'hôtel du duc d'Havré. On avait tellement monté Blacas contre l'ex-directeur, qu'il crut devoir prendre diverses précautions de sûreté pour cette entrevue. Il se munit d'une paire de pistolets à deux coups, et fit placer à portée, des hommes robustes et sûrs. Blacas, en allant trouver Barras, n'était pas aussi à son aise que lorsque plus tard il alla voir le duc d'Otrante. Du reste, le vicomte était son égal, ils étaient alliés par les nœuds du sang ; néanmoins il ne voulut lui laisser prendre aucun avantage, et l'aborda avec un ton de supériorité que j'approuvai fort.

Le vicomte lui exposa ce qu'il appelait la situation du moment. Il la fit si menaçante, que Blacas n'y vit que le désir de l'effrayer. Nous ignorions complètement la prochaine levée de boucliers que faisait Murat. Nous croyions Buonaparte tranquille, le royaume paraissait calme ; et tant de gens trompaient Blacas par leurs faux rapports, qu'il avait lieu de suspecter la franchise du vicomte.

Celui-ci, d'ailleurs, s'avisa de prendre un ton doctoral envers mon ministre, de le traiter en enfant, en un mot, de le régenter. Blacas lui répondit avec beaucoup d'adresse, le plaisanta sur les alarmistes, qu'il ne traita guère mieux que les jacobins et les impérialistes. Barras, blessé, reprit la parole, et s'exprima à peu près en ces termes ; je dis à peu près, parce que je vais copier une lettre de l'ex-directeur, dans laquelle il me rendit compte à sa manière de cette entrevue (1).

« Je savais bien, dit Barras à mon ministre, que vous ne me comprendriez pas. Vous avez vingt ans d'émigration, et vous revenez en France comme vous en êtes parti ; vous ignorez le danger que vous faites courir au roi en ne voulant pas vous pénétrer de l'état des choses ; vous êtes sur un volcan, vous dis-je, et vous ne vous en doutez même pas. Mais il y a des choses que je ne puis et ne veux révéler qu'au roi. Du reste, soyez sans crainte, je ne cherche point à me mettre entre le monarque et vous ; je souhaite seulement de tout mon cœur contribuer à la tranquillité de la France par la stabilité des Bourbons. Mais tout ce que je puis vous dire, pour que vous en fassiez part à Sa Majesté, c'est que la conspiration est flagrante ; que j'en connais tous les ressorts, et que Murat n'y est pas étranger. Sous ce dernier point de vue, je puis me rendre très-utile, car tous les hommes dont j'ai fait la fortune étant au pouvoir, se sont montrés ingrats envers moi, Buonaparte le premier. Un seul m'est resté attaché ; c'est Murat, dont la confiance en mes conseils a été implicite. J'offre donc au roi d'aller à Naples sans aucune mission ostensible ; là je ferai comprendre à Murat que les Bourbons étant rétablis sur le trône de France, il ne peut espérer conserver le sien, pas plus que Bernadotte et tous les souve-

(1) Cette lettre existe en original.

Note de l'Éditeur.

rains de l'Europe dont les droits ne sont pas légitimes. En conséquence, je me fais fort de l'engager à transiger de sa couronne contre des indemnités qu'on lui assurera. Par ce moyen je parviendrai à déjouer la conspiration. Voilà tout ce que je puis vous dire ; quant au fond des choses, je le répète, c'est au roi seul qu'il m'est permis de les révéler...»

J'ai tenu à rapporter ceci pour prouver que M. de Barras aimait à se donner de l'importance, ou, pour mieux dire, qu'ayant raison, il en tirait trop de vanité ; mais il était impossible qu'à cette époque nous pussions ajouter foi à toutes les prédictions sinistres dont on nous étourdissait les oreilles. Qui se serait figuré, par exemple, la terrible catastrophe de 1815 ? Mon ministre, blessé à son tour du ton tranchant du vicomte, ne se soucia pas de continuer la discussion. La conférence fut donc rompue, et des deux côtés on se sépara mécontent et peu désireux de se retrouver ensemble.

CHAPITRE XV.

Suite de la même affaire.—Le roi écrit à Barras.—Ce dernier ne veut traiter qu'avec Sa Majesté. — Il part pour la Provence.—Il ne renonce pas à servir le roi.—Fragment d'une de ses lettres relative au duc d'Orléans.—Conspiration du 30 novembre 1814.—Mot du roi.—Émeute à la mort de mademoiselle Raucourt.—Ce que dit le roi.—Ordre au clergé à propos d'une actrice.—Intrigues dans le château.—Comte de Vaublanc.—Baron de Vitrolles.—Vicomte de Puységur. —Le duc d'Otrante au fond du sac.—Son plan.—Le roi en cause avec madame D....—Le juste milieu appliqué à Franconi.—Discussion avec Monsieur.—Formation impolitique de sa maison.—La nouvelle noblesse se plaint de ne pas porter la livrée royale.

Blacas était irrité, et il avait raison. Les réticences de l'ex-directeur, son refus de lui communiquer tout ce qu'il avait à dire pour les intérêts de l'État, piquaient mon ministre et me donnaient de l'inquiétude. Je tins à obtenir des confidences plus étendues, et on agit en conséquence. M. de Barras, auquel il fallait revenir, donna à entendre qu'il serait peut-être plus facile si je lui accordais une marque positive de ma satisfaction, c'est-à-dire une lettre écrite de ma main, laquelle servirait en même temps de lettre de créance à Blacas, qui retournerait vers lui.

Cet incident prolongea la négociation. Plusieurs projets de lettres présentés au vicomte ne le contentèrent pas. Nous tenions à ne pas être trop intelligibles, lui voulait des phrases claires et précises; enfin la rédaction suivante fut adoptée, et je l'écrivis, quoiqu'à regret :

« Les circonstances ne me permettant pas de
» voir M. le général *comte* de Barras, et connais-
» sant les services qu'il a déjà cherché à me ren-
» dre lorsqu'il était membre du directoire exé-
» cutif, ainsi que ceux que je puis encore atten-
» dre de lui dans ce moment, je l'engage à com-
» muniquer avec MM. le duc d'Havré et comte
» de Blacas, auxquels il doit avoir une pleine con-
» fiance.

» *Signé* Louis. »

Aux Tuileries, le 30 août 1814.

Avant la révolution, M. de Barr portait le titre de vicomte; celui de comte, que je lui donnais dans ma lettre, était une marque de distinction, et je pensais qu'il en serait flatté. Le nom du duc d'Havré figurait là pour la forme; tout devait nous faire supposer que l'ex-directeur serait satisfait ; lui-même paraissait disposé selon nos désirs, lorsque tout-à-coup une mouche le pique; il voit le duc d'Havré, l'assure de son respect pour ma personne, puis ajoute que le rôle qu'il avait joué précédemment ne lui permettait pas d'admettre des intermédiaires entre le roi et lui; que s'étant prononcé sur les révélations à faire, il ne reviendrait pas sur sa détermination. Il attendit encore une semaine, et partit pour la Provence, où il annonça le projet de passer l'automne dans sa terre des Aigalades.

Ce voyage de dépit me contraria infiniment; je voyais avec chagrin cette obstination que l'on mettait à s'éloigner de mon ami; on aurait dit qu'il était incapable de rien de bien, par cela seul qu'il possédait ma confiance. Cette conspiration contre lui était générale. J'en voulais à M. de Barras, et cherchais à l'oublier, lorsque je reçus par voie détournée, non une lettre, mais une note dressée par lui-même, dans laquelle il dévoilait le complot qui éclaterait le 30 novembre; il m'en faisait connaître l'ensemble et les détails; je lui dus les noms des membres du prétendu gouvernement, et il n'hésita pas à me signaler le duc d'Orléans comme celui que j'avais le plus à redouter. Voici le passage de cette note qui concernait notre cousin :

« On se propose en apparence d'établir la répu-
» blique, mais la vérité est qu'on veut en revenir
» à la constitution de 1791 avec le duc d'Orléans
» pour roi; ce prince y consent-il? je l'ignore :
» quoi qu'il en soit, le trône a tant d'attraits qu'il
» pourrait bien se laisser tenter. Buonaparte est
» sans doute à craindre aussi, mais il est loin, tan-

» dis que le duc d'Orléans se trouve sous la main.
» *Je pense donc qu'il serait plus avantageux à la
» branche régnante que ce prince fût en Sicile qu'en
» France*. Il sera toujours un point de ralliement
» pour les révolutionnaires; *sa présence seule à
» Paris est une conspiration permanente.* »

J'ai médité mûrement les paroles du vicomte de Barras, et elles m'ont paru éminemment politiques. S'il n'eût tenu qu'à moi, le duc d'Orléans aurait subi la loi de la nécessité, bien qu'il soit probablement étranger à tout ce qui se trame en son nom. Depuis 1815 surtout, ce prince n'aurait plus revu la terre natale, je l'en aurais dédommagé de tout mon pouvoir. Dieu veuille que ceux qui ont sollicité son retour n'aient pas à s'en repentir!

Cependant de tous les rapports qui furent faits à moi et à ma police, on obtint assez de lumières pour déjouer la conjuration. On voulait que je n'allasse pas à l'Odéon, et pensant à la machine infernale dirigée contre Buonaparte par des amis infidèles, je dis :

— Messieurs, il me plaît d'avoir aussi mon trois nivôse.

Ce mot eut du succès ; on se rappelle que Buonaparte, après l'explosion, poursuivit sa route vers l'Opéra, sans que rien trahît son émotion. Il fallut donc se soumettre à ma volonté, et j'allai au spectacle. Des mesures nombreuses de sûreté ayant été prises, le péril n'existait plus. En effet, au moment convenu, nul ennemi ne se présenta ; les chefs s'étaient mis à couvert à l'avance avec leur prudence consommée, et les téméraires étaient allés se réfugier dans les souterrains dont ce quartier est rempli.

Ce complot avait trop de ramifications pour que les coupables fussent mis en jugement, et dans une telle conjoncture il y a de l'adresse à dissimuler. J'aurais même voulu qu'il n'en fût point parlé; mais comment cacher le mouvement de troupes extraordinaire, les allées et venues, et surtout l'air affairé de tant de gens toujours charmés de se donner de l'importance, et qui font grand tapage, ne pouvant faire mieux? Le bruit donc se répandit qu'une conspiration dangereuse venait d'être découverte. Paris s'en inquiéta, les conjurés en prirent plus sûrement leurs mesures; les royalistes accoururent au château et s'empressèrent de m'offrir leurs services; mais comme le péril était passé, je n'eus qu'à les remercier.

Nous trouvâmes la route encombrée d'une multitude bruyante et enthousiasmée de nous voir ; mais véritable enthousiasme de badauds, qui au lieu de nous inspirer de la méfiance, nous faisait croire à l'amour du peuple. Voilà l'éternelle cause de l'erreur dans laquelle je fus entretenu pendant ma première rentrée. A la seconde, mieux instruit, je ne me fiai plus à ces vains témoignages ; l'expérience m'avait enseigné à les apprécier à leur juste valeur.

Paris fut encore troublé à l'occasion de la mort de mademoiselle Raucourt, actrice des Français ; le curé de Saint-Roch ayant refusé de l'enterrer avec les cérémonies religieuses, tout le quartier Saint-Honoré fut mis en rumeur par une multitude de malveillans qui prirent ce prétexte pour faire entendre des cris de sédition. Nos ennemis, croyant l'occasion favorable, se rendirent en foule devant Saint-Roch, afin de profiter de l'espèce de soulèvement qui se formait; mais ils arrivèrent trop tard. J'appris bientôt ce qui se passait; on proposait autour de moi d'envoyer la force militaire pour soutenir le curé de Saint-Roch.

— Messieurs, dis-je, il vaut mieux que mademoiselle Raucourt entre en contrebande à l'église, que de verser du sang ou de troubler la tranquillité de Paris. Son admission en terre sainte ne forcera pas saint Pierre à lui ouvrir les portes du Paradis, et on n'aura point du moins à me reprocher d'avoir affronté l'opinion publique.

En conséquence un ordre partant de moi enjoignit au curé Marduel d'admettre dans son église mademoiselle Raucourt, et tout fut terminé.

Environ à cette même époque, il se noua une autre intrigue qui avait pour but de perdre Blacas dans mon affection; et comme on s'imaginait qu'il gouvernait sous mon nom, on voulait me donner d'autres directeurs. Voici de quoi il s'agissait : on plaçait d'abord en tête l'abbé de Latil, dont j'ai déjà assez parlé pour qu'on le connaisse; puis M. de Vaublanc, très-capable d'ailleurs, mais que je trouvais presque trop royaliste; beau défaut sans doute s'il ne tendait pas à exciter les passions. M. de Vaublanc a des connaissances positives en administration, de bonnes vues, de la fermeté, du courage; en un mot, je le répète, on ne pouvait mieux choisir ; je l'ai prouvé en l'appelant moi-même au ministère. Plus tard je dirai ce qui m'y décida.

Après lui venait M. de Vitrolles, le royaliste par excellence dont j'ai eu le plus à me plaindre ; il manifesta, pendant sa courte administration à Toulouse, près de mon neveu, une absence de talent dont il se relèvera difficilement. Le vicomte de Puységur était le quatrième ; il est de famille ministérielle, et, en général, tous les membres de cette maison ont marqué dans une carrière quelconque avec distinction. Celui-ci possède les qualités nécessaires à un homme d'État, et je l'aurais employé volontiers, si je n'eusse craint qu'il ne laissât prendre sur lui trop d'influence à certaines gens. Le comte d'Escars, le comte de Damas-Crux, étaient encore les chevilles ouvrières de cette intrigue royaliste. Chacun aurait eu son portefeuille et l'aurait gardé jusqu'au moment où on serait parvenu à me colloquer l'ami Jules.

Il y avait en arrière de ces messieurs un tireur de fil bien autrement habile. Je dois le nommer, puisque j'ai pris l'engagement de tout dire. Eh bien ! croirait-on qu'à cette époque le régulateur suprême du pavillon Marsan (je me sers de cette expression pour désigner non Monsieur, mais ses amis) était le duc d'Otrante? Oui, ce magicien avait su fasciner les royalistes au point qu'ils se tournaient presque tous vers lui, et n'agissaient que d'après son impulsion. Il lui avait suffi, pour acquérir cette influence, de leur faire peur du jacobinisme, bien plus redoutable à leurs yeux que les buonapartistes. Le pavillon Marsan ne se souvenait que de sa fuite en 1789, et des horreurs révolutionnaires. Cette idée fixe le dirigera toujours, et ceux qui l'exploiteront avec art feront faire aux royalistes toutes les sottises dont ils voudront tirer profit.

Le duc d'Otrante avait son plan que voici : *primo*, chasser Blacas, et ensuite le prince de Talleyrand ; *secundo*, engager la restauration dans une foule de fausses démarches qui soulèveraient le peuple contre elle ; *tertio*, inspirer à la bourgeoisie une telle frayeur de la république, que celle-ci serait forcée de se jeter dans les bras du duc d'Orléans. J'ai eu la preuve certaine de ce projet, et l'exil dans lequel le duc d'Otrante a passé à la suite de son dernier ministère, a été causé par cette découverte.

C'était là ce qui occupait ma cour aux approches des grands évènemens qui se préparaient à notre insu. Il n'était question, au château, que de savoir si le ministère de Monsieur l'emporterait sur le mien. Ce fait assez étrange s'est cependant renouvelé plus d'une fois.

Madame D... ne manqua pas d'entamer ce point

important ; et avec une naïveté charmante, elle me demanda si je changeais de mobilier.

— Qu'entendez-vous par là ? répondis-je.

— On dit que le roi ne trouvant pas ses meubles convenables, juge à propos de faire venir ici ceux de Monsieur.

Je compris alors la plaisanterie, et répondis sur le même ton :

— On prétend qu'on perd toujours à changer, aussi resterai-je comme je suis. Mais d'où tenez-vous ces choses, madame?

— Mais c'est ici le bruit général. Je connais des gens prêts à courir la poste pour passer en pays étranger si le baron de Vitrolles entre aux affaires. On craint qu'il n'ait peur comme le lièvre de La Fontaine, qu'il ne prenne des oreilles pour des cornes, et ne frappe à l'avenant. Dieu nous garde des extrêmes !

— Madame, vous ne savez pas le latin ?

— Non, sire.

— C'est fâcheux, car je vous aurais récité une maxime admirable de Plaute.

— Que le roi fasse comme si je le savais ; seulement, après avoir dit son vers, qu'il daigne me le traduire.

— Eh bien donc :

Modus omnibus in rebus, optimum est habitu.

(En toutes choses, le plus sage est de savoir garder un juste milieu.)

— Dans ce cas, répliqua madame D... avec autant de finesse que de gaieté, Votre Majesté donnera sans doute la palme à Franconi, car il est rare qu'il perde l'équilibre.

— Ah ! que vous êtes bien Française dans l'âme, pour trouver moyen de faire une plaisanterie sur la chose la plus sérieuse ! Mais, je vous le répète, le juste milieu est la position convenable à un prince qui surgit parmi tant de factions diverses.

— Je le comprenais dans Buonaparte, attendu qu'il n'était à personne, mais vous, sire, les royalistes sont vos hommes.

— Et les autres, mes enfans : je dois tenir entre eux une balance égale, et surtout ne pas la faire pencher vers ceux que j'aime le plus.

Madame D...., semi-libérale, semi-royaliste, ne voulait pas cependant d'un système mixte ; elle citait souvent un mot de l'empereur Joseph II, qu'elle trouvait plein de sens : c'était à l'époque de la guerre de l'indépendance américaine. L'empereur était à Versailles ; la comtesse d'Ossun osa demander à Sa Majesté Autrichienne, pour qui elle penchait dans cette lutte des colonies révoltées contre la métropole : — Madame, répondit l'empereur, mon rôle à moi est d'être royaliste. — Le malheur de Louis XVI fut de n'avoir pas compris que lui aussi devait être royaliste. Je tâcherai de ne pas commettre la même faute.

Madame D... avait donc de l'entraînement pour

le pavillon Marsan, bien qu'elle l'attaquât toujours par pure malice. Mais, en véritable femme, ses antipathies de personnes l'emportaient sur ses affections de principe, et elle ne pouvait souffrir M. de Vitrolles. Quoi qu'il en soit, il me fut facile d'entrevoir derrière cette intrigue le duc d'Otrante ; cela me mit de mauvaise humeur, et la première fois que Monsieur essaya d'arriver en spirale à son but :

— Savez-vous, lui dis-je, qu'il me prend une bonne envie ? celle de faire insérer dans les gazettes, que vous destinez la présidence du conseil à un régicide.

Mon frère se récria, fit un saut en arrière ; et me demanda d'où me venait cette affreuse pensée.

— Et le duc d'Otrante ? dis-je.

— Est-ce ma faute si ce scélérat connaît si bien la France, et semble seul capable d'être à la tête des affaires ? On dit d'ailleurs que, revenu de ses anciennes erreurs...

— Oh ! l'adroite vipère qui nous enlacera tous dans ses nombreux replis !

— Vous êtes prévenu contre lui, sire, tandis que l'ancien évêque d'Autun, Carnot, Barras et dix autres qui ne valent pas mieux trouvent grâce devant vous.

Quand Monsieur voulait persifler le prince de Bénévent, il le qualifiait d'ancien évêque d'Autun ; c'était une pieuse médisance qu'il se permettait quelquefois.

— Le premier, répondis-je, nous a rendu de ces services que toute notre reconnaissance ne paiera qu'imparfaitement ; le second est le plus habile ministre militaire qui existe peut-être maintenant; quant au troisième, véritablement amendé, il est prêt à nous aider.

— Oui, que le roi se fie à lui !

— Et Monsieur au duc d'Otrante ! Croyez-moi, mon frère, chassez, et laissez-moi régner.

Ce fut par une brusquerie que je terminai cette conversation. J'étais peu satisfait dans ce moment d'une imprudence irréfléchie à laquelle le comte d'Artois venait de s'abandonner. Il avait voulu se composer une maison à sa guise. J'aurais voulu que, par politique, il y eût appelé quelques personnages du nouveau régime : il n'en fit rien, et nomma *premier aumônier* l'abbé de Latil ; les ducs de Maillé et de Fitz-James, *premiers gentilshommes de la chambre;* MM. de Latour-du-Pin, Lacharce, de Chatenay, Guin-Montagnac, de la Roche-Aymond, de Gand, de Chambord, de Sept-Maisons, de Vérac, de Chabrillant, de Bourbon-Busset, Charles de Maillé, de Bréon, *gentilshommes d'honneur;* le comte Armand de Polignac, *premier écuyer ;* les comtes François d'Escars et de Puységur, *capitaines des gardes*, et ainsi de suite. Tous ces messieurs étaient des nôtres, et même dans le conseil et les finances on retrouvait des gens d'autrefois.

Il en était de même chez mes neveux et chez ma

nièce. Il était évident pour tous que là on n'avait accepté la révolution que comme une nécessité. Je craignais le mauvais effet que cette conduite pouvait produire ; je savais quel désespoir en éprouverait la nouvelle noblesse ; car chaque jour elle sollicitait du service dans ma maison ou chez les miens. Elle avait adopté avec une merveilleuse promptitude les mœurs de la domesticité féodale ; et maintenant, au dépit des pertes passées, se joignait le chagrin de ne plus habiter les Tuileries. J'avais même à me défendre des importunités du duc de Rovigo, qui voulait rentrer, n'importe par quelle voie.

Je dois dire que, dans la nomination que Monsieur fit de sa maison, je fus le seul à en désapprouver le choix. Blacas le premier m'abandonna dans cette circonstance. C'est la seule fois où ma volonté n'ait pas été la sienne : il est gentilhomme un peu plus haut que la tête et un peu plus bas que les pieds ; aussi lorsqu'il s'agira du triomphe de son ordre, on sera certain de le voir pousser à la roue. J'eus beau me fâcher, on repoussa les ducs, les comtes et les barons de l'empire, militaire et civil. Ce fut un sacrifice complet de prétentions ; il n'en resta pas un sur le champ de bataille. Les miens crurent qu'ils avaient remporté la victoire : cruelle erreur ! elle nous a coûté cher.

CHAPITRE XVI.

Souplesse actuelle. — Le meilleur des amis du roi. — M. A...
— M. E....— M. J.... —Impolitesse des jeunes gens.— Ce
qui en résulte.—La littérature en 1814.—Quelques hommes
de lettres.— La peinture.— La sculpture.—Ce que les princes
doivent aux beaux-arts. — Les graveurs. — Les acteurs. —
Les musiciens.— Les savans. — Ce que la famille royale pensait des arts.— Le duc d'Orléans.—Éloge de la duchesse.—
M. Guizot, ennemi des arts. — Il y a certains aux Tuileries
qui ne les protégent qu'à moitié. — Ce que le roi dit à ce
sujet.

La noblesse impériale et les militaires de haut grade ne furent pas les seuls qui, en 1814, cherchèrent à se rapprocher de moi. Je comptais, parmi les aspirans à mes bonnes grâces, les hommes qui depuis ont le plus marqué dans l'opposition. Tous ceux dont je ne voulus pas ou que je négligeai, se rangèrent dans les rangs des mécontens, et cela avec une audace qui me surprit. A mesure que je refusais une pension, une croix ou une place, le directeur général de la police m'annonçait chaque matin dans sa correspondance la défection de M. tel ou tel, qui l'avant-veille encore rampait à mes genoux ; rampait est le mot, car je crois que l'on s'était habitué sous l'empire à une servilité inouïe ;

comme si l'on ne pouvait exalter un souverain parvenu qu'en s'humiliant à ses pieds, plus bas qu'aux pieds des souverains légitimes. Il y avait avant la révolution plus de dignité à la cour: les courtisans étaient autrefois des grands seigneurs qui n'avaient pas perdu tout souvenir de leurs ancêtres ; les courtisans de Buonaparte étaient des valets, à la lettre. Or chez tous ceux qui nous revinrent, l'épine dorsale avait pris son pli. Autrefois on s'inclinait, aujourd'hui on se prosterne. Madame D... prétend que c'est un des progrès de la civilisation.

Si nous passons des individus aux classes, on peut dire qu'autrefois des corps entiers luttaient contre le pouvoir, à tort sans doute, mais du moins avec une fière indépendance ; maintenant c'est à qui se montrera le plus servile. On achète les votes comme des denrées au marché. Il faut convenir que tous ceux qui se vendent ne se cotent pas très-cher ; c'est une modestie dont on ne peut trop les louer.

La corruption actuelle est un véritable débordement. On cherche vainement l'antique probité ; il n'en est plus question au milieu de cette manie de spéculation qui entraîne à la Bourse l'avocat, le magistrat, le littérateur, les femmes nobles, les comédiennes sages ou entretenues. L'argent est l'expression positive du siècle, il en faut *per fas et nefas*. Dieu sait quels ressorts on fait jouer pour s'en procurer !

Ce calus qui se forme sur tous les cœurs enhardit à s'approcher de moi ceux qui devraient trembler en ma présence. Par exemple, Roques-Montgaillard ne conçut-il pas la folle pensée de s'allier à la restauration et de vivre à ses dépens ! Il jouissait d'une pension que le directoire et Buonaparte lui avaient accordée; mon ministère ne jugeant pas à propos de la continuer, elle fut supprimée. Montgaillard aussitôt se mit à publier un volume dans lequel il prouvait *clair comme le jour*, que ses trahisons, que ses brochures infâmes contre ma personne, étaient des moyens *fort* honorables dont il s'était servi pour hâter la restauration; qu'enfin lui seul avait inspiré à Buonaparte l'idée de ses conquêtes et de ses actes de tyrannie, afin d'amener plus tôt sa chûte. Je fus assez incrédule pour refuser d'ajouter foi aux immenses services que cet homme m'avait rendus : je persistai donc dans ma détermination de le laisser comprendre dans les *économies* du ministère des affaires étrangères.

Il cria à l'injustice, m'accusa d'ingratitude; mais cette bouffonnerie ne réussit pas, et M. de Montgaillard fut pris pour ce qu'il est.

M.... le poète, ou qui dit l'être, lui que j'avais si bien traité avant la révolution, dans laquelle il donna à plein collier; lui, tout dévoué aux Buonapartes, voulut tenter aussi d'arriver jusqu'à nous. Les lettres explicatives, les placets, les vers de sentiment, aucune agacerie enfin ne fut épargnée pour obtenir la faveur de reprendre d'anciennes chaînes. Je me montrai peu touché de ce retour quelque peu intéressé, et M.... en fut pour ses frais *d'amour* et de *dévouement*. Je dois dire que dès lors il mit dans sa haine une franchise que je pouvais lui reprocher de n'avoir pas mise dans son attachement.

Un autre avait été trop bon censeur impérial pour ne pas me demander le même titre; il aurait même accepté de moi une certaine expropriation faite à son bénéfice. — Sire, me disait-il, rien qu'un titre de censeur. Je sais exercer cette noble profession; vous en aurez la preuve par le nombre de réclamations qui s'élèveront contre moi. Je dis non à la requête, et voilà aussitôt ce monsieur qui passe à l'opposition, et, désespéré de ne pas aider au despotisme, se prononce pour l'anarchie indépendante. M. ***, avec moins de talent, fit de même. Nous rîmes de voir les *idées libérales* soutenues par des hommes qui tous se sont montrés les esclaves de la tyrannie. Ils trouvaient cependant des badauds qui avaient confiance en leurs reliques.

Je pourrais augmenter d'un grand nombre de noms cette liste de républicains, mécontens de n'avoir pu siéger parmi les royalistes. J'y placerais B.... D..., R... S... P... L... M... et mille autres. La première année de la restauration ne vit en quelque sorte que des offres de services à prix d'or. Chacun, sans s'inquiéter de Buonaparte, *qu'il avait tant aimé*, s'adressait à nous, ayant soif et faim de nos espèces. Ce fut alors que M. Lourdoueix, furieux de ce qu'on ne traitait pas assez vite avec lui, composa les caricatures de M. *de la Jobardière*. Il prit le meilleur parti, celui de débuter par des injures : c'est le moyen de se faire écouter.

A mon retour, ai-je dit, je fus frappé de cette avidité universelle ; je m'étonnai surtout de ne plus retrouver ces formes gracieuses et polies de l'ancien régime. La galanterie, l'urbanité de nos pères, ont complètement disparu, il n'en reste plus que de faibles vestiges que le temps effacera bientôt; la rudesse des hommes de l'époque, la rusticité des jeunes gens, passent, dit-on, toute croyance. Il est vrai que parmi ceux qui m'approchent pour me faire la cour, j'aperçois un dégagement dans les manières, qui n'existait pas autrefois chez les hommes de bonne maison. Si ceux-ci se conduisent ainsi, que doivent faire les gens dont l'éducation a été moins cultivée?

Les hommes d'État non plus ne tiennent guère aux formes extérieures. C'est un tort : les gouvernemens ont un avantage positif à traiter avec des ministres instruits des convenances sociales. L'impolitesse envers les femmes, le sans façons d'égaux à égaux, dégénèrent bientôt en rébellion envers les supérieurs. Plus il y a d'urbanité chez un peuple, et moins le rôle de ses chefs est difficile. Ce point mérite plus d'attention qu'on ne lui en accorde ordinairement. Il y a dans la science de gouverner des parties indifférentes au premier aspect, et qui mieux méditées, prennent une juste importance.

Je fus plus satisfait de la littérature ; je craignais

que les convulsions révolutionnaires ne l'eussent pervertie, et qu'elle n'eût donné tête baissée dans le germanisme et l'anglican. Grâce à Dieu, il n'en était rien. Ici les bonnes traditions s'étaient conservées dans toute leur pureté. En vain quelques esprits prétentieux avaient cherché à entraîner les hommes de lettres dans l'absurde, le romanesque et l'extravagant, la masse s'y était refusée. Les monstres dramatiques joués au début et dans le feu révolutionnaire n'avaient pas trouvé d'admirateurs. Le théâtre, soumis aux règles de l'art, produisait une abondante moisson d'œuvres remarquables : on repoussait la tragédie anglaise et allemande, et l'on faisait bien.

Les auteurs comiques ne cherchaient pas des effets hors de la nature; leurs ouvrages annonçaient un goût mûri par des principes sains et de bonnes lectures. Tandis que MM. Raynouard, Lormian, Delrieu, Legouvé et Briffaut chaussaient avec gloire le cothurne, MM. Picard, Andrieux, Duval, Colin d'Harleville, Hoffman et Étienne se montraient dignes des faveurs de Thalie. Je ne désigne pas tous ceux dont la postérité consacrera la renommée : mais seulement les premiers dont le nom est venu au bout de ma plume.

L'Opéra-Comique, le Vaudeville, ces théâtres si éminemment nationaux, produisaient de jolies pièces, qui indépendamment de leur délicieuse musique, auraient été de charmantes comédies : par exemple, *Maison à vendre*, *le Prisonnier*

Adolphe et Clara, Une heure de mariage, etc.;
*Fanchon la vielleuse, Monsieur Guillaume; la
Danse interrompue, la Leçon de botanique*, etc.;
et nombre d'autres.

Je recevais à Hartwell les pièces dramatiques jouées sur les premiers théâtres. Leur lecture m'a fait passer des momens agréables et m'a distrait souvent de mes chagrins. La chanson, uniquement renfermée dans les plaisirs de la table, les amours ou la critique générale, n'osait point empiéter sur la politique. Un seul homme s'exposait à ce danger, avec un talent qu'il a depuis tourné contre nous, je ne sais pourquoi : son *Roi d'Ivetot*, son *Sénateur*, sont des modèles dans ce genre. Béranger est de tous les poètes modernes celui qui me rappelle le mieux Horace. Son éloge est dans ce mot. Je regrette que parfois il ait pris l'impiété pour muse, c'est sa Canidie,

Les autres branches de la littérature n'étaient pas moins bien exploitées; la prose avait de dignes écrivains. Je mettrai en tête le vicomte de Chateaubriand, puis MM. de Fontanes, de Bonald, et Lacretelle jeune; leurs émules ne manquaient pas. La poésie purement descriptive ou épique fournissait aussi des talens remarquables. Delille venait de mourir, mais son école existait toujours. Là je citerai de nouveau MM. de Lormian, Parceval de Grandmaison, Campenon, Ducis, et Legouvé, qui venait de finir aussi sa carrière ; ainsi qu'Esmenard, Millevoie, autre beau talent moissonné avant l'âge ; puis le jeune Soumet, qui tient ce qu'il avait promis ; Chênedollé, envers lequel l'époque présente est injuste, et Saint-Ange, qui aimait tant à faire lui seul sa réputation. J'ai cité ailleurs M. de Jouy, que son *Ermite de la Chaussée d'Antin* rendra immortel.

La sculpture et la peinture étaient encore soutenues par d'habiles mains au moment de la restauration : Lemot, Cartellier, David, Houdon, Roland, Dejoux, Lecomte, auxquels se joignent Bosio et le graveur Gayrard, qui deviendra célèbre dans la carrière des Phidias; David, auquel il fallait pardonner sa démence démagogique en faveur de son sublime pinceau ; Girodet, Gérard, Guérin, Gros, Prudhon, Renaud, Meynier, et dix ou douze autres, tous recommandables, tenaient le haut rang et promettaient encore une longue suite de chefs-d'œuvre. Je m'emparai de ces célébrités, et si je ne pus me servir de David à cause de son malheureux vote, du moins tous ses confrères n'ont eu qu'à se louer de moi.

Je les fais travailler dans leur intérêt et le mien; car leurs ouvrages imprimeront à mon règne un renom dont je dois être glorieux ; aussi je ne leur ménage pas les récompenses. Il n'est jamais récolte plus certaine et plus profitable pour un prince ; que celle qu'il obtient en encourageant les lettres, les sciences et les arts. Ce sont des trésors qui lui survivent et qu'il lègue à la postérité. Malheur donc au monarque mesquin et avare qui veut économiser sur les arts ! l'argent qu'on verse sur eux à pleines mains se change en or, dont les peuples profitent.

La maison de Bourbon a toujours professé un amour éclairé des beaux-arts ; elle les a largement rétribués sans jamais les laisser oisifs ; aussi a-t-elle reçu leurs hommages en s'acquérant des titres véritables à leur reconnaissance,

Parmi les graveurs célèbres de mon époque, je citerai MM. Desnoyer, Bouillon, Massard, Richomme, Michaud, David, Tyllorier, Berwic, Jeuffroy et Duvivier. La musique aussi se montra à moi avec éclat. Que de talens de premier ordre avaient remplacé Gluck et Cretry ! est-il besoin de citer MM. Berton, Méhul, Gossec, Nicolo Isoard, Spontini, Daleyrac, Monsigni, Paer, d'Alvimare et Boïeldieu ! Je regrette ceux dont le nom échappe à ma mémoire et qui ne méritent pas mon oubli.

Le théâtre me présentait avec orgueil Talma, digne émule de Lekain ; mademoiselle Mars, diamant vivant que je louerais un peu plus si elle nous aimait davantage ; Lafond, qui souvent me rappelait Lekain ; Damas, à l'âme si chaleureuse ; mademoiselle Levert, chez qui l'on retrouve quelques reflets de Contat ; Michot, si exquis dans les rôles de sensibilité comique ; il y avait enfin dans les théâtres secondaires des bouffons très-amusans et qui auraient pu briller sur la scène du Théâtre-Français avec nos *comédiens ordinaires*. La danse avait aussi ses coryphées, et la partie instrumentale,

19.

loin de dégénérer, acquérait de nouveaux titres de gloire.

Au premier rang des célébrités contemporaines, je dois placer les savans qui, à cette époque occupaient l'attention publique avec tant de justice : MM. Laplace, Legendre, Lacroix, Biot, Monge, de Prony et Carnot, tous mathématiciens ; M. de Jouy à la tête de la science européenne ; les astronomes Messier, Cassini, Burckhardt, Arago ; les physiciens Lefèvre-Gineau, Charles, Gay-Lussac ; les chimistes Berthollet, Guyton de Morveau, Vauquelin, Chaptal, Thénard ; les minéralogistes Haüy, Sage, Lelièvre, Duhamel, Ramond ; les botanistes de Lamarck, Jussieu, Thouin, Huzard, Sylvestre ; MM. Delambre, Cuvier, et nombre d'autres hommes d'étude et d'État. Pourquoi certains, entraînés par les idées révolutionnaires, ne me laissent-ils pas la possibilité de vanter l'éclat qu'ils répandaient sur la France.

La médecine comptait aussi d'illustres praticiens MM. Portal, Hallé, Pelletan, Percy, Corvisart, Dubois, Dupuytren, Larrey, etc. Il y avait encore dans la troisième classe de l'institut, MM. Dupont, Daunou, Mentelle, Guingené, Delille de Salles, Lakanal, Laporte du Theil, Pougens, Langlès, Monge, Silvestre de Sacy, Visconti, Quatremère de Quincy, Choiseul-Gouffier, don Brial, Petit-Radel, Barbier du Bocage, Gail, Clavier, Amaury Duval, Walkenaer et Vanderbourg.

La liste serait inépuisable si je transcrivais tous

les noms dignes d'y prendre place. Je regrette d'être forcé de la borner, et de passer sous silence une foule de célébrités en tous genres, qui méritent également l'admiration de leurs contemporains. Ce n'était pas un médiocre cortége pour un roi de France, que tant d'hommes illustres. Je compris leur importance, et tous peuvent dire si j'ai négligé de leur prouver mon estime chaque fois que la politique impérieuse n'est pas venue se placer entre eux et moi.

Malheureusement j'étais peu secondé par ma famille : de trop hautes pensées occupaient Monsieur, pour qu'il pût se montrer le protecteur actif des arts et des lettres. Au demeurant, ce qu'il ne fit pas alors, il le fera plus tard; car, au fond, il aime tout ce qui contribue à la gloire de sa maison.

Leurs Altesses Royales. M. le duc et madame la duchesse d'Angoulême ne purent non plus, dans le premier moment, s'affranchir assez de leur entourage pour m'aider dans mon entreprise. Ma nièce, d'ailleurs, trouve peut-être que la littérature a fait plus de mal que de bien à la France. Elle accorde peu d'attention à la peinture, et son mari s'est renfermé dans une spécialité circonscrite, celle de la guerre, qui l'occupe exclusivement.

On a prêté au duc de Berri un propos ridicule, celui d'avoir dit, à je ne sais qui, en voyant le *Léonidas* de David :

— Blacas avait raison d'affirmer que les arts

n'avaient fait en France aucun progrès depuis la révolution.

Mon neveu, qui est un amateur du beau, a trop de goût, de connaissances, pour avoir laissé échapper cette sottise. Il se montrait, au contraire, enchanté des chefs-d'œuvre de tous genres qu'on lui présentait, et dès sa rentrée il a voulu se former un cabinet non-seulement des maîtres anciens, mais des modernes. Les artistes d'aujourd'hui savent s'il repousse leurs productions, et surtout s'il les marchande.

MM. de Condé ne s'adonnèrent en rien au nouveau régime, bien que je les prêchasse de paroles et d'exemples. Quant au duc d'Orléans, *mon cousin le brocanteur*, comme nous l'appelons entre nous, je n'en dirai rien; d'ailleurs il paie si chétivement (en bon père de famille), que ses achats l'enrichissent plutôt qu'ils ne l'appauvrissent.

J'étais donc, dans le premier instant, à peu près le seul à favoriser les arts et les sciences. Plus tard j'ai eu pour soutien ma gracieuse nièce Son Altesse Royale madame la duchesse de Berri. J'ai trouvé en elle cet amour des arts si commun en Italie, et je suis persuadé qu'elle restera la protectrice de tous ceux qui voudront se rallier à sa postérité. Cette princesse recommencera le règne de ces reines célèbres qui se sont rendues immortelles, et à leurs qualités elle ne joindra aucune des taches qui ont terni leur renommée. Je fais son éloge ; parce que je l'aime et l'apprécie. Qui ne l'aime pas au château, et qui ne l'aimera pas en France quand elle y sera mieux connue (1)!

Je puis dire avec sincérité que j'étais fier de voir de tels joyaux parer ma couronne. Je recommandais à l'abbé de Montesquiou de ménager cette foule de gens habiles ; il me le promettait et n'en faisait rien. Son secrétaire intime, le vrai meneur caché du ministère de l'intérieur, ce petit M. Cuizot, avait à part lui déclaré une guerre sourde à tous ceux qui n'appartenaient pas à l'école normale. La littérature poétique lui était surtout antipathique. Quant aux beaux-arts, comme il ne les connaissait pas, il n'y voyait que des superfluités inutiles. Si bien qu'en sous-œuvre il détruisait ce que je prenais tant de peine à édifier.

C'est un des malheurs attachés à la royauté, que cette facilité laissée à des nains qui travaillent dans l'ombre, de briser ce qu'elle peut entreprendre. Ses yeux ont beau rester ouverts, les détails lui échappent ; et c'est dans les détails qu'on la déshonore.

Dès mon premier retour je trouvai des gens empressés à me faire détruire l'homogénéité de l'Institut. Je m'y opposai d'abord par la crainte des innovations. Je savais que si une fois je touchais aux piliers de l'édifice, il n'y aurait pas de raison pour qu'on ne l'attaquât pas successivement dans son

---

(1) Tout ce chapitre avait été écrit en 1818.

Note de l'Éditeur.

entier. MM. de Fontanes et de Sèze étaient ceux qui proposèrent d'abord ce bouleversement. Ils furent vivement appuyés par des sommités ecclésiastiques qui aspiraient à l'Institut non moins qu'à toute autre place. On aurait dit que cet asile de la science devait devenir la pitance de la fidélité. J'amuserais mes lecteurs si j'avais assez peu de charité pour mettre sous leurs yeux les listes par lesquelles on voulait remplacer les noms célèbres des quatre classes. Il fallait que ces gens-là s'imaginassent que depuis 1791 je n'avais lu ni une gazette ni un volume.

Ma résistance fut taxée d'impiété ; on me reprochait de donner la préférence à des athées habiles sur des saints ignorans.

— Il est dit dans l'Évangile, répliquai-je, que le royaume des cieux est assuré aux simples. C'est un assez bel héritage ; et les douze cents francs que je laisse aux savans, aux littérateurs et aux artistes, ne les dédommageront qu'imparfaitement des biens qui leur seront refusés dans l'autre monde.

CHAPITRE XVII.

Mort de la princesse de Léon. — De la dévotion résignée. — Affaire du général Excelmans rapportée dans son ensemble. — Inquiétude qu'elle cause au roi. — M. de Blacas et l'abbé de Montesquiou cherchent à le rassurer. — Ils n'y parviennent pas. — Une lettre du duc d'Otrante apportée par le duc de La Châtre. — Le roi cause avec le noble messager. — Le duc d'Otrante et le vicomte de Barras aux prises. — La lettre ci-dessus découvre au roi la conspiration buonapartiste dans tous ses détails. — Pourquoi il la néglige. — Récit d'une explication sur ce point que le duc d'Otrante donne au roi quelques mois après.

Le mois de janvier 1815 se présenta sous de sombres auspices. L'hiver fut rigoureux, le Parisien mécontent, et un malheur affreux frappa les Rohan. La princesse de Léon se disposait à aller au bal le 9 du mois ; elle s'approche du feu, une étincelle vole sur sa robe, l'enflamme ; les secours viennent trop tard, et la pauvre femme expire au milieu d'horribles souffrances ; j'en éprouvai un profond chagrin. Cette princesse était belle, gracieuse, et pouvait espérer de longs jours. Son mari renonça dès lors aux plaisirs du monde. Il a cherché dans la religion des consolations qu'on ne trouve qu'au-delà de cette terre. Heureuse est l'âme qui peut se soustraire aux affections, aux ennuis de la vie, en se nourrissant d'une piété sincère. Cette résignation a tant de charme, que bien des gens prétendent qu'elle prend sa source dans l'égoïsme ; quant à moi, je l'admire, et plains ceux qui ne sont pas dignes de l'apprécier.

A la suite de l'affaire Raucourt et de quelques autres non moins épineuses, vint celle du général Excelmans, qui éclata définitivement. C'est un des meilleurs officiers de l'armée ; Buonaparte lui dit en 1809 : — Je sais que votre bravoure ne peut être surpassée, et je vous fais officier de la légion-d'honneur. Le général, alors colonel, mérita par de nouveaux faits d'armes cette flatteuse distinction. Il quitta plus tard le service de la France pour passer à celui de Murat, alors roi de Naples, qui lui conféra le titre de grand-maréchal de son palais.

Buonaparte, peu désireux que ses officiers prissent du service à l'étranger, rappela Excelmans en 1812, et le nomma lieutenant-général. Il continua par sa conduite à mériter la bienveillance de son chef. En 1814, je le trouvai très-disposé à me servir, mais ayant des prétentions peut-être exagérées. Il demanda et obtint la croix de Saint-Louis, digne récompense des actions militaires ; néanmoins, ce que je fis pour lui ne le contenta pas. Il entama avec Murat, son ancien maître, une correspondance peu convenable à sa position et à la fidélité qu'il m'avait jurée. Murat reçut de ce général l'assurance qu'une nombreuse bande de mécontens, sortis presque tous des rangs de l'armée, passeraient sous les drapeaux de Buonaparte si celui-ci rentrait en France, et que dans le royaume on agissait activement pour rétablir l'autorité impériale.

Ma police n'était pas heureuse, elle ne découvrait rien d'important. Cependant elle mit la main sur les causeries plus qu'indécentes d'Excelmans, et on me fit part de cette capture. Le comte Dupont, alors ministre de la guerre, me demanda mes ordres. Je décidai qu'on ne tourmenterait pas un brave officier imprudent et de mauvaise humeur, qui avait écrit ce que sans doute il ne pensait pas.

Cette clémence ne convint pas à mes amis. Ils déclarèrent que la peine était trop légère, puisqu'elle ne consistait qu'en un avertissement qu'on fit tenir de ma part au général pour l'engager à demeurer tranquille. Sur ces entrefaites, le maréchal duc de Dalmatie ayant été appelé au ministère de la guerre, par l'entremise du duc d'Angoulême, les gens qui n'aimaient pas que je pardonnasse aux inconsidérés l'instruisirent de cette affaire qui depuis plusieurs mois était complètement assoupie. Le Maréchal Soult, en l'apprenant, monta sur ses grands chevaux, et vint me trouver pour me démontrer le danger d'une indulgence préjudiciable à la discipline ; il me pressa vivement de livrer le *coupable* à la rigueur des lois ; je combattis long-temps, mais vaincu enfin par la persistance du ministre, je consentis à ce que le général Excelmans fût traduit devant un conseil de guerre. Cependant, regrettant bientôt une rigueur juste peut-être, je revins sur mon assentiment aux désirs du maréchal Soult.

Je pris en conséquence la détermination de suspendre l'effet de la mise en jugement, que je changeai en une retraite de quelques mois à Bar-sur-Ornain dans la patrie du général. Je fis dire en outre à ce dernier que s'il parvenait à se faire oublier de mes ennemis, je le rappellerais à Paris; il consentit à cette légère punition, et s'engagea à ne rien faire qui pût me déplaire; mais cette soumission ne fut pas de longue durée; il y a partout des brouillons et des factieux qui attisent la révolte et poussent au mal ceux que leur penchant n'y entraînerait point. Le général, entouré par des hommes de cette trempe, ne tarda pas à rétracter ce qu'il avait promis; il s'énonça par lettres avec une hauteur et une inconvenance que ma longanimité ne put supporter.

Le maréchal Soult, furieux, prit mes ordres. Je lui dis que, puisqu'il avait soulevé l'orage, c'était à lui à le conjurer. Le général Grundler reçut la mission d'aller arrêter le comte Excelmans; mais, avec une maladresse que je ne veux pas taxer de complaisance, il le laissa échapper de sa retraite. Le général proscrit intrigua encore, et adressa le 24 décembre 1814 une pétition à la chambre des députés, dans laquelle il se plaignait de la violation de son domicile, comme s'il n'était pas soumis au commandement du ministre de la guerre, et que la discipline militaire dût être sans force à son égard. Il prenait, du reste, l'engagement de se constituer dans la maison d'arrêt aussitôt qu'un tribunal compétent aurait été convoqué pour le juger. La chambre ayant été prorogée le 30, ne put donner aucune suite à cette réclamation.

J'exprimerais mal la peine que me fit éprouver cet acte d'insubordination. J'ai la vue longue, et j'y entrevis, je puis dire, les conséquences des évènemens qui se déroulèrent en 1815. Il me paraissait certain que mon gouvernement n'était pas fort, puisqu'il ne savait pas se rendre respectable. Assurément, aucun maréchal d'empire n'aurait osé se conduire envers Buonaparte comme le général Excelmans se conduisait envers moi. Les militaires ne sont audacieux que quand les princes sont faibles.

Je parlai de cette affaire à Blacas. Il m'assura que le comte Excelmans était fou ; à moi, il ne me semblait que téméraire. J'en dis aussi un mot au duc de Dalmatie, qui me répliqua qu'il fallait mener l'armée avec une verge de fer, si on voulait qu'elle se maintînt dans les bornes convenables ; je tenais à ne mécontenter personne, et je laissais faire lorsque je n'aurais dû agir que par moi-même.

Le maréchal établit un conseil de guerre, séant à Lille, dont la présidence fut donnée au général comte Drouet d'Erlon. M. Excelmans écrivit alors à ce dernier en termes sages et mesurés. Sa lettre militait déjà en sa faveur ; chacune de ses phrases le montrait bon royaliste et sujet dévoué : c'est une justice que je me plais à lui rendre. L'effet suivit de près ; le général Excelmans vint à Lille se constituer prisonnier. On le jugea le 23, selon toutes les formalités usitées, et il fut acquitté... Cela ne devait pas être, le délit était patent et il entretenait une correspondance avec un prince étranger, un ennemi direct de son souverain. Le tribunal, imbu des principes du général Excelmans, me refusa le plaisir de lui pardonner.

La tournure que prit cette affaire affligea les vrais royalistes ; le maréchal duc de Dalmatie en fut si péniblement affecté, qu'il eut une violente attaque de nerfs. On me proposa des mesures extraordinaires que je rejetai. D'après les dispositions des esprits, je pensais qu'il était plus sage de prendre patience que de faire un coup d'éclat.

Cependant, vers cette époque, saisissant un moment favorable où j'étais seul avec Blacas :

— Mon ami, lui dis-je, êtes-vous bien certain que la police surveille les mécontens ? est-elle aussi forte qu'on vous le fait entendre ? Je vous engage à y porter une attention scrupuleuse, car il me semble qu'il se passe autour de nous quelque chose que je ne puis bien éclaircir.

Blacas, touché de ce reproche enveloppé de bienveillance, me répondit, les larmes aux yeux, que jamais monarchie n'avait été plus solidement établie ; que partout on m'obéissait avec amour, que les provinces m'étaient dévouées, et que Paris seul renfermait un noyau de mal-intentionnés. Il défendit la police, qui, selon lui, faisait merveille, non-seulement par ses mesures en France, mais encore par ses investigations à l'étranger: Elle savait à point nommé tout ce qui se tramait, surveillait les quatre points de l'Europe; et, pour achever il me donna une foule de renseignemens sur la vie de Buonaparte à l'île d'Elbe.

Mon ministre, en me tenant ce langage, m'entretenait involontairement dans une erreur funeste: on était parvenu à lui faire croire tout ce qu'il me répétait. On connaissait son désir de m'éviter des chagrins, et les flatteurs adroits le servaient en conséquence. Ceux au contraire qui osaient lui dire la vérité passaient pour des alarmistes, des intrigans, dont le but était de se rendre nécessaires. Voilà pourquoi on put conspirer en quelque sorte à découvert autour de moi, sans que mes meilleurs amis s'en apperçussent.

Je parlai le lendemain dans le même sens à l'abbé de Montesquiou. Celui-ci fit mieux, il ne me comprit pas; mes terreurs furent repoussées comme des chimères. Il me prouva que j'étais beaucoup mieux assis sur mon trône que Louis XIV sur le sien. Le tort de mon ministère, en 1814, fut son excessive confiance dans la restauration. Ceux qui le composaient ne purent comprendre la possibilité d'un désastre prochain après un retour si merveilleux sous la protection de l'Europe en armes. Ces choses, il faut bien le dire, étaient rassurantes, et contribuèrent à nous maintenir dans cette sécurité qui perdit tout.

J'étais le seul peut-être dans mon conseil qui ne fût pas pleinement rassuré ; une inquiétude vague me tourmentait : je voyais surgir un danger autour de ma personne ; mais d'où viendrait-il ? je ne pouvais le deviner. Je reconnaissais peu de sympathie entre les nôtres et la masse de la population. Buonaparte, de son côté, m'inspirait des craintes vives et motivées. J'aurais voulu au clergé plus de patience et moins d'envie de revenir à l'ancien ordre de choses. Tout cela me faisait passer des nuits sans sommeil, et mes prévisions me tourmentaient d'autant plus que je ne voyais aucune cause précise d'alarmes.

Nous en étions à ce point au milieu de février, lorsque le duc d'Otrante, par un de ces actes d'habileté perfide qui lui ont si souvent réussi, tenta une dernière fois d'envahir ma confiance. Le succès n'eut pas lieu sur-le-champ ; mais j'avoue que, plus tard, le souvenir de cette démarche de sa part fut un des motifs qui me déterminèrent à lui accorder une place dans un ministère de la restauration.

La Châtre, l'un de mes fidèles, comptait aussi au nombre de ceux que j'appelais les *otrantistes*. Il s'était laissé prendre d'un bel enthousiasme pour le régicide, et chaque fois qu'il m'approchait, j'avais à subir l'éloge en trois points et avec subdivisions de l'ancien ministre de la police impériale. Je l'en plaisantais ; il se taisait ; mais, en véritable fanatique, il persistait à propager avec d'autres sa mauvaise religion.

Le 16 février, La Châtre me demanda une audience particulière. Il était de ceux que j'écoutais volontiers : aussi, ayant du temps à moi, je ne le fis pas attendre.

— Que me voulez-vous? dis-je.

— Je ne viens pas pour moi, répliqua-t-il ; mais comme l'ambassadeur d'un personnage dont le roi hésite à employer les talens.

Je compris tout de suite de quoi il s'agissait, et m'écriai :

— Je crois que si le duc d'Otrante vous conseillait de vous jeter du Pont-Royal dans la Seine pour le bien de ses affaires, vous n'hésiteriez pas à faire le saut.

— Du moins, sire, je ne balancerais pas si cela pouvait être utile à Votre Majesté. Mais puisque le roi veut bien m'entendre, voici de quoi il est question. Le duc d'Otrante m'a chargé de remettre directement à Votre Majesté le papier que voici. J'ai cru faire mon devoir de sujet dévoué en acceptant cette commission.

Et en même temps, il me présenta une enveloppe scellée de cinq cachets.

Dans ce mot *directement*, je retrouvai le mécontentement de l'auteur contre mon ministère. Cela ne me prévint pas en sa faveur, d'autant mieux que j'avais appris d'une personne qui voyait Barras, que le duc d'Otrante avait eu une entrevue avec ce dernier, pendant la nuit, sur le boulevard de la porte Saint-Antoine. Là des propos inconvenans avaient été tenus sur le compte des miens. Le duc d'Otrante s'y était montré en véritable ennemi de ma famille.

Barras, homme sage, résista aux avances, et traita durement son ancien protégé, auquel il reprocha son ingratitude envers lui ; l'ex-ministre tâcha de se disculper, présenta sa conduite sous le meilleur jour possible, mais sans succès. Barras refusa d'accepter ses propositions, et se maintint dans la ligne qu'il s'était tracée, celle du devoir, après tant de fautes et de crimes. Les deux interlocuteurs se séparèrent donc fort mécontens l'un de l'autre. Barras garda le silence assez long-temps sur cet incident ; mais, plus tard, lorsqu'il fut parti pour la Provence, j'appris tout par quelqu'un qui eut la mission de me raconter ce qui s'était passé dans cette rencontre, laquelle eut lieu vers le milieu de l'été de 1814.

J'étais donc peu disposé, en ce moment, en faveur du duc d'Otrante, et ma prévention me porta malheureusement à repousser avec dédain la planche de salut qu'il m'offrait. On va en juger par cette lettre qu'il m'écrivait :

Paris, ce 14 février 1815.

« Sire,

» Il est de mon devoir de sonner pour la der-
» nière fois le tocsin d'alarme aux oreilles de Votre

» Majesté : plus tard, ce serait inutile. Voilà l'heure
» où le roi doit se réveiller : un grand péril le me-
» nace : une vaste conspiration embrasse l'inté-
» rieur ; une politique machiavélique agit au
» dehors. Le coup éclatera prochainement : il faut
» y parer en toute hâte ; le moindre retard entraî-
» nerait la perte de la monarchie.

» Voici de quoi il s'agit :

» Les étrangers sont mécontens du développe-
» ment rapide que reprend la France. Son com-
» merce fait ombrage à l'Angleterre ; son *ultima-*
» *tum*, qui sauve la Saxe d'une spoliation entière,
» irrite la Prusse et la Russie. Quant à l'Autriche,
» c'est une ennemie naturelle qui ne peut que
» vouloir l'abaissement de notre beau royaume. On
» a cherché dans des conférences secrètes, dont le
» prince de Talleyrand n'a pas eu connaissance, à
» trouver le moyen de peser avec plus de poids sur
» la France. En conséquence, le général autri-
» chien Koller a été envoyé avec des précautions
» infinies auprès de Buonaparte, au nom de l'em-
» pereur son beau-père, pour l'exciter à tenter
» un débarquement. On travaille depuis votre
» retour à vous aliéner le cœur du peuple. L'armée
» ne rêve qu'à son empereur ; les officiers à demi-
» solde attendent de lui des merveilles, et se dé
» clareront en sa faveur aussitôt qu'il paraîtra.
» Le foyer de l'intrigue est dans l'hôtel de la du-
» chesse de Saint-Leu. MM. Montalivet, Regnault
» de Saint-Jean-d'Angely, Thibaudeau et Arnaud,

» sont les chefs civils de l'entreprise. Je ne vous
» nomme pas les chefs militaires, parce qu'ils se
» composent à peu près de tous les généraux.
» Carnot est avec eux, Merlin de Douai, Réal, et
» une foule d'autres que vous ne soupçonnez pas.
» Un grand nombre de femmes, madame Hamelin
» en tête, avec l'ex-reine de Hollande, la comtesse
» R..., mesdames B..., J..., M..., C... ne sont pas
» les moins actives. On se rapproche des républi-
» cains ; des concessions immenses leur ont été
» promises.

» Il y a une correspondance et un service per-
» pétuels de messagers et d'émissaires entre Paris
» et l'île d'Elbe ; le frère du général Bertrand,
» qui est près de Buonaparte, est venu au mois de
» janvier apporter les dernières paroles.

» Il ne faut pas contester un mot de ce que je
» dis, puisque je suis moi-même un des membres
» de la conjuration. J'ai dû m'y engager pour sau-
» ver à la fois le monarque et la monarchie ; je
» supplie donc le roi de se mettre au-dessus de
» toute considération humaine, de m'appeler, de
» m'entendre. Je tiens tous les fils ; si je les romps,
» la cause royale sera sauvée ; mais il faut de l'ac-
» tivité et de l'énergie ; l'hésitation perdra tout.

» Le roi a trop de sagesse et de perspicacité
» pour révoquer en doute cet avertissement. Écou-
» ter maintenant mes ennemis serait jouer sa cou-
» ronne. Le jeu est périlleux, que le roi y réflé-
» chisse, etc. »

Ici se terminait cette lettre que je conserve précieusement ; j'en pris lecture devant La Châtre, et je dois avouer que les faits circonstanciés qu'elle contenait furent précisément ce qui m'empêcha d'y ajouter foi. Cela me parut trop positif pour être vrai. Je n'y vis que le désir ardent du duc d'Otrante de m'inspirer des craintes. Il avait effrontément sacrifié une foule de noms, et me les avait jetés en manière d'amorce, espérant que je m'y laisserais prendre. Ce fut ma première réflexion, laquelle était fausse, je ne puis m'empêcher de le dire.

La Châtre attendait une réponse, bien qu'il ne sût qu'en gros ce que la lettre contenait. J'étais impatienté de la persistance et blessé d'un leurre que je ne voulais pas admettre ; aussi prenant la parole, je dis:

—Vous remercierez le duc d'Otrante de ses renseignemens ; j'en ferai l'usage convenable, et plus tard je jugerai s'il est bon que je l'appelle lui-même.

La Châtre, à cette réplique, me parut consterné ; il me conjura de faire taire, du moins pour l'instant, mes préventions contre son *commettant*. Il ajouta que ses avis venaient de bonne source, et qu'il y aurait du danger à les négliger.

Je fus ébranlé un moment par les sollicitations de La Châtre ; mais mon mauvais génie l'emporta. Je me rappelai ce qui s'était passé entre le vicomte de Barras et le duc d'Otrante ; puis je songeai au chagrin de Blacas, si j'appelais près de moi l'homme qui lui inspirait tant de méfiance. D'ailleurs cette méfiance, je la partageais ; et tout bien considéré, je repoussai l'avis donné, et m'enfonçai davantage dans les ténèbres qui m'enveloppaient de toutes parts.

J'ai parlé plus tard de cette lettre avec le duc d'Otrante; voici sa réponse :

« Je voulais vous rendre un service tellement signalé, que ni le roi, ni personne ne pût le contester. Je voulais en outre me placer dans une position où ma coopération fût indispensable, quoi qu'il arrivât. Je devins donc la cheville ouvrière du complot parce que les républicains s'entendirent avec moi, et que les buonapartistes eurent le bon esprit de m'apprécier à ma juste valeur. Si le roi avait eu l'heureuse pensée de m'accorder sa confiance, je lui aurais fait approuver une liste d'arrestation de cent individus des deux sexes. Cela eût brisé sur-le-champ le ressort de la conspiration, et Buonaparte, à son arrivée en France, ne se doutant de rien, se serait vu prendre comme dans un filet. Mais la destinée en avait décidé autrement. Il ne me fut pas donné de prévenir les fatales disgrâces des cent-jours.

— Mais, dis-je, si d'après les révélations de votre lettre, j'avais arrêté ceux qu'elle désignait?

— Les choses en seraient toujours restées au même point; je ne nommais que quelques hommes et quelques femmes; dès lors on ne savait rien, et le coup réussissait. Mon intention était bien de sauver le roi, mais non d'aider M. de Blacas à se maintenir dans son poste.

L'audace de cette explication me confondit : jamais on n'avait professé devant un roi avec plus d'arrogance la maxime égoïste du *primo mihi*.

Blacas, auquel je fis part de la lettre du duc d'Otrante, me conseilla de n'y faire aucune attention, surtout en ce qui concernait les souverains étrangers; il ne vit là qu'une malice dirigée contre lui et le prince de Talleyrand. Quant aux personnes que désignait Fouché, il convint qu'il fallait les surveiller de près, et donner à ce sujet des ordres précis à Dandré. Avant de rapporter comment s'y prit celui-ci, j'achèverai de faire observer que le révélateur adroit n'ayant pas précisé l'époque du débarquement de Buonaparte, il était impossible de prévoir qu'il aurait lieu dans le délai de quinze jours, comme cela arriva.

CHAPITRE XVIII.

Œuvre politique du roi à son retour.—Mesures qu'il aurait dû prendre.—Cause de sa conduite.—M Dandré.— Son rapport chevaleresque et sentimental sur la duchesse de Saint-Leu. — Madame R... et H..- Radotages du même sur quelques conspirateurs. — Redondance obligée de toute pièce adressée à un prince.— Le roi retombe dans son anxiété.— Mot du duc de Dalmatie pour le rassurer.—Première visite du roi au château de Versailles.—Impression qu'elle produit sur lui.— Sa réponse à Madame Royale.— Excursion à Saint-Cloud.— Le roi n'aime pas la chasse. — On le blâme.— D'autres l'aiment trop. — Prédiction faite à Louis XVIII sur le château de Versailles.— Et vérifiée depuis.

Dieu voulait que le salut de la France fût compromis une seconde fois, et il m'aveugla au moment où j'aurais pu prévenir une nouvelle catastrophe. Cette catastrophe fut d'autant plus funeste qu'elle survint à l'heure où j'avais le plus besoin de faire croire à ma force, où je commençais à m'affermir, où je me livrais à l'espérance de pouvoir bientôt rendre à ma couronne la suprématie que les malheurs de la guerre lui avaient enlevée. En un mot, jamais désastre n'arriva plus mal à propos.

Ce n'était pas ma faute pourtant si les élémens

de troubles se perpétuaient; j'avais fait mon possible pour rendre heureuse la nation qui me rappelait. Ma Charte devenait le fondement solide de sa prospérité à venir. Le commerce pouvant désormais porter son industrie dans les deux mondes, devait prendre avant peu un accroissement gigantesque ; la paix rendait à l'agriculture les bras dont elle avait besoin ; la liberté de chacun était garantie, toutes les existences affermies par la sagesse de mes lois ; le numéraire rentrait pleinement en circulation ; la demi-solde donnait aux militaires ce que jamais on ne leur avait accordé après le licenciement des armées; une activité étonnante portait les officiers vers des spéculations civiles ; tout enfin prospérait.

Mais un principe de mort détruisait tout le bien de la restauration. J'avais voulu revenir rappelé par le consentement de tous, et je m'étais refusé en conséquence à sévir contre aucun de mes sujets ; ce fut une grande faute, j'en conviens. J'aurais dû voir qu'à la suite de tant de commotions, le levain agitateur existait encore ; qu'il fallait le neutraliser au moyen de mesures avouées par la Providence. Voici, je crois, ce que j'aurais dû faire :

Bannir les régicides sans aucune exception, sauf à dédommager dans l'exil ceux qui, depuis leur crime, avaient rendu des services à l'État; renvoyer également les membres et alliés de la famille Buonaparte; montrer surtout moins de galanterie envers la duchesse de Saint-Leu ; avoir moins d'égards pour quelques généraux connus parmi les turbulens et les mauvaises têtes ; donner plus d'influence et de pouvoir aux maréchaux, qui, au fond, me préféraient à leur ancien maître ; renouveler en entier le personnel des administrations, des ministères ; créer partout des cours prevôtales, appeler aux mairies des hommes dévoués, purger la magistrature des hommes de la révolution ; former une garde royale, où l'on aurait appelé l'élite de l'armée; n'accorder aucunement la liberté de la presse, si dangereuse dans un État calme ; ne pas trop se reposer sur les bonnes dispositions de l'intérieur, ni sur le concours des étrangers ; et enfin prendre une résolution énergique, celle d'envoyer Buonaparte en Amérique, ou de le retenir en otage.

Ceci était ma pensée favorite ; il y avait entre cet homme et moi une guerre permanente. On a prétendu dans Paris, après les cent-jours, que Buonaparte, comme souverain, avait le droit de venir me combattre, si la fantaisie lui en prenait, ou s'il croyait avoir à redresser des griefs suffisans. Partant de ce principe, mon droit n'était-il pas le même ? me devait-il être interdit de faire ce qu'il a fait ? non sans doute, c'est un point que nul ne me contestera. Eh bien ! il fallait le tenter ce coup hardi et de réussite certaine ! une fausse générosité m'a retenu ; j'ai voulu être magnanime envers l'un des bourreaux de ma famille, et qu'en est-il résulté ? qu'il a mis à profit cette douceur, et que lorsqu'il a cru pouvoir m'attaquer avec avantage, il l'a fait sans s'inquiéter de ce qui en adviendrait.

Je n'essayai d'aucun de ces moyens ; je vins tranquillement me coucher au milieu de mes ennemis, leur conservant charges, titres, honneurs, fortune, position sociale ; leur laissant le libre maniement des armes qu'ils pouvaient tourner contre moi. A peine si, à de longs intervalles, quelques fonctionnaires furent déplacés. J'agis avec une confiance inprudente dont je fus cruellement puni. Tout le monde prit part à cette folie, à l'exception d'une poignée de gens à meilleure vue. Je citerai, parmi eux, le comte de Vaublanc, qui me donna toujours d'excellens conseils. J'aurais dû en profiter ; mais autour de moi on voulait tout savoir, tout faire, tout prévenir. La moindre coopération devenait importune ; il en résulta qu'avec la volonté de me bien servir, on me servit mal : il n'est pas un fait qui ne le prouve. J'éviterai désormais de m'appesantir là-dessus.

M. Dandré, auquel je fis communiquer, par Blacas, la lettre du duc d'Otrante, demanda huit jours pour s'assurer si les renseignemens qu'elle donnait étaient justes. C'était le 20 février ; la lettre était datée du 14, et huit jours nous conduisaient au 28 : qu'on se rappelle les dates. On me promettait un rapport le 28, concernant les mesures à prendre pour me sauver de Buonaparte ; et dès le 26, cet homme avait déjà quitté l'île d'Elbe, il

21.

était en route pour débarquer en France le lendemain du jour où le rapport me serait parvenu.

N'y a-t-il pas dans tout cela quelque chose d'extraordinaire, une fatalité désespérante ? M. le duc et madame la duchesse d'Angoulême venaient de partir pour Bordeaux, afin d'assister aux fêtes destinées à célébrer l'évènement du 12 mars 1814. Des plaisirs paraissaient les attendre dans toutes les villes du Midi qu'il parcourraient, et certes ils ne se doutaient pas plus que moi du terrible évènement qui nous était préparé.

Le 28 février, le directeur de la police générale arriva au château, muni de son rapport qu'il tenait à me lire lui-même. Blacas, qui aimait assez M. Dandré, accueillit sa prétention, à laquelle j'accédai également. Voilà donc mon homme, débitant, comme on dit, sa marchandise. Je ne transcrirai pas ici toute cette pièce, bien qu'elle soit fort curieuse ; en voici une partie qui fera juger du reste :

« Le duc d'Otrante cherche à se rendre néces-
» saire, et, pour y parvenir, il use des moyens que
» la délicatesse repousse, il expose à une surveil-
» lance fâcheuse des personnes qui, si elles ne sont
» pas royalistes, sont du moins tranquilles. Je sais,
» jour par jour, heure par heure, ce qui se fait chez
» madame la duchesse de Saint-Leu. On y regrette
» sans doute le passé, on s'y crée de belles chimères
» pour l'avenir ; mais de là à une conspiration
» flagrante il y a loin. Des regrets, des vœux ne

» sont pas des crimes, et la loyauté chevaleresque
» de la maison de Bourbon ne peut descendre à
» tourmenter des femmes parce qu'elles sont mé-
» contentes et qu'elles aspirent à améliorer leur for-
» tune. »

Ici Blacas interrompit le lecteur pour applaudir à ce qu'il appela sa courtoisie ; Dandré se rengorgea, et poursuivit :

» Quant à la comtesse R..., son attachement à
» Buonaparte tient du fanatisme. C'est une exalta-
» tion en quelque sorte respectable, et qui ne doit
» pas non plus effrayer personne. Cependant on
» lui fera tenir l'avis de montrer plus de circons-
» pection, et de ne pas manifester autant son
» enthousiasme ; mais ce sera avec les ménagemens
» convenables, et dont le gouvernement du roi ne
» s'écartera jamais. Madame H... regrette une pen-
» sion dont Buonaparte payait ses rapports ; le roi
» ayant jugé inutile d'accepter les mêmes services,
» la pension a été supprimée, et la dame en a tant
» de déplaisir, qu'elle cherche à se venger par une
» jactance inconvenante ; elle voudrait faire croire
» qu'on gagnerait beaucoup en l'achetant de nou-
» veau ; elle va partout clabauder, croyant semer
» vents et tempêtes à son profit. On pense que
» pour huit ou dix mille francs elle se rangerait du
» parti de la monarchie légitime, et les ordres du
» roi seront pris pour savoir si on doit acquérir
» cette fougueuse buonapartiste. »

Venait ensuite un long récit des démarches de

tous les personnages mentionnés dans la lettre du duc d'Otrante. M. Dandré prétendait que chacun d'eux était soumis à un service de surveillance, et que tous les rapports s'accordaient pour les représenter comme peu occupés à conspirer, mais à conserver ou à augmenter leur fortune. Le directeur général de la police en concluait que, loin de songer à rappeler Buonaparte, ils seraient trop heureux que je fisse luire à leurs yeux l'espoir de rentrer un jour en faveur. Le rapport finissait par la phrase suivante :

» Que le roi se repose sur le zèle de ses fidèles
» serviteurs ; leur vigilance, loin de s'endormir,
» redouble de constance et d'énergie. Ils sont d'ail-
» leurs noblement secondés par la masse de la po-
» pulation : elle adore le roi et son auguste famille ;
» elle sait que la prospérité de la France est attachée
» au règne des Bourbons. Les malveillans sont en
» petit nombre, plus atterés qu'à craindre. Non, la
» paix publique ne sera pas troublée ! Pourrait-elle
» l'être quand le roi a donné sa confiance à un sei-
» gneur dont les vertus et la science de gouverne-
» ment rappellent le cardinal de Richelieu d'im-
» mortelle mémoire ? »

A ces derniers mots, le pauvre Blacas sourit malgré lui ; mais se reprochant ce mouvement de vanité, il s'inclina par modestie. J'approuvai le compliment, bien que l'impression que je recevais ne fût pas favorable au rapport. Je ne sais quel instinct vague me faisait pressentir qu'on parlait mieux qu'on n'agissait dans mes intérêts; et c'était le 28 février, je le répète, que ceci avait lieu. Je dirai, sans ménagement, que l'erreur de l'ami Blacas était complète. Lui aussi s'accommodait tellement de la prétendue patience de mes ennemis, qu'il ne pouvait se faire à l'idée qu'ils pensassent à conspirer sérieusement.

Ce même jour le ministre de la guerre vint aussi au château. Je ne sais pourquoi il me trouva plongé dans de tristes réflexions. Je lui demandai si, en cas d'un soulèvement partiel, il se faisait fort de répondre du reste de l'armée. Voici ses propres paroles :

« Il est possible que trente coquins tentent un coup de désespoir ; mais je garantis qu'il ne s'en trouvera pas quarante. »

Qu'on s'étonne, après cela, si nous sommes trompés ! Pouvais-je douter de ce qu'attestait le duc de Dalmatie sur le personnel de l'armée ? Je repris donc plus de tranquillité, et me confiai davantage dans l'avenir. On sait comment je fus détrompé peu de temps après. Mais, avant d'arriver à cette époque funeste de mon histoire, j'ai à raconter quelques faits antérieurs.

Parlerai-je de la visite que je fis à Versailles, des sensations que j'éprouvai lorsque, après tant d'années d'infortunes, je me retrouvai dans ces lieux où j'avais passé avec tant d'éclat ma jeunesse, je pourrai dire heureuse, bien que des tracasseries sans nombre l'agitassent, et que souvent l'injustice des courtisans m'ait fait verser des larmes de dépit et de douleur. Je fus accueilli avec enthousiasme par les habitans. Mais, malgré moi, je leur reprochai, *in petto*, leur conduite coupable envers le roi mon frère. N'était-ce pas Versailles qui l'avait livré à Paris ? et, loin de le défendre, s'était réunie à ses assassins ? La punition, il est vrai, suivit le crime ; Versailles fut complètement ruinée par le départ de la cour : il ne lui resta rien de sa splendeur précédente, et sa population, qui dépassait quatre-vingt mille âmes, déclina rapidement à trente.

Il en fut ici, comme lors de mon arrivée aux Tuileries. J'eus besoin de demeurer seul un instant dans l'une des pièces de mon appartement où jadis s'étaient écoulés mes plus beaux jours ; là, assis près d'une table qu'on me dit m'avoir appartenue, j'évoquai le passé ; je revis mon auguste père, ma mère si tendre, si respectable, mon aïeul qui m'inspirait plus de crainte que d'amour, mon infortuné frère, sa femme si cruellement punie de quelques erreurs, ma sainte sœur Élisabeth et le jeune roi mon frère, et d'Avaray, et Montesquiou et une multitude d'hommes et de femmes alors d'un commerce si agréable, et que la hache sanglante du bourreau avait moissonnés ; il ne restait d'eux que des ombres silencieuses et désolées : je les voyais se glisser lentement dans les angles de la salle, je me mêlais à ce peuple de morts, déjà vieux par les chagrins plus encore que par les années ; je sentais que l'heure de les rejoindre ne tarderait pas à sonner pour moi.

Je m'étais promis du plaisir de cette course à Versailles, et je n'en rapportai qu'une profonde mélancolie. Le courage me manqua pour continuer mon exploration, et, après avoir formé le projet de visiter en détail cette maison royale et ses dépendances, je me repliai sur moi-même et hâtai le retour à Paris. J'ai toujours échappé plus facilement aux souvenirs pénibles dans le château des Tuileries que j'avais peu fréquenté avant la révolution. Je ne m'y suis d'ailleurs jamais trouvé aux journées funestes, et par conséquent le passé m'y importune moins. Quelque familiarisé que nous soyons avec certaines scènes, notre imagination ne nous les retrace qu'imparfaitement tant que nous n'en avons pas été le témoin.

Je ne suis plus revenu au château de Versailles, et je n'ai jamais surtout été désireux d'y rétablir la cour à ma rentrée. Ce n'est pas qu'on n'eût formé le projet de m'y rappeler ; Monsieur m'en dit quelque chose sans traiter à fond la question, ce fut ma nièce qui prit ce soin.

— Ma chère fille, répondis-je au long propos qu'elle me débita dans le but de me prouver que nous devrions aller planter nos pavillons à Versailles, vous ne vous êtes donc pas aperçue d'une particularité fort curieuse, c'est que la couronne de France appartient maintenant au roi domicilié aux Tuileries ; autrefois le peuple se laissait gouverner sans voir le monarque, maintenant il doit y avoir entre eux communication de tous les jours, ou, pour mieux dire, la folie de la nation est telle, que tout le royaume est renfermé dans Paris : qui donc soulèvera Paris, sera roi des départemens. Ce serait alors une grande faute que de livrer la capitale aux tentatives des factieux, en conséquence je n'en sortirai que pour aller à Saint-Cloud, et, encore ce ne sera pas sans inquiétude.

Les royalistes s'imaginaient, au contraire, que Versailles était l'unique siége convenable à ma dignité. D'ailleurs les courtisans pensaient que, là, j'aurais été plus à eux qu'à Paris, où trop d'intrus se faufilaient parmi la troupe sacrée. Mais moi qui me savais, et qui me voulais roi de tout le monde, j'imposai silence aux courtisans sur ce point, lorsqu'ils osèrent venir m'en parler après Madame, et on cessa de me tourmenter à ce sujet.

Saint-Cloud, que je destinais à être mon château de plaisance pendant la belle saison, ne m'appartenait pas légitimement. C'était la propriété de ma nièce en sa qualité d'héritière de la reine sa mère. Louis XVI l'avait acheté, du duc d'Orléans, quatorze millions et en avait fait cadeau à Marie-Antoinette. Cette propriété nationale, non vendue pendant la révolution, était devenue propriété de la couronne impériale. A ma rentrée, Madame la réclama, le domaine fit opposition, parce qu'il ne doit rien rendre de *proprio motu;* mais attendu qu'un acte judiciaire le déposséda, ma nièce se piqua de cette résistance, et, un beau jour, elle me demanda, les yeux pleins de larmes, si elle serait la seule émigrée à laquelle on ne rendrait pas son bien non vendu. Je me hâtai de lui répondre qu'elle pouvait le regarder comme sa propriété, mais que je la priais de vouloir me permettre d'aller y occuper une chambre.

La chose aurait pu passer en manière de plaisanterie, mais ma royale nièce est peu rieuse, elle traite tout avec gravité, et ne se contenta pas de mon badinage. Il fallut donc employer des formes juridiques, et lui accorder la nomination du gouverneur et des employés subalternes. Alors elle se crut réellement chez elle, et la paix rentra dans le ménage. Cette princesse, plus encore que les rois de Prusse dans leur grand-ordre de l'aigle-noir, devrait prendre la devise *suum cuique*.

Buonaparte affectionnait Saint-Cloud, à cause de sa proximité de Paris. Quand je fus m'y établir, je trouvai ce lieu tout plein de sa mémoire bien plus que les Tuileries. Ce qui me frappa fut la simplicité du mobilier dont un financier de l'ancien régime ne se serait certainement pas accommodé. Ce n'étaient que bois peints, étoffes communes, point de riches tentures, partout une mesquinerie bourgeoise.

Ma nièce me fit les honneurs de *son château* avec une grâce infinie. Elle s'établit dans ce lieu et occupa bientôt son activité à en connaître le fort et le faible. Il ne s'y passa rien au dedans comme au dehors qu'elle n'en fût la première informée, et souvent les épisodes des amours de nos gens ré-

créaient nos causeries intimes. Madame Royale avait
soin qu'un mariage s'ensuivît. Qu'elle a fait d'heureux de ce genre, par ses bienfaits, si cela peut
s'appeler du bonheur !

Je ne me souciai ni de Compiègne ni de Fontaine-
bleau, ou autres châteaux de la couronne dont mon
frère et mes neveux prirent possession en mon nom
pour s'y livrer au plaisir de la chasse. Monsieur
s'avisa de devenir le Nemrod moderne. J'eusse dé-
siré qu'il restât un peu plus aux Tuileries, afin de
satisfaire aux exigences de la population, qui
s'avisait parfois de prétendre qu'un héritier du
trône pourrait mieux se préparer à la royauté en
s'adonnant à des travaux sérieux, qu'en passant la
meilleure partie de son temps à courre la grosse
bête et à la chasse au vol. Je sais, moi, que Monsieur trouve le loisir de remplir ses devoirs, mais
la multitude, qui ne peut avoir la même assurance,
a remarqué et répété que Buonaparte n'allait prendre qu'une fois par semaine le noble divertissement
des héros.

J'ai peu aimé cette manière d'occuper les journées. Je suivais, dans ma jeunesse, le roi mon
frère, par pure complaisance, car je préférais la
vie paisible de mon intérieur, des récréations intel-
lectuelles et convenables à un prince. On s'en plaignait, on aurait voulu faire de moi un chasseur, et
parce qu'il ne me convenait pas de courre le cerf,
on en conclut que je conspirais contre la paix de
l'État. Il y a des défauts dont à la cour on fait des

vertus pour les princes, et des qualités qu'on leur impute à crime. C'est selon que la chose plaît ou déplaît aux courtisans.

Je me rappelle que la reine Marie-Antoinette me reprochait souvent mon goût pour la retraite, et lorsque je voulus voyager, elle prétendit que je ne pouvais pas me tenir tranquille. Aussi, dès-lors, et depuis, je me suis bien convaincu de la profondeur de ce vers de La Fontaine dans la fable du *Meunier, son fils et l'âne.*

On ne peut contenter tout le monde et son père.

Je ne sais si l'on connaît une singularité piquante sur la destinée du château de Versailles. La voici telle que je la tiens du duc de La Vauguyon, mon gouverneur, à qui Louis XV mon aïeul l'avait racontée.

Lorsque Louis XIV se décida à bâtir Versailles dans sa pleine magnificence, mademoiselle de la Vallière, alors fort avant dans ses bonnes grâces, lui demanda s'il avait fait faire le thème de nativité de son château. C'était encore une époque où les rêves de l'astrologie judiciaire étaient en vogue. Le roi, fort au-dessus de ces faiblesses, répondit négativement. La duchesse lui ayant conseillé de ne pas négliger cette formalité, il se mit à rire et la pria de prendre ce soin elle-même; elle obéit, et un cabaliste célèbre fut appelé à cet effet. Il apporta son travail, et la duchesse, à laquelle il le

communiqua d'abord, y lut qu'un siècle après la construction de Versailles, les Tuileries redeviendraient la résidence habituelle des rois de France.
— Retourneront-ils ensuite à Versailles? demanda mademoiselle de la Vallière. L'astrologue hésita à répondre, mais la question ayant été répétée: — Non, dit-il, le peuple ne le voudra pas.

Une telle raison devait peu convenir à l'absolu Louis XIV, il fallut pourtant la lui rapporter. Il l'écouta en silence, puis il dit :

— Mes successeurs seront bien chers à la nation, puisqu'elle ne consentira plus à les perdre de vue; c'est un bonheur que je leur envie.

Depuis ce moment il cessa de traiter ce sujet; sa belle amie, plus curieuse, pressa le cabaliste de lui apprendre la véritable cause de ce changement forcé de demeure pour les rois de France. Lui, persista à la taire, prétendant que l'explication de Louis XIV devait être la meilleure. Il est certain que cent ans après Versailles fut abandonné. Mais en lisant le rapport des évènemens des 5 et 6 octobre, la postérité dira si ce fut pour répondre à l'amour du peuple.

CHAPITRE XIX.

Situation de l'Europe avant le congrès de Vienne — Édifice politique à reconstruire. — Les souvenirs de Vienne.— Quelques ambassadeurs. — Comte Alexis de Noailles. — M. de La Besnardière. — Lord Castlereagh. — Comte de Nesselrode. — Prince de Hardenberg. — M. de Humboldt. — Prince de Metternich. — Son système. — Surnom que lui donne le roi. — L'Espagne et M. de Labrador son représentant. — Les envoyés de Sicile et de Naples. — Question à décider par le congrès. — Il réunit la Belgique à la Hollande. — Ce que le roi pense de cet acte. — La Norwége est à ranger entre la Suède et le Danemarck.—Fierté adroite du comte de Lowenheim. — Abandon des droits de Gustave IV. — Ouverture du congrès. — On éconduit injustement la France et l'Espagne des premières négociations. — Cause de l'éloignement de l'empereur Alexandre pour le prince de Talleyrand. — Le roi refuse une archiduchesse qu'on propose pour femme au duc de Berry.

La campagne de 1814 avait changé la face de l'Europe. Naguère encore, le vaste empire français s'étendait des bords de la Baltique à l'extrémité de l'Italie, et s'avançait considérablement en Allemagne, au moyen de la confédération du Rhin, dont les princes étaient par le fait les préfets couronnés de Buonaparte. Les chances de la guerre élevèrent cet édifice gigantesque aux dépens de

22.

l'ancien système d'équilibre et de pondération. Les villes anséatiques, la Hollande, la Belgique, les électorats de Trèves, de Mayence, de Cologne, l'électorat de Hesse, une multitude de petits États, toute la noblesse médiate de la Germanie ; la Suisse, le Piémont, Gênes, l'Espagne, le Portugal, le Tyrol, la Haute-Italie, la république de Venise, l'Illyrie et ses dépendances, la Toscane, le patrimoine de Saint-Pierre, et le royaume de Naples appartenaient sous un nom ou un autre au même sceptre. Charlemagne n'avait pas eu une domination plus colossale, mais pour qu'il fût possible de la conserver dans son intégralité, il fallait le concours d'une foule de circonstances que la seule prudence humaine ne pourrait pas déterminer.

La première condition tenait à l'existence du conquérant, la seconde à ce qu'aucun évènement ne vînt heurter ce que la fortune avait arrangé dans un de ses caprices ; mais elle joua son jeu ordinaire, et dès 1808, le germe qui devait détruire la puissance de Buonaparte commença à fermenter. L'Espagne, en se révoltant contre son incroyable fourberie, donna le signal de la résistance. L'expédition de Russie fut le second ébranlement donné à l'usurpateur, et son entêtement devint le troisième. Il tomba tout-à-coup, et le choc disjoignit soudain les diverses parties de cette agglomération extravagante.

Il n'était pas facile, au milieu de ces débris composés eux-mêmes de morcellemens antérieurs, de remettre chacun en possession de son domaine primordial. La justice cependant l'exigeait, mais les souverains décidèrent qu'elle ne serait que partielle, que les principes d'équité qu'on accusait Buonaparte d'avoir violés, ne pouvaient être applicables qu'à quelques individus. Ainsi, il y eut deux sortes de justices, celle que réclamèrent les grands états, et celle qu'on dénia aux petits. On devait compter avec les premiers de clerc à maître, et on n'accordait même pas aux seconds ce qu'on appelle une cotte mal taillée. On les traita comme l'avait fait le ci-devant usurpateur, et la chute de celui-ci ne rendit pas meilleure leur situation.

Il fallait cependant édifier de nouveau un autre système politique, asseoir les bases de la grande république chrétienne. Mais les prétentions des forts égalaient les réclamations des faibles; un congrès devenait indispensable; il convenait de traiter en commun ces grandes questions, sous peine de recourir à la chance des armes, et de prolonger le cours de guerres sanglantes dont les peuples ne voulaient plus. Le traité de Paris décida, le 30 mars, qu'une réunion de tous les souverains aurait lieu à Vienne deux mois après, et que là toutes les réclamations entendues, la majorité des quatre grandes puissances arrêterait définitivement, et sans appel, la circonscription des états de l'Europe.

Ce fut une nouvelle qui réveilla beaucoup d'intérêts, qui inquiéta une foule de gens, d'autant mieux que personne n'osa croire que le droit de tous serait respecté. Les sollicitations, les intrigues, les projets d'association, de garantie réciproque, sans fondemens, commencèrent aussitôt. On eut le temps de se préparer, car ce congrès ne s'ouvrit pas à l'époque fixée. Des affaires ayant rappelé l'empereur Alexandre en Russie, où il demeura jusqu'en septembre, il n'arriva à Vienne que le 25 de ce mois. Là se réunirent aussi les rois de Prusse, de Danemarck, de Wurtemberg, et une foule de princes de diverse importance, chacun ayant de bonnes raisons pour faire acte de présence.

Les souverains venus en personne, et ceux qui ne parurent pas à Vienne, avaient des ministres plénipotentiaires chargés de les représenter, et de discuter leurs intérêts. Ceux-ci devaient soutenir le combat des conférences, en souffrir les désagrémens, et lutter de leur mieux, afin de perdre le moins possible.

Mes envoyés furent : le prince de Talleyrand-Périgord, l'une des capacités politiques de l'Europe, bien vu de tous les cabinets étrangers, et dont l'habileté, en diplomatie, n'était contestée par aucun. Aussi, afin qu'elle ne tourmentât pas les meneurs, on prit une détermination inconvenante, celle que la France ne serait appelée au congrès que comme assistant aux délibérations. On débuta par la placer en dehors du droit commun, sous prétexte qu'en nous rendant à elle tout avait été consommé ; que le traité de Paris ayant déterminé la situation de ce royaume, vis-à-vis du reste de l'Europe, il n'avait plus à se mêler aux décisions de celles-ci.

C'était un vrai sophisme ; mes ministres plénipotentiaires firent les protestations convenables ; et loin de se tenir à l'écart, ils se lancèrent au milieu des débats presque toujours avec succès.

Venaient ensuite le duc d'Alberg, MM. Alexis de Noailles, de La Tour-du-Pin et La Besnardière. On connaît les deux premiers ; le troisième avait de la bonne volonté ; le premier était habile ; quant à Alexis de Noailles, il dut sa nomination à Monsieur, et à ma reconnaissance des services nombreux qu'il avait rendus à la cause de la légitimité. Il avait en outre le secret de mon conseil, et je pouvais me reposer sur lui.

M. de La Besnardière, tête forte et carrée, seconda chaudement le chef de l'ambassade dont il fut le véritable agent. C'était lui qui tenait la correspondance purement diplomatique. Le prince de Talleyrand s'en était réservé une plus directe, puisqu'elle m'arrivait sans intermédiaire. Je ne la laissais voir dans toute son étendue qu'à Monsieur et à Blacas. M. de Talleyrand l'égayait par le détail de la chronique scandaleuse des amusemens privés du congrès, et certes le champ était vaste. Je ne puis l'insérer ici, mais elle ne sera pas perdue pour le public. Madame de..., à qui j'en ai fait cadeau, l'emploiera plus tard comme il lui conviendra.

Lord Castlereagh était le premier plénipotentiaire de la Grande-Bretagne. Il avait un esprit ardent, despotique, et était plein de haine pour la France. Il voulait créer un nouveau mode de pondération européenne, détestait, en outre, la Russie, parce qu'il la redoutait dans l'avenir, tandis qu'il désirait appuyer la Prusse et la maison d'Orange, afin de former de l'une un rempart contre le Nord, et faire de l'autre une sentinelle avancée contre la France. Ce diplomate n'acheva pas son œuvre ; le cabinet de Saint-James le rappela plus tard en Angleterre. Le lord duc de Wellington vint le remplacer. Il arriva avec une haute réputation militaire, mais les habiles du congrès ne le craignirent pas autour de leur tapis vert. Les lords Clancarty et Stewart, et le général Cathckart, étaient les acolytes de lord Castlereagh; les deux premiers jouissaient d'une renommée justement acquise; et le de rnier, moins profond peut-être, cachant sous des formes lourdes une adresse peu commune, souvent faisait dupes ceux qui osaient se moquer de lui.

La Russie était représentée par le comte de Nesselrode et M. Rosoumoffsky. Celui-ci demeura perdu dans la foule ; l'autre joua un rôle important. Il possédait l'entière confiance de son maître, qui le laissait toujours agir, excepté lorsqu'il prenait fantaisie au czar d'être lui-même son ambassadeur, ce qui arrivait quelquefois.

La Prusse, qui voulait obtenir plus qu'elle n'avait perdu, et dont les intérêts étaient en opposition active avec ceux de tout le nord de l'Allemagne, sentit la nécessité de choisir des négociateurs capables de soutenir sa cause. Elle ne put mieux rencontrer que ceux qu'elle envoya à Vienne.

La France n'a pas à se louer du prince de Hardenberg, lequel dans tous les temps lui a été contraire. C'est lui qui, en 1815, proposa et fit adopter les conditions qui nous furent si préjudiciables. Cependant, je ne puis m'empêcher de rendre à ses talens la justice qu'ils méritent, ainsi qu'à la fermeté et à la constance avec lesquelles il a suivi, depuis 1781, le même système politique, sans se laisser abattre par les obstacles. Il possède un sens exquis, un tact parfait ; son coup d'œil a une profondeur peu commune, et lorsque la Prusse le perdra, elle aura à pleurer un grand homme d'État.

M. de Humboldt, frère du fameux naturaliste de ce nom, accompagna le prince de Hardenberg. Ici encore on retrouve autant de capacités que de connaissances positives ; puis une science diplomatique poussée très-loin. Ces deux personnages jouèrent un rôle principal au congrès de Vienne, où, s'ils n'obtinrent pas tout ce qu'ils demandaient, ils surent cependant faire accorder au roi leur maître de quoi le dédommager amplement des pertes passées.

J'ai parlé en dernier de l'Autriche parce qu'elle doit faire les honneurs de sa maison. Ceux qui la représentèrent diplomatiquement au congrès de

Vienne furent : le prince de Metternich et le baron de Wessemberg ; celui-ci, digne conseiller aulique, rompu aux affaires, ne parut là néanmoins que pour tenir la plume. Il fut constamment absorbé dans les rayons de son collègue.

Le prince de Metternich jouit d'une réputation européenne méritée ; il joint à l'aptitude aux affaires, les formes gracieuses de la bonne compagnie. Il a su, dès son début, faire de la politique avec de la galanterie ; les dames de la cour de Buonaparte peuvent certifier toute son amabilité. M de Metternich a rendu à l'empereur d'Autriche l'influence qu'il avait perdue, en abandonnant son titre d'empereur d'Allemagne ; il est à la tête de la civilisation royale contre l'anarchie démagogique. La république, sous quelque forme qu'elle se présente, n'a pas d'ennemi plus acharné, plus persévérant ; il voit dans la propagande le plus dangereux adversaire de la chrétienté, et en conséquence, il la poursuit sans relâche. Buonaparte aurait pu, peut-être, se le rallier en 1815, s'il avait annoncé, à son retour, la continuation de ses formes monarchiques ; mais ayant manifesté, au contraire, qu'il comptait s'appuyer sur la démocratie, dès-lors il fut mis mentalement hors la loi européenne par le prince de Metternich.

Je ne puis mieux faire l'éloge de ce personnage, qu'en le qualifiant de *pilier de la monarchie*. Je sais qu'en vertu de son idée-mère il a toujours insisté pour le plus grand abaissement de la France ;

il prétendait que le vrai péril des rois viendrait de notre nation, parce qu'elle serait perpétuellement égarée par une fantaisie mal calculée de l'indépendance et d'une vaine liberté. Il répétait sans cesse en 1814 et en 1815 : Muselez et garrottez la France, si vous ne voulez que tous les trônes s'écroulent un beau matin. Nous devons regretter qu'il pense aussi défavorablement de notre patrie. Il serait glorieux de lui donner un démenti par notre sagesse à venir.

Après les ministres plénipotentiaires des cinq grandes puissances, venaient ceux des États inférieurs. Le royaume qui parmi ceux-ci occupait le premier rang, et qui aspirait à marcher l'égal de la France, de la Russie, de la Prusse et de l'Angleterre, était l'Espagne; favorisée en cette circonstance dans ses prétentions, par le courage indomptable que ses peuples venaient de déployer contre la tyrannie que Buonaparte avait essayé d'étendre sur eux, l'Espagne en était sortie vigoureuse; mais elle seule pouvait se faire l'illusion que ce succès avait dépendu uniquement d'elle-même. L'assistance de l'Angleterre fut le véhicule principal qui la soutint, et finit par lui assurer la victoire. Toute l'Europe le savait, et voyait clairement que la Péninsule, abandonnée à ses propres forces, ne soutiendrait que faiblement le choc d'une puissance supérieure. Aussi, en vain cherchait-elle à se mettre sur la première ligne; on lui faisait des politesses, mais en la repoussant en arrière.

M. de Labrador avait la commission difficile de

faire compter l'Espagne pour quelque chose là où, comme la France et tant d'autres États, il avait été résolu qu'elle ne jouerait qu'un rôle négatif. M. de Labrador ne manque ni d'esprit ni de souplesse, qu'il sait dissimuler sous une fierté superbe toute castillane. Sa tâche était délicate, et il ne la remplit qu'à moitié.

Le commandeur Ruffo, depuis prince de Castelcicala, avait aussi une mission difficile à accomplir, celle de défendre la branche espagnole de la maison de Bourbon assise sur le trône des Deux-Siciles. Elle était alors réfugiée dans la Trinacrie, tandis que Murat possédait son beau royaume de Naples. M. Ruffo devait s'entendre avec M. de Labrador, et contrebalancer les intrigues des deux envoyés de Murat, le duc de Campochiari et le prince de Carriatti. J'oubliais un second ministre du roi Ferdinand, le duc de Serra-Capriscola.

Je ne passerai pas en revue les autres ambassadeurs des têtes couronnées et des divers États. Quiconque se croyait monarque, prince, chef ou peuple, avait envoyé à Vienne son représentant dans le but de se faire reconnaître, ou du moins de constater son existence par le seul fait du rejet de ses prétentions.

Voici en peu de mots, quelles étaient les questions importantes à décider :

1° Le renversement complet du système de Buonaparte, et l'anéantissement absolu, présent et à venir de la suprématie française ;

2º Les mesures secondaires par lesquelles on opposerait des barrières aux tentatives futures de la France contre l'Europe ;

3º La recomposition du royaume de Pologne sur une échelle large, et qui la replaçât au moins à la hauteur dont Buonaparte l'avait fait tomber ;

4º Les restitutions que demandait l'Autriche, et les concessions qu'elle exigeait ;

5º La disposition du duché de Varsovie ;

6º Un nouveau remaniement de l'Allemagne accommodé de manière à ce que chaque État parût indépendant, et se trouvât, en réalité, sous le patronage de la Prusse ou de la Russie ;

7º La destruction du royaume de Westphalie et la création de celui dont la maison royale d'Angleterre voulait faire son domaine particulier ;

8º Un règlement pour l'Italie ;

9º Enfin une foule de décisions importantes qui se rattacheraient aux précédentes.

La Prusse et la Grande-Bretagne, liées par les nœuds du sang, voulaient établir d'un commun accord, au nord de la France, un royaume qui, par sa position géographique et sa consistance, pût la tenir en échec. La chose était facile, en réunissant sous la même domination les Pays-Bas et la Hollande. Ces deux États, séparés depuis à peu près trois siècles, allaient recommencer une vie commune, bien que de longues guerres, une différence de culte, des rivalités de commerce, de religion et autres, eussent posé entre eux des barrières difficiles à effacer. Les alliés ne s'y arrêtèrent pas; ils crurent que leur volonté suffisait à consommer l'alliance; mais ils se sont trompés complètement.

J'ai mieux vu qu'eux ; et, à la consternation de mon conseil, lorsqu'il m'apprit la décision du congrès, je répondis:

— Messieurs, je m'applaudis de ce qui vous afflige; on ne parviendra jamais à unir intimement, l'eau et le feu, le Brabançon et le Batave. Le plan qu'on adopte assure la Belgique à la France, qui sera reçue à bras ouverts la première fois qu'elle portera la guerre dans ces contrées. Que dis-je? les Belges n'attendront peut-être pas ce moment pour se réunir à nous.

Ce que j'ai dit, je persiste à le croire ; l'avenir décidera si j'ai eu tort.

La Prusse, en outre, prétendait faire disparaître à son profit la royauté saxonne, et étendre ses frontières jusqu'aux nôtres.

Vers le Midi, l'Autriche, qui convoitait à l'avance toute l'Italie, cherchait également à poser une digue contre la France, et pour cela, elle demandait que le Piémont fût augmenté du duché de Gênes.

L'Espagne, de son côté, osa parler de la restitution du Roussillon; le prince de Talleyrand, aussitôt, réclama toutes les provinces entre les Pyrénées et l'Èbre, en vertu du droit de Charlemagne, l'un de mes prédécesseurs. Cette plaisanterie de bon goût fit tomber une prétention qui n'aurait pas dû être élevée, et il n'en fut plus question.

Une querelle devait avoir lieu entre le Danemarck ; d'une part, dont les mandataires furent les comtes de Bernestorff, fils et petit-fils du célèbre ministre de ce nom, mort en 1797 ; et la Suède de l'autre, représentée par le comte de Lowenhielm. Il s'agissait de la Norwége, dont le Danemarck prétendait la restitution, et que le roi de Suède ne voulait pas céder, appuyé qu'il était sur les talens du prince royal Charles-Jean, et sur les services que celui-ci avait rendus à la coalition.

Il y aurait eu une autre question non moins importante à décider, celle de l'infortuné Gustave IV. Certes il était digne des souverains assemblés de poser en principe le dogme sacramentel de la légitimité, et d'établir en règle qu'un peuple n'avait jamais le droit de rompre seul le contrat qui le lie à son prince. Cette question si importante pour toutes les couronnes fut à peine effleurée. Le comte de Lowenhielm, dès qu'il en eut connaissance, déclara qu'il ne pouvait consentir à ce que le débat fût ouvert. Il ajouta qu'à la première tentative qui en serait faite, il se retirerait, et que la nation suédoise seroit convoquée pour traiter ce point en contradiction avec le congrès. La haute opinion qu'on avait à Vienne du prince Berdanotte porta les souverains à ordonner qu'on passât outre touchant les réclamations de Gustave IV, qui ne fut soutenu que par la France, l'Espagne, le Portugal et la Sicile. L'empereur Alexandre se prononça contre lui, quoique tout lui fît un devoir de défendre cette cause

23.

sainte. Mais il avait en ce moment transporté sur le prince Charles-Jean l'affection chevaleresque et chaleureuse que Napoléon lui inspirait précédemment.

Le congrès fut ouvert le 16 septembre, non publiquement et avec le concours de tous ceux qui avaient intérêt à y paraître, mais sous des formes mystérieuses entre les ministres plénipotentiaires de l'Angleterre, de l'Autriche, de la Prusse et de la Russie. La première détermination prise annonça que les quatre puissances susdites entendaient faire la loi aux autres États. L'interprétation donnée à l'article premier des conventions secrètes du traité de Paris ne laissa aucun doute sur leur résolution. Cet article portait:

« La disposition à faire des territoires auxquels
» Sa Majesté Très-Chrétienne renonça par l'article
» 5 du traité patent, et les rapports dont il devait
» résulter un équilibre réel et durable en Europe,
» seront réglés, au congrès, sur les bases arrê-
» tées par les puissances alliées elles-mêmes. »

Cela ne voulait pas dire que la distribution de ces États dût être faite sans ma participation, car enfin je comptais parmi *les puissances alliées*. Cependant on en conclut tout le contraire: la France et l'Espagne, dont les prétentions étaient encore mieux appuyées que les miennes, furent repoussées dans la foule. Le partage aurait lieu par la seule volonté des quatre cours, et quand il serait consommé, on appellerait la France et l'Espagne *pour donner leur avis , et faire des objections , si elles le jugeaient à propos , qui seraient discutées avec elles.*

Je m'écriai en apprenant ceci, que, du moins cette fois, je ne pourrais, ni mon frère Ferdinand, dire avec Sosie, dans *Amphitryon* :

Le seigneur Jupiter sait dorer la pilule.

Car on ne craignait pas de nous la faire avaler dans toute son amertume.

Le prince de Talleyrand et M. de Labrador protestèrent ; mais ce fut en vain. La force devenait le droit chez ceux-là mêmes qui naguère, par leurs proclamations, annonçaient solennellement à tous les peuples qu'ils ne prenaient les armes que pour rétablir le droit contre la force. Les hommes changent de langage et non de nature.

J'expliquerai bientôt quelle était la pensée dominante de chacune des quatre puissances, lorsqu'elles refusaient avec tant d'injustice le concours des autres États. Je dirai seulement ici que toute l'habileté du prince de Talleyrand ne put lui conserver les rapports agréables qu'il avait eus précédemment avec l'empereur de Russie. Celui-ci aurait souhaité qu'on lui demandât en mariage une de ses sœurs pour M. le duc de Berry, et comme les insinuations qu'on essaya de sa part ne furent pas écoutées, il s'en prit au chef de mes plénipotentaires, et il eut tort.

Ce fut moi qui ne crus pas que la position de ma famille me permit de donner à mon neveu une grande-duchesse pour femme. Je venais de refuser une princesse de la maison d'Autriche, afin de ne pas doubler l'alliance forcée qui existait entre nous et Buonaparte, et aussi pour éviter de présenter aux Français une troisième princesse sortie d'une maison pour laquelle leur antipathie se prononçait. Je craignis, en acceptant la proposition de la Russie, de mécontenter l'Autriche, et la prudence et mon inclination firent pencher mon choix vers une femme de notre sang, une princesse napolitaine.

CHAPITRE XX.

Suite des opérations du congrès de Vienne. — Ce que voulaient l'Angleterre, la Russie, la Prusse et l'Autriche. — Plaintes qu'Alexandre fait au roi sur ses ambassadeurs. — Comment il lui répond. — Plusieurs souverains se rallient à la France. — Détails politiques. — Alliance secrète conclue entre les cours de Paris, de Londres et de Vienne. — L'Allemagne se refuse à rétablir l'empire romain. — Affaires de l'Italie. — Note vigoureuse de l'Espagne. — Murat en jeu. — Situation hostile des puissances au congrès.

Les quatre puissances avaient chacune leur idée fixe dont elles ne se départaient pas, et auxquelles il fallait soumettre le reste de l'Europe. Ces armes, qu'elles avaient prises pour imposer des bornes à l'ambition de Buonaparte, ne devaient plus être abandonnées que quand la leur serait satisfaite.

Le gouvernement anglais avait pour but la formation des deux royaumes de Hanovre et Belgo-Batave. Le premier devait servir de patrimoine et de retraite à la maison régnante dans la Grande-Bretagne, lorsque arriverait le cas facile à prévoir où une famille étrangère remplacerait celle-ci sur le trône qu'elle occupait. Le prince de Galles, héritier présomptif, n'avait qu'une fille, qui nécessairement prendrait un mari parmi les princes du continent européen. Alors la maison de Hanovre ne serait plus qu'en seconde ligne sur la terre britannique, et le rôle peu agréable qu'elle y jouerait lui ferait peut-être préférer posséder un royaume en propre, où elle irait continuer à régner. Cet État se composerait de l'ancien électorat de Hanovre et des autres pays dont on l'arrondissait.

C'était là une question trop importante pour être jamais abandonnée. On devait croire que le cabinet anglais s'opposerait à toutes combinaisons qui ne le satisferaient pas ; et pour obtenir ce qu'on désirait de lui, il fallait donc consentir à d'autres injustices de sa part.

L'Anglettere, par l'extension imprimée à son commerce et à sa marine, n'avait plus à redouter la concurrence de la Hollande, qui, au contraire, lui devenait une factorrie permanente. Il fallait en conséquence la placer sur un pied respectable, et pour cela l'accroître de la Belgique, dont la population et les places fortes deviendraient une barrière contre la France. L'Angleterre d'ailleurs exercerait là ce patronage souverain dans lequel elle se maintiendrait à l'égard du Portugal, de la Sicile et de Naples.

Enfin il fallait à l'Angleterre la suzeraineté des îles Ioniennes, afin que l'Europe continentale fût assiégée par ses flottes protégées dans de bons ports du midi au septentrion. Tout cela annonçait une ambition formidable ; on l'eût repoussée vivement à une autre époque; mais dans ce moment les quatre puissances se disaient l'une à l'autre : Passez-moi la *rhubarbe*, *je vous passerai le séné.*

L'empereur Alexandre voulait, de son côté, faire de la Pologne un royaume soumis à sa domination. Il faisait de la réussite de ce plan une affaire d'amour-propre et toute personnelle. Ce prince en poursuivait l'exécution avec une constance, une hauteur non déguisée, qui inquiétaient beaucoup les autres alliés, mais auxquelles nul n'osait s'opposer ouvertement. Le czar avait annoncé que, plutôt que de renoncer à son projet, il le soutiendrait par une guerre nouvelle; et ce que les meneurs redoutaient le plus était de recommencer des combats, dont les motifs honteux, en désenchantant les peuples, auraient eu des conséquences funestes dont la démagogie se serait empressée de profiter.

La Prusse prétendait, ai-je déjà dit, s'emparer de toute la Saxe; c'était son *ultimatum*. Elle aussi menaçait d'employer la force ; mais elle ne pouvait m'effrayer autant que la Russie. L'Allemagne tout entière, appuyée de la France et de l'Espagne, s'opposait à cette soif insatiable d'États indépendans. Presque dès l'ouverture du congrès, on parla de former une ligue pour assurer le maintien des États du second ordre. Cependant quoiqu'on tînt tête à la Russie, il fallait s'attendre qu'une partie de ses prétentions seraient accueillies par cela seul qu'on ne consentirait pas à lui accorder leur complément.

L'Autriche enfin aspirait à obtenir plus qu'elle

n'avait perdu ; et, en retour des Pays-Bas dont elle faisait sonner bien haut l'abandon, elle demandait, toute la haute Italie, les duchés de Milan, de Parme, les états de Venise et les trois légations papales, où elle voulait, disait-elle, succéder à Buonaparte. C'était exiger beaucoup, d'autant mieux que le Tyrol lui serait restitué. Mais si les quatre puissances ne se séparaient pas d'intérêt, il y avait lieu de croire qu'elles finiraient par obtenir tout ce qui était à leur convenance.

C'était sur ces bases que le congrès travaillerait ; il avait en outre à décider une multitude de cas minimes. Chacun venait là avec sa petite legitimité à défendre, ses droits compromis, et tous demandaient l'ancienne position de 1789. Il n'était pas jusqu'aux possesseurs des fiefs impériaux de l'état de Gênes et de la Lunigiane, qui ne cherchassent à reconquérir leur indépendance. La noblesse allemande se plaignait aussi : Trèves, Mayence, Cologne, redemandaient leurs électorats, et l'injustice, appuyée sur de la violence, pouvait seule trancher ce nouveau nœud gordien.

L'empereur Alexandre s'était flatté que la France marcherait à sa suite; que le prince de Talleyrand, surtout, le servirait dans ses moindres fantaisies. Se voyant trompé dans cette chimère, il en prit de l'humeur, m'accusa d'ingratitude, et cela parce qu'il ne me plaisait point de faire succéder l'influence russe à celle de Buonaparte. Il en résulta un refroidissement qui me chagrina beaucoup. L'empereur m'écrivit une lettre dans laquelle, en se plaignant du seul prince de Talleyrand, il faisait retomber sur moi le contre-coup de sa colère. Voici en quels termes je lui répondis :

« Monsieur mon frère,

» Je viens de recevoir la lettre de Votre Majesté.
» Je vois avec chagrin qu'elle n'est pas satisfaite
» de M. le prince de Talleyrand, et ce chagrin est
» d'autant plus amer que je sais que M. de Talley-
» rand ne pourra pas rentrer dans ses bonnes grâces,
» puisqu'il ne lui est pas permis de consentir à ce
» que le czar exige.

» Un ministre plénipotentiaire n'a pas le droit
» de décider à lui seul les hautes questions de po-
» litique qu'il traite ; il exécute ce que lui dicte le
» cabinet de son souverain ; celui-ci est lui-même
» restreint dans son pouvoir, surtout dans un gou-
» vernement représentatif, dont les formes ne doi-
» vent pas être familières à Votre Majesté. Là tout
» ministre est responsable de ses actes, peut être
» mis en jugement, et, pour éviter ce désagrément,
» doit agir avec beaucoup de prudence. Ce que Votre
» Majesté souhaite pourrait, si mon conseil y donnait
» son assentiment, être traduit devant la chambre
» des députés, qui le renverrait à celle des pairs.

» Je tiens néanmoins à prouver à Votre Majesté
» combien mon désir est vif de lui être agréable.
» En conséquence, si elle le veut, je soumettrai

» aux chambres les points dont il s'agit. Si elles dé-
» cident qu'on doit les soutenir dans l'intérêt de
» Votre Majesté, la chose s'exécutera avec autant
» de chaleur que de franchise, etc. »

Je croyais avoir fait beaucoup, et j'appris que l'empereur manifesta encore plus de mécontentement qu'avant cette démarche. Il est certain qu'il oublia de m'accuser réception de ma missive, et qu'il ne se raccommoda pas avec le prince de Talleyrand.

Celui-ci avait agi avec beaucoup d'aplomb en refusant de se soumettre au protocole par lequel on aurait borné la part de la France et de l'Espagne au congrès à un rôle passif d'assistance. Il fut soutenu par les ministres plénipotentiaires des autres puissances maltraitées par cette décision peu convenable, et les quatre qui d'abord avaient prétendu vouloir primer consentirent à élargir leurs rangs où quatre autres couronnes vinrent aussi prendre place : celles de France, d'Espagne, de Portugal et de Suède. On s'arrêta aux monarques dont les délégués avaient signé le traité de Paris.

Ce point gagné fut très-important. La déclaration qui le fit connaître arrêta également que les décisions ne seraient prises qu'à l'ouverture générale et publique du congrès, le 1er novembre. On voulait avoir le temps de régler entre soi et à l'avance les questions principales, sans être retardé par la foule de réclamations qui auraient lieu.

M. le prince de Talleyrand employa ce délai à

réunir autour du patronage de la France, non point en forme légale, mais en intention formelle de s'attacher plus intimement, en cas de besoin, les cours d'Espagne, de Portugal, de Naples, le pape, le Danemarck, la Saxe, le Wurtemberg, la Bavière, et nombre d'autres princes de moindre importance, ayant plus à craindre qu'à espérer des résolutions du congrès. Il me fut fait des propositions analogues par le cabinet de Stockholm. Je regrettai que les services loyaux et chevaleresques que l'infortuné Gustave IV m'avait rendus, ainsi qu'aux miens, ne me permît pas d'accueillir complètement ces propositions. Le Suède, par sa position géographique, et dans ses intérêts généraux, doit toujours être l'alliée de la France. Il est malheureux que les circonstances s'opposent quelquefois à cette union.

Cette coalition peu avancée, et à peine connue, releva néanmoins mon gouvernement. Les quatre puissances comprirent avec dépit, lors de mon vote vigoureux relativement à la Saxe, quelle influence j'exercerais en Europe dès que je le voudrais. Cela les inquiéta : et si je veux en croire des personnes qui se disent bien informées, le duc d'Otrante par exemple, le retour de Buonaparte aurait été provoqué pour rejeter la France au fond de l'abîme d'où il lui fallait si peu de temps pour sortir.

Je faisais insister en outre sur le rétablissement du roi Ferdinand dans le royaume de Naples. Ici j'avais à lutter contre l'Autriche et l'Angleterre. Je voulais encore l'indépendance de Gênes ; on me la refusa, et en même temps on admettait au congrès les représentans des états menacés de disparaître, ou de ceux qui n'existaient plus ; en un mot, toute réclamation était écoutée, bien qu'on se promît de ne pas y faire droit.

Avant d'en venir aux arrondissemens, aux indemnités, il fallut déterminer si le compte s'en ferait par contrée ou par population. Le premier mode parut sujet à contestation ; on préféra compter par individus et livrer tant de têtes, afin d'arriver ainsi à une précision mathématique. Il y avait dans cette manière de procéder quelque chose d'outrageant pour l'humanité. Les gazettes libérales de France et d'Angleterre en firent ressortir l'immoralité; les Allemands s'en montrèrent profondément offensés ; mais on ne les écouta pas, tant la chose parut commode

Je ne veux nullement écrire l'histoire du congrès, et je ne m'attacherai qu'à ce qui se rapporte à la France d'une façon particulière; la question de la Saxe fut de ce nombre. Ici je me trouvai appuyé par la presque totalité des puissances secondaires, et par le peuple anglais dont la sympathie pour cette cause éclata dans le parlement. L'Autriche elle-même, peu jalouse d'agrandir la Russie qui ne lui restituait pas la Silésie, entra dans la résistance en faveur de la Saxe, non pas d'une manière absolue, mais assez cependant pour laisser voir au cabinet de Berlin que, s'il voulait tout envahir, il aurait à combattre l'Europe entière, moins la Russie.

Ce cabinet, piqué, s'appuya davantage sur celui de Saint-Pétersbourg, bien qu'il lui en coûtât d'acheter sa coopération par l'érection du royaume de Pologne. Le czar, mécontent de son côté, s'avisa de trancher la difficulté en prenant la résolution hardie de provoquer, par une déclaration en date du 11 décembre, le rétablissement de la Pologne en royaume. C'était jeter le gant au reste du congrès. Le désarmement général fut suspendu, les armées respectives se rapprochèrent dans leurs divers cantonnemens, afin de pouvoir agir au premier signal. Un bruit sourd de guerre, quelque chose de menaçant, surgit au milieu des fêtes qu'on multipliait à Vienne, où les dépenses de la cour destinées à recevoir les souverains montaient à un million par jour.

La Pologne et la Saxe étaient donc la pierre principale d'achoppement. On retourna cette double question sous toutes ses faces. L'empereur de Russie parut revenir à plus de modération, lorsqu'on eut connaissance de la note du 31 décembre, dans laquelle il consentait à céder quelques fragmens de la Pologne à la Prusse et à l'Autriche, puis à faire de Cracovie et de son territoire un état indépendant. Ceci ne fut pas accepté d'abord, quoique plus tard on en fît la base du traité qui intervint.

La querelle prit un aspect tellement sombre, que je reçus la note suivante de Vienne, au moment où je m'y attendais le moins :

« La France gagnera aux discussions du congrès

» ce qu'on voudra lui faire perdre. Les évènemens
» s'enchaînent de manière à ce qu'elle sera ap-
» pelée à jouer plus tôt le rôle qui lui convient.
» Les prétentions de la Russie et de la Prusse ne
» sont appuyées par aucune puissance. Ceci est
» tellement exact, qu'on a proposé à Votre Majesté
» un traité secret d'alliance dans le but de main-
» tenir un juste et sage équilibre, de s'opposer à
» toute prétention exagérée, et de se soutenir réci-
» proquement contre les attaques d'une ambition
» avide et injuste. Chacune des trois puissances,
» la France, l'Autriche, et l'Angleterre fournirait
» une armée de cent cinquante mille hommes, qui
» seraient mis en jeu aussitôt que les circonstances
» l'exigeraient.

» Il est urgent que Votre Majesté donne à ce su-
» jet une prompte réponse. »

Je ne la fis pas attendre; mon conseil convoqué entrevit facilement tout le bien qui en reviendrait au royaume, et un courrier extraordinaire fut expédié au prince de Talleyrand. Mon assentiment détermina la signature du traité, que je ratifiai dans le plus bref délai, en demandant toutefois qu'on en parlât aux rois de Wurtemberg et de Bavière, pour s'assurer s'il leur conviendrait d'y prendre part. Ces souverains, comprenant que leurs intérêts, loin d'en souffrir, y gagneraient, accédèrent à la proposition qui leur fut faite. On chercha à enve-lopper de mystère cette importante négociation; cependant on n'y parvint pas assez complètement pour que la Russie et la Prusse n'en eussent quelque soupçon ; cela les engagea de leur côté à former une contre-alliance, dans laquelle ils entraînèrent la Suède ; le Danemarck refusa d'en faire partie.

Les débats n'étaient pas moins véhémens en ce qui touchait la nouvelle organisation de l'intérieur de l'Allemagne. Ici une multitude incroyable d'intérêts se trouvaient en présence ; il paraissait physiquement impossible de les concilier tous. L'Autriche avait d'abord mis en avant le rétablissement du Saint-Empire Romain. Une résistance unanime, depuis la Prusse jusqu'au prince de la Lippe, lui démontra que nul ne consentait à porter de nouveau ce joug féodal, que l'indépendance acquise à chaque état par la libre abdication de l'empereur, que la destruction des électorats ou leur changement de constitution formeraient désormais des obstacles invincibles contre la perpétuité de l'empire d'Allemagne, puisqu'il n'y avait plus d'empereur par le fait de l'abdication de François II, et par le refus des électeurs, ou leur impossibilité de procéder à une nouvelle élection. Ce fut donc une prétention à abandonner sans retour.

Je passerai sous silence le reste des débats relatifs à l'Allemagne, car ce serait un dédale où je ne crois pas devoir m'engager.

La question de la Norwège fut résolue en faveur de la Suède, cela ne pouvait avoir lieu autrement ; la Russie, qui tenait à la maintenir dans son alliance, voulait que la Norwége la dédommageât de la Finlande, qu'elle-même gardait avec la résolution de ne jamais la rendre.

Le royaume des Pays-bas fut établi contre nous, et je m'en applaudis, j'en ai dit plus haut la raison. Le Hanovre devint royaume ; la Saxe paraissait devoir être morcelée, lorsque survint le débarquement de Buonaparte, qui suspendit tout.

Une nouvelle constitution fut imposée à la Suisse, à laquelle on adjoignit Genève et d'autres enclaves. Les réclamations des enfans de Tell tombèrent devant la détermination de toute l'Europe ; c'est ainsi qu'on les récompensa de la facilité qu'ils avaient accordée à l'envahissement de la France.

Restait à régler le sort de l'Italie. L'Autriche commença d'abord par prendre tout ce qui était à sa convenance ; elle rendit *de proprio motu* au duc de Modène ses états et ceux de Massa-Carara à l'archiduchesse Béatrix d'Est ; la Toscane fut enlevée à la reine d'Étrurie en vertu des droits antérieurs à 1789 de la maison de Lorraine, qui y réintégra le grand-duc de Wurtzbourg. Mais lorsque ma cousine, partant du même principe, invoqua un pareil droit relativement à la propriété légitime des duchés de Parme et de Plaisance, on lui répondit qu'une convention sacrée, conclue entre les *alliés et l'empereur Napoléon*, réservait ces états à l'archiduchesse Marie-Louise, et que rien ne ferait consentir l'Autriche à enfreindre un acte aussi solennel que respectable. On voulut bien néanmoins lui faire espérer qu'après le décès de Marie-Louise on pourrait avoir égard à sa réclamation ; en même temps, on lui abandonna la pauvre république de Lucques, dont elle dut se contenter faute de mieux.

L'Autriche convoitait, en outre, les trois légations de Bologne, Ferrare et Ravennes, tandis que la Prusse demandait qu'elles fussent remises au roi de Saxe, en compensation de son royaume qu'on lui enlèverait. Le pape, par l'intermédiaire du cardinal Gonsalvi, se défendait contre ces prétentions, et de son côté me réclamait Avignon. Avignon... Comment aurais-je pu faire consentir la France à cette restitution? Je me mis donc en mesure, par l'entremise de mes ambassadeurs, d'atténuer cette prétention. Le pape comprit combien il me serait difficile d'y satisfaire ; il consentit à une indemnité pécuniaire, et se contenta de la promesse qu'Avignon lui serait rendu en des temps plus favorables. En ceci je n'engageais que l'avenir, je me sauvais avec ce vers de La Fontaine :

> Avant dix ans, le roi, l'âne ou moi nous mourrons.

L'avantage du temps est immense, et bien fou qui ne sait pas en profiter.

On eut alors connaissance d'un traité secret daté du commencement de décembre 1813, par lequel l'Angleterre et l'Autriche accordaient à Murat la possession des légations papales d'Ancône et d'Urbin, ce qui fit jeter les hauts cris, surtout lorsque les envoyés de Murat en exigèrent la remise à lui, que. tous les princes de la maison de Bourbon aspiraient à renverser de son trône usurpé. Le combat s'engagea contre Murat; il fut défendu par l'Autriche et l'Angleterre. M. de Labrabor, de concert avec le prince de Talleyrand, rédigea une note ainsi conçue :

« Que pour déposséder Murat, sans avoir be-
» soin d'entamer une nouvelle guerre, il suffi-
» rait d'une déclaration du congrès en corps ; que
» si le congrès s'y refusait, Sa Majesté très-chré-
» tienne, de concert avec ses alliés particuliers,
» sauraient arracher à un intrus une couronne à la-
» quelle il n'avait aucun droit. »

Cette déclaration vigoureuse étonna les plénipotentiaires. Le moment était venu de se prononcer positivement. La Russie et la Prusse, en se déclarant contre Murat, craignaient de mécontenter le prince royal de Suède, qui voyait dans Murat un exemple du sort qu'on lui réservait. L'Angleterre par laquelle Ferdinand III avait perdu la meilleure partie de ses états, fit dire par l'organe de lord Wellington, qui venait de remplacer lord Castlereagh, qu'elle verrait avec peine une même royauté régner à Naples et en Sicile.

Cela n'empêcha pas mes envoyés de se conformer à leurs instructions. Je voulais à tout prix chasser Murat. Déjà on préparait une armée de trente mille hommes, qui, du Dauphiné, de la Provence et de la Franche-Comté, où on les réunissait, pourraient se porter par terre ou par mer contre le royaume de Naples.

Murat, avec une jactance excusable, d'après les conseils qu'on lui donnait, conjurait l'Autriche de lui accorder le passage pour venir m'attaquer. Cela paraissait à plusieurs une jonglerie plus ridicule que redoutable. Au fond il fallait s'en méfier, puisque cette démonstration d'hostilité se rattachait au complot tramé en France en faveur de Napoléon.

Il résultait de cet état de choses que la physionomie de l'Europe, dans le mois de févier 1815, prenait un aspect belliqueux et inquiétant. Aucune puissance contractante n'était satisfaite, toutes aspiraient à de plus grands avantages que ceux qu'on leur offrait. Il y avait des pactes occultes, des alliances mystérieuses, qui, lorsqu'elles seraient révélées, amèneraient une conflagration universelle. La discorde était prête à surgir de cette tentative de paix générale que d'abord on paraissait désirer.

Il était donc facile de prévoir que de nouvelles agitations compromettraient la tranquillité publique. Et, en effet, que serait-il arrivé si la nouvelle inattendue du coup hardi et désorganisateur de Buonaparte n'était pas venue subitement changer toutes les dispositions, et réunir contre un ennemi commun et redoutable ceux qui ne s'entendaient pas encore sur le partage de ses dépouilles?

CHAPITRE XXI.

Un ami au congrès. — Ce qu'il mande au roi. — Caquets sur le duc de Vellington. — Sur l'empereur Alexandre et ses ailes à venir. — Sur la galanterie du roi de Prusse. — Sur l'archiduchesse Marie-Louise. — Les danses allemandes. — Amusemens du congrès. — Louis Buonaparte. — Prince Eugène. — Prévision de prochaines brouilleries. — Le comte de Vaublanc et M. Dandré. — Le roi veut un autre homme à la police. — Qu'il passe en revue. — Il faut revenir à Fouché. — Propos qu'il tient à madame de.... — Le roi en veut l'explication. — Ce qu'il fait en l'attendant. — Le secret du duc d'Otrante lui échappe. — Il est trop tard pour revenir dessus.

J'avais au congrès *un ami* : les amis sont rares, mais celui-là est digne de ce nom. Il voyait la marche des affaires, et m'écrivait régulièrement chaque semaine par une voie sûre. Blacas était seul admis dans le secret. De cette manière je savais ce que mes plénipotentiaires auraient eu de la peine à me mander. J'étais instruit de leurs propres démarches, et je combinais ces révélations avec ce qui me revenait officiellement.

Vers la fin de février, je reçus une longue note. J'avais voulu que la correspondance prît cette forme, afin qu'elle eût plus de rapidité. J'en transcris les passages suivans :

« Celui qui viendrait ici pour contempler de près les chefs de la nation s'étonnerait de les voir consacrer aux fêtes les jours qui devraient être employés aux affaires. Les rois s'amusent, tandis que leurs ministres travaillent. Le congrès est tout en dehors des séances : on a l'air d'y jouer l'occupation, et par le fait tout est résolu à l'avance. Le comité secret, composé des quatre premières puissances contractantes, n'a plus, au reste, l'unité qu'il avait au début. La méfiance, l'aigreur, ont pris la place de ce bon accord qui devait ne pas finir. On se reproche réciproquement les torts qu'on a soi-même envers les autres. On parle de l'avidité d'autrui sans songer à la sienne propre. Ah! comme tout cela rappelle la paille et la poutre de l'Évangile !

» Lord Castlereagh a bien fait de partir ; on commençait à découvrir le tuf. Il a plus de génie politique que de connaissances acquises. On a beaucoup ri ici de quelques erreurs qu'il a faites en géographie. Lord Wellington l'a remplacé avec un grand éclat extérieur. C'est un superbe cheval diplomatique, bon pour la parade, et meilleur néanmoins sur un champ de bataille.

» Il est galant, non-seulement avec les dames de la haute volée, mais encore envers les *stuben mecchin* (jeunes filles ou grisettes). Sa Grâce ne

» craint pas de réunir ses lauriers aux myrtes de
» ces agaçantes beautés. C'est, d'ailleurs, un dé-
» lassement qu'il ne prend pas seul : les plénipoten-
» tiaires s'en mêlent aussi, et de plus grands sei-
» gneurs encore. Aussi il n'y a pas place pour
» tout le monde, tant l'affluence est grande.

» On a cherché à séduire le chef de vos plénipo-
» tentiaires en détachant vers lui deux des plus
» beaux yeux de l'Allemagne. Mais il a prétendu
» que sa vue basse l'empêchait d'apprécier les at-
» traits de la dame ; et tandis qu'on le croyait in-
» sensible, invulnérable, lui à l'écart et loin des
» observateurs... Je dirai au roi, lorsque j'aurai
» l'honneur de paraître à ses pieds, ce que je ne
» veux pas confier au papier.

» Les royales personnes cherchent aussi à se dis-
» traire. Sa Majesté *russienne*, qui erre dans les
» nuages chaque fois qu'elle n'est pas à la poursuite
» du royaume de Pologne, est désolée de ne pas
» se voir pousser des ailes, car les illuminés dont
» le czar s'entoure, madame Kudner en tête,
» lui ont persuadé qu'il est le génie blanc du chris-
» tianisme, et que sa mission est de propager et
» de maintenir la paix. La raison de ce prince
» n'est pas toujours au niveau de ses vertus.

» Le roi de Prusse est plus galant ici qu'à Paris.
» On dirait qu'il se trouve plus à l'aise avec les Al-
» lemandes qu'avec nos Françaises, qui cependant
» lui ont fait beau jeu.

» L'archiduchesse Marie Louise se tient à l'é-

» cart ; on ne la voit point dans la foule ; mais en
» quelque lieu qu'elle aille, le général N... a la
» douce mission de l'accompagner. Cependant il ne
» la tient pas de Buonaparte. Cette princesse aurait
» pu jouer un grand rôle; on dit qu'elle ne l'a pas
» voulu : son fils lui en aurait eu au moins un jour
» de la reconnaissance. On la jugea dès son voyage
» sentimental aux eaux d'Aix en Savoie.

» La bonne compagnie est ici en grand nombre.
» La princesse d'Esterazy, les princesses de Lich-
» tenstein, les princesses de Schœnborn, et mada-
» me de Metternich, se font remarquer par leurs
» grâces, leur beauté, et une malignité toute fran-
» çaise. Ce sont elles qui donnent la vie aux fêtes
» de la cour. Elles ont joué la comédie du *Pacha de*
» *Suresne*. Je dois joindre à ces dames la princesse
» de Bretzenheim, les comtesses Jichy et Marassi.
» Les acteurs étaient le landgrave de Furstemberg,
» le prince Antoine Radziwil, et le comte Ferdi-
» nand de Waldstein.

» J'ai joui de voir cet hommage rendu à la
» France ; on aura beau faire, nos modes, notre
» littérature et nos faits d'armes nous placeront
» toujours à la tête de la civilisation. Outre la co-
» médie, on *représente* des tableaux ; on copie
» avec des personnages vivans, et costumés conve-
» nablement, les peintures les plus célèbres de la
» France. La copie qui a remporté le prix était
» celle de la *famille de Darius*, par Lebrun.

» Tandis qu'on se livre à ces récréations, aux

» tournois chevaleresques, il y a ici un homme
» qui conserve une attitude qu'on est forcé d'ad-
» mirer : c'est le vicomte de Beauharnais, ou le
» prince Eugène, comme on l'appelle communé-
» ment. L'empereur Alexandre a pour lui des at-
» tentions délicates ; on croit qu'il obtiendra en
» sa faveur quelques parcelles du vaste gâteau
» qu'on dévore, quoique le nombre des affamés
» soit considérable. Chacun prétend que le vicomte
» de Beauharnais mérite une distinction : que
» c'est l'honneur en personne. Je ne suis ici que
» l'organe de chacun.

» Louis Buonaparte a réclamé la Hollande par
» droit de légitimité ; on lui a simplement opposé
» son abdication. Je suis persuadé que ce brave
» monsieur se croit souverain par droit divin, et
» revêtu d'un caractère indélébile.

» Le mot du prince de Ligne est connu de Votre
» Majesté. *Le congrès danse, mais il ne marche pas.*
» Je crains qu'avant peu il ne soit trop en mouve-
» ment. Je présume que le gouvernement du roi
» est en mesure de parer à ce qui peut survenir.
» Nous sommes au milieu du mois de février, et
» j'apprends que de divers côtés on fait marcher
» des troupes ; que des courriers viennent d'être
» expédiés pour donner l'ordre de ravitailler les
» magasins militaires de vivres, d'objets d'équi-
» pement et de munitions en tous genres : on parle
» tant de consolider la paix, que cela me fait
» craindre de voir tout-à-coup surgir la guerre.

» Il m'est revenu de bonne part que des gens
» dépêchés de Vienne ont pris la route de la basse-
» Italie. Vont-ils à l'île d'Elbe, à Naples? Le roi
» le sait probablement. Je crois que ce point est
» celui sur lequel la police générale doit particu-
» lièrement attacher son attention. Je la recom-
» mande à la prudence et à la sagesse de M. Dan-
» dré. Il est certain que Murat se remue, assem-
» ble des troupes, et menace la France. *Riduculus*
» *mus*.

» N'importe, il convient de tout prévoir; il n'y
» a pas jusqu'aux jacobins qui s'agitent en France
» et en Italie : qu'on les surveille, si on ne veut
» qu'ils fassent beaucoup de mal. »

C'était sur ce ton que la correspondance, dont je donne un extrait, était établie. Je connaissais l'attachement de celui qui me l'adressait. Ce mélange de politique et d'anecdotes m'amusait; il me montrait mieux l'aspect général du congrès, que les rapports de mes ministres plénipotentiaires. Le duc d'Alberg était peu considéré, non à cause de sa naissance, mais en raison de sa capacité qu'on trouvait médiocre. On reprochait au comte Alexis de Noailles un peu d'exaltation royaliste, beau défaut pourtant, dont je ne pouvais que lui savoir gré.

Cette note arriva, ai-je dit, dans les derniers jours de février, et la semaine d'auparavant j'avais reçu une communication singulière du comte de Vaublanc, alors préfet de Metz. Il était venu à Paris, fort effrayé des dispositions démagogiques des troupes, et avait aussi cherché à éveiller l'attention de M. Dandré. Sa surprise ne fut pas médiocre, lorsque celui-ci lui laissa connaître qu'il ignorait le droit que par sa place il avait de commander aux préfets pour les cas de police générale.

Le comte de Vaublanc tâcha avec douceur de l'initier dans ce qu'il aurait dû savoir. Il lui conseilla d'avoir plus de vigueur, et de ne pas craindre de trop exiger des administrateurs secondaires. Il raconta ce fait à madame D....., qui, bien intentionnée, se hâta de me le rapporter. Cela, et d'autres lumières qui me parvenaient par des voies diverses, commencèrent à me décider à renoncer aux services de Dandré. C'est sans doute un homme d'un dévouement sans bornes, mais la police demandait une tête plus solide.

Qui mettre à sa place? fut la question que je m'adressai. Bien des gens m'auraient répondu : prenez le duc d'Otrante ; mais moi ce n'était pas mon avis : je demandai celui de madame D..., sur ceux que la voix publique désignerait pour cette place. Elle me nomma dix ou douze personnes ; dans le nombre figuraient Réal, et Regnault de Saint-Jean-d'Angely. Le premier aurait fait reculer d'épouvante tout le château et les royalistes ; le second me parut trop mêlé avec les Buonapartes.

Madame D... me dit alors en riant :

— Si le roi essayait du duc de Rovigo ?

— Miséricorde ! repartis-je, est-ce parce que vous

voulez me brouiller avec madame de Staël ? Elle
ne me pardonnerait pas un tel choix ; dussé-je lui
joindre le baron Constant de Rebecque ! Non ! non !
je n'aime pas ce gendarme ! C'est sous son règne
que la police française a multiplié les piéges tendus
à ma famille. Je prendrais plutôt le duc d'Otrante.

— Eh ! vous feriez sagement, sire ; car, à la manière dont va le département de la police, il a besoin
d'un chef habile ; mais, j'y songe, qui sait s'il accep-
terait ?

— Lui, refuser ! il prendrait le diable à belles
dents s'il y trouvait du profit.

— Cependant, pas plus tard qu'hier, j'étais avec
lui dans une maison où nous nous rencontrons parfois; Cambacérès qui dînait avec nous, dit au duc
d'Otrante : — On parle de vous au sujet du ministère de la police.

— C'est un tort !

— Mais, dis-je, si on vous nommait, vous diriez
non ?

— Je dirais non.

— Pourquoi ?

— Parce qu'il est trop tard. Il y a huit jours
j'aurais pu être utile ; maintenant je ne pourrais
plus rien.

Je rapporte au roi les paroles textuelles du duc
d'Otrante.

Ces paroles cadraient trop bien avec le mémoire
qu'il m'avait fait tenir, pour que je n'en éprouvasse
pas une demi-inquiétude ; mon inclination ne me

portait pas vers cet homme ; mais j'avais une haute idée de sa science administrative et j'étais convaincu surtout qu'il devait être mêlé directement ou indirectement à toutes les intrigues possibles. Dès-lors, quel sens fallait-il attacher à ce dernier propos : *Il est trop tard pour être utile ; maintenant je ne pourrais plus rien*, signifiant que le péril dont il m'avait prévenu était sur le point de se manifester ? Étions-nous sur un volcan prêt à faire irruption ? Toutes ces choses m'embarrassèrent, j'y réfléchis, et, prenant mon parti, je dis à madame D...

—Je vous prie, toute affaire cessante d'aller directement chez le duc d'Otrante. Confiez-lui que vous m'avez fait part de ce qu'il vous a dit, et que je vous ai donné mission d'obtenir de lui-même l'explication de ses paroles.

Madame de... avait, ai-je dit, peu d'attachement pour le duc d'Otrante, mais elle m'était si dévouée que, pour me servir, elle se serait jetée au feu. Elle alla donc exécuter mon commandement ; et tandis que ceci avait lieu, le directeur de la police général, Dandré, apportait son rapport, fondé sur les renseignemens à prendre touchant la lettre du duc d'Otrante. C'etait donc le 28 février que ces choses se passaient.

La séance fut prolongée. J'ai déjà dit qu'on traita mal l'auteur de la lettre ; que Dandré et Blacas me parurent pleinement rassurés sur ses funestes pronostics, et que moi, au contraire, je restai assez médiocrement satisfait de toutes les raisons qu'on me donna. Je voyais les choses beaucoup plus en noir que ces bons serviteurs. Le ministre de la guerre, qui les remplaça dans mon cabinet, tâcha aussi de me tranquilliser, mais sans y mieux réussir. J'attendais donc avec anxiété le retour de madame de...

J'eus le loisir de m'armer de patience. Mon ambassadrice n'ayant pas trouvé le duc chez lui, s'y était établie à demeure, et avait envoyé de tous côtés à sa recherche. On ne put le rencontrer nulle part. La nuit vint; il ne rentra pour dîner qu'après sept heures. Qui l'avait retardé ainsi? Il n'était pas homme à le dire, ni madame de... à le lui demander, parce qu'elle savait que sa réponse aurait été une bonne fable.

Voici la conversation qu'ils eurent ensemble. Elle débuta par l'aveu que fit madame de... de ce qu'elle m'avait rapporté; puis elle lui fit part de ma curiosité de connaître le reste de l'énigme. Le duc d'Otrante écouta, selon sa coutume, comme s'il eût été déterminé à répondre franchement; puis il dit:

—Madame, il m'est facile de donner au roi l'explication qu'il désire. La marche du gouvernement est telle qu'il se précipite vers sa ruine, et chaque jour en hâte le moment.

— Mais, monsieur le duc, c'est encore une énigme.

— On en connaîtra bientôt le mot.

— A vous entendre parler de la sorte, on serait tenté de vous demander combien de mois il reste encore de vie à la restauration.

— De mois ! repartit le duc d'Otrante avec un sourire infernal ; vous avez une haute opinion de sa force : dites combien de semaines, et même de jours.

A cet endroit du récit de madame D..., car on doit comprendre que c'est à moi qu'elle rapporta son colloque avec l'ex-ministre de la police impériale, je ne pus me défendre d'un geste de surprise mêlé d'effroi, et m'écriai :

— Quelle insolente plaisanterie a donc osé se permettre le duc d'Otrante ?

— Jamais, répliqua madame D..., il n'en fut de plus audacieuse, et débitée avec tant d'aplomb. Indignée comme l'est le roi, je lui ai demandé s'il n'en comprenait pas le péril.

— L'heure de la franchise est venue, a-t-il répondu ; le verre d'eau est plein jusqu'aux bords, et il ne tardera pas à se répandre.

— Je vous ai déjà prié, monsieur le duc, de me parler sans figures.

— Eh bien ! madame, dites au roi qu'avant six ou huit jours la conjuration dont je l'ai informé par ma lettre du 12 de ce mois éclatera, et que Buonaparte, ou Sa Majesté l'empereur des Français, sera descendu sur le territoire, et en marche vers Paris.

Cette révélation me parut si invraisemblable, que je l'attribuai au dernier moyen mis en jeu par le duc d'Otrante pour gagner la partie qu'il avait montée contre moi. Cependant elle avait un tel cachet de vérité que j'en fus troublé involontairement. Madame D... ajouta que, peu confiante elle-même dans les assertions du personnage, elle l'avait mis en quelque sorte sur la sellette pour lui faire avouer que ce qu'il avançait était une mystification. Mais ce fut en vain, rien ne put l'engager à changer de langage. Il entremêla son discours de protestations de regrets et d'attachement, et accusa avec amertume mon ministère.

— S'est-il borné là? demandai-je.

Madame D... hésita.

— Allons, repris-je, ne me cachez rien.

— C'est qu'il est pénible de rapporter au roi les infamies adressées à ceux qu'il aime le plus.

— N'importe, je veux tout savoir.

— Eh bien! il a dit qu'en faisant subir le supplice d'Aman au comte de Blacas, ce ne serait qu'une justice à lui rendre, puisqu'il a perdu le roi et la France en empêchant les gens habiles d'approcher de Votre Majesté.

— Le misérable! répondis-je; qu'il prenne garde à lui-même...

Dès que madame D... fut partie, je fis appeler le ministre de ma maison, et déroulai devant lui tout ce que je venais d'apprendre. Le malheureux ami persista dans son incrédulité, et s'attacha de son mieux à me la faire partager. Il voyait le royaume tranquille et ne pouvait croire à la possibilité de ce soulèvement si prochain. Nous agitâmes ensemble si je ferais arrêter le duc d'Otrante, comme certes, il le méritait. Blacas, après de mûres réflexions, me conseilla d'attendre encore, mais de ne pas le manquer au premier éveil qui serait donné. Il me quitta et j'allai me coucher. Le lendemain, 1er mars, Buonaparte aborda en France !

CHAPITRE XXII.

Approche du moment fatal. — Regrets qu'éprouve le roi d'être forcé d'en parler. — Premier mars. — Lettre de la duchesse d'Angoulême. — Du prince de Talleyrand. — Mouvement de troupes en France. — 2 mars. — Menace anonyme. — Scène qui s'ensuit. — 3 mars. — Monsieur est poursuivi par son idée fixe. — Le roi consent à proposer des mesures de prudence au prochain conseil. — 4 mars — Communication que Monsieur fait au roi d'un traité secret entre l'Autriche et Buonaparte. — Détails. — 5 mars. — Premier emploi de la matinée. — M. de Lormian précédant Buonaparte. — Comment le comte de Blacas annonce au roi le débarquement de celui-ci. — Ce qu'en pense le roi. — Conseil assemblé. — Résolutions prises.

A mesure que j'avance vers la funeste catastrophe qui replongea ma famille dans ce chaos de malheurs dont ma présence l'avait naguère retirée, j'éprouve un serrement de cœur ; je voudrais reculer autant que possible le moment d'en parler. Il m'en coûte de m'appesantir sur tant de trahisons, de déloyauté, de revers et d'infortunes, de décrire les maux que Buonaparte provoqua ; ce second retour de la coalition, dépouillée du prestige de la première ; l'avidité cruelle des étrangers ; toutes les passions réveillées ; les haines recommençant avec un nouvel acharnement ; un malaise universel se progageant en raison inverse de mes efforts; une autre émigration plus pénible, plus humiliante que la première, nos provinces désolées par les exactions de l'étranger, la France frustrée d'une partie de son territoire et de ses places fortes; enfin la justice contrainte à s'armer de rigueur, et la nécessité brisant dans mes mains le sceptre de clémence que jusque là je m'étais tenté de porter.

Voilà le tableau douloureux de ce qui va suivre, le préambule du récit déchirant qui me reste à faire. J'ai été plus d'une fois tenté de terminer mes Mémoires à la clôture de l'an de grâce 1814 ; mais c'eût été un acte de faiblesse que je me serais reproché. Je dois écrire pour l'instruction de mes successeurs, et remplir ma tâche dans toute son étendue.

Le 1er mars, je me levai sans soupçonner ce qui se passait à une des extrémités de mon royaume. Je souffrais de ma goutte, et franchement j'étais de mauvaise humeur. Je bourrai Gauthier, mon fidèle valet ; je fus sur le point d'agir de même envers le père Élysée; mais celui-ci, pendard plus retors, et bien que j'eusse peu de ressemblance, avec mon devancier Louis XI, jouait près de moi en quelque sorte, le rôle du docteur Coytier. Il me tenait en respect par le besoin que j'avais de lui, et que j'ai encore ; car il est plein de vie au moment où j'écris ceci (1).

(1) Le père Élisée est mort en 1827.
Note de l'Éditeur.

Il me semble que, ce jour-là, par un contraste bizarre, on était gai autour de moi. Je reçus une lettre de la duchesse d'Angoulême, qui me racontait avec quel enthousiasme la population l'avait accueillie sur la route. J'en extrais le passage suivant :

« Je commence à croire que les Français ne
» sont pas pervertis en masse par la révolution,
» autant que je le craignais jusqu'ici. Je vois des
» villes entières venir au-devant de nous avec des
» transports et des démonstrations qui ne peuvent
» être feints. J'en conclus que les Bourbons sont
» réellement affermis sur le trône. »

Chère nièce! qui ne se doutait pas que dans un mois elle et toute sa famille auraient quitté la France! Cette lettre me fit du bien; je crus moins aux funestes pronostics du duc d'Otrante. Ce même jour, je reçus aussi une dépêche du prince de Talleyrand: il me disait que les prétentions du congrès augmentant d'insistance, une conflagration prochaine paraissait inévitable. Il me confirmait les mouvemens de troupes qui avaient lieu en Moravie et dans la portion de la Pologne occupée par les Russes. Il ajoutait :

« Murat, poussé par sa funeste étoile, se pré-
» pare à poursuivre son projet insensé. Ses dispo-
» sitions militaires ont certainement un autre but
» que celui de faire la guerre à la France, avec
» laquelle il n'a aucun point de contact ni moyen
» de communication. Je ne puis comprendre pour-

» quoi l'Autriche ne s'enquête pas davantage des
» plans futurs de Murat. Tout bien réfléchi, je
» crois qu'il en veut plus à ce royaume qu'à Votre
» Majesté. Dès-lors il est fort, ou bien appuyé: c'est
» un problème dont j'espère avoir bientôt la
» solution. »

Rapprochant cet avis des paroles du duc d'Otrante, je pensai que Murat, d'accord avec Buonaparte, rassemblait peut-être son armée pour en donner le commandement à celui-ci, qui essaierait de rentrer en France en tentant une autre campagne d'Italie. Je fis part de cette idée à Blacas et au maréchal Soult, qui avait dirigé vers la Bourgogne, la Franche-Comté, le Lyonnais et le Dauphiné environ soixante mille hommes, afin que je fusse en mesure de fournir mon contingent dans l'hypothèse où il faudrait appuyer par des démonstrations hostiles le traité secret entre l'Angleterre et l'Autriche.

Le maréchal me répondit que les seules troupes échelonnées au revers des Alpes tiendraient en échec Murat, Buonaparte et tous les Italiens. Il entra à ce sujet dans des éclaircissemens qui, sous le rapport militaire, achevèrent de me rassurer. J'aurais bien voulu être aussi tranquille sur le fait d'une conspiration. Je fis, le 1er mars, recommander à Dandré un surcroît de surveillance. J'avais une liste de noms suspects que je lui envoyai une seconde fois, la lui ayant déjà fait transmettre par Blacas. Je voulais qu'il soumît les hommes en question à une investigation sévère, et qu'il ordonnât leur arrestation au premier mouvement insurrectionnel qui aurait lieu.

Le 2 mars, un paquet me fut apporté par l'intendant-général des postes, de concert avec Blacas. Il était assez volumineux, et scellé de dix ou douze cachets noirs. L'ouverture s'en fit devant moi : on y trouva une grosse feuille de papier sur laquelle étaient écrits ces mots en lettres majuscules:

« *Tremble, tyran. Buonaparte approche, et le sort
» de Louis XVI t'est réservé.* »

Blacas et M. de Ferrand manifestèrent à cette vue une consternation qui m'amusa. On aurait cru que je les accusais de cette menace, à tel point ils m'en demandaient pardon. Ils y voyaient une conspiration patente. Je leur dis que c'était plutôt l'inconvenante plaisanterie de quelque malicieux étudiant ; et bien que le fait annoncé se soit réalisé presque le même jour, je n'en persiste pas moins dans mon opinion. M. Ferrand était en ce moment dans un état de maladie qui ne le rendait plus propre aux affaires. Il avait fallu l'apporter à bras au château. Je compris avec regret que je serais bientôt forcé de renoncer à ses fidèles services. Le courage moral ne lui manquait pas, mais ses forces physiques ne pouvaient plus répondre à son énergie.

Je compte les jours maintenant : le 2 mars se présenta sous un aspect particulier. Cependant, Monsieur, qui renonce difficilement à une idée qu'on lui a fait adopter, revint à la charge pour m'engager à remplacer Dandré par *l'homme propre à tout*.

— Votre homme propre à tout, lui dis-je, prend plutôt le chemin des donjons de Vincennes que celui du ministère.

Monsieur, étonné de ce propos, m'en demanda l'explication. Alors, pour le satisfaire, je lui contai ce que dans mon aveuglement j'appelais le dernier tour de passe-passe du duc d'Otrante. Mon frère ne le prit pas de la même manière ; il s'en alarma, et me conjura de ne pas me reposer sur le rapport de Dandré. — Les choses, me dit il, étaient plus sérieuses que je ne le pensais ; et s'il était à ma place il renverrait hors de France les femmes dénoncées, et s'assurerait des hommes. Est-il possible, poursuivit-il, que le duc d'Otrante se soit permis un acte aussi coupable que celui de compromettre tant de monde, et lui-même, sans pouvoir rien prouver de ce qu'il avance? Croyez au complot, sire, puisqu'il le révèle.

J'avais mon opinion, j'y persistai. Mais Monsieur insista tellement, que, pour le renvoyer content, je lui promis de soumettre au conseil du dimanche suivant (5 mars) la lettre précitée et les mesures à prendre en conséquence. Monsieur s'en alla répandre parmi les siens la nouvelle que je lui avais apprise. Dès que le baron de Vitrolles en eut connaissance, il proposa des actes de rigueur; se plaignit de ce que je ne lui en eusse rien dit, et engagea Monsieur à insister près de moi.

En effet, le lendemain 4, Monsieur revint, et me conjura de ne pas m'endormir en présence d'un péril qui, disait-on, devait éclater si prochainement. Il me rapporta cette fois que le comte de N..., qui correspondait avec lui du congrès, lui avait mandé naguère le fait suivant, qu'il savait de bonne part :

Un envoyé de l'île d'Elbe serait venu à Vienne, et aurait demandé au prince de Metternich comment l'empereur d'Autriche prendrait la déclaration de guerre que son gendre pourrait faire au roi de France. — Mais, aurait répondu le prince de Metternich, les forces de terre et de mer du souverain de l'île d'Elbe ne peuvent lutter contre un seul vaisseau de guerre français ! — Avant peu la partie sera au moins égale. — Dans ce cas on verra ce que les circonstances exigeront. — Mais si l'empereur Napoléon s'engageait à maintenir le traité de Paris, et si, pour garantie, il offrait à son auguste beau-père le dépôt des cinq légations de Bologne, Ferrare, Ravennes, Urbin et Ancône, que lui remettrait le roi de Naples? Cette proposition aurait éveillé l'attention du ministre autrichien. Enfin le comte de N... ajoutait, qu'il paraissait qu'un traité avait été signé ou allait l'être entre le beau-père et le gendre, mais qu'on n'en connaissait pas encore les conditions.

Cette anecdote me fit réfléchir, bien que je n'y attachasse pas alors une grande importance. Je voyais au dehors une manie d'intrigues qui ne me plaisait pas, et cela réuni à ce que j'apprenais de la France même, me portait plus que jamais à faire surveiller avec soin le dehors et l'intérieur. Au demeurant, le traité a eu lieu. On le démentira aujourd'hui, et on fera bien. Quant à son existence, elle est incontestable.

Le public, qui n'est pas admis dans l'intérieur des cours, a pu croire, au moment de la tentative de Buonaparte, que j'étais en pleine sécurité. Je lui prouve maintenant le contraire. Il m'était survenu de plusieurs endroits des lumières dont j'aurais dû profiter; mais mon parti était pris, non pas de croire que si la chose arriverait elle ne fût dangereuse, mais qu'elle ne pouvait arriver.

Le 4 mars s'écoula ainsi. Le 5, je devais me coucher avec de bien autres émotions que celles que j'éprouvai à mon lever. Le conseil des ministres allait s'assembler; je me promettais d'en profiter pour qu'on mît en discussion des actes de prévoyance que je commençais à trouver nécessaires. Il plut presque toute la durée du mois de mars. La goutte me tourmentait avec un redoublement de souffrances peu naturelles; cependant je la surmontai pour me livrer à l'exercice de mes fonctions. J'étais entouré de personnes qui jouissaient des entrées, et je me rappelle que je soutenais une question littéraire, le parti de M. de Lormian, candidat à l'Académie française, contre les concurrens qu'on lui opposait sans droit assurément.

Cela faisait diversion aux douleurs de ma goutte.

Blacas entra... Le cher ami voulait, je le présume, affecter de l'indifférence; mais tout mon avenir était empreint sur sa physionomie... elle me frappa, à tel point je la vis bouleversée. Un geste de ma main éloigna les personnes présentes, avant que le ministre de ma maison m'eût demandé la faveur de m'entretenir sans témoins.

— Eh bien, mon enfant! lui dis-je, qu'y a-t-il donc de fâcheux? Vous êtes tout troublé.

Il m'en coûte, répondit-il, de tourmenter le roi par une nouvelle dont l'extravagance passe tellement les bornes, qu'on a peine à l'admettre, bien qu'elle soit positive.

— Allons, allons, accouchez de ce que vous avez à me dire. Les préparations sont inutiles envers moi.

— Sire, c'est, je le répète, une folie, un délire... Ah! bien coupable!

— Une insurrection... ou... le peuple, ou la troupe....

— Buonaparte, accompagné d'une poignée de misérables, a débarqué, le 1er mars au soir, dans le golfe de Juan, sur la rade de Cannes en Provence.

— Oh! m'écriai-je; et mes croisières l'ont laissé passer? et les voiles anglaises n'ont pas été déployées? Qu'est-ce que cela signifie?

— Une fortune contraire a tout fait. Mais le vil usurpateur, déjà abandonné de la plupart de ses complices, erre dans les montagnes, où, dès le début, il s'est jeté. Ceci est le dénouement de cette criminelle tentative. Il vaut mieux qu'elle se soit faite ; on pourra au moins se débarrasser de cet homme une bonne fois. Je me rappelai involontairement la manière dont le duc d'Olivarès avait appris à son maître la révolution de Portugal.

— Mon enfant, ripostai-je en hochant la tête, je te remercie de ce que tu cherches à rendre ce calice moins amer à mes lèvres ; mais tout cela aura de plus funestes conséquences que tu ne l'imagines. Attendons-nous à chaque heure qu'une révolte éclatera. Voici justement ce que m'avait annoncé le duc d'Otrante. Il faut convenir qu'il était bien informé.

— Votre Majesté veut-elle qu'on l'arrête ?

— Il faudrait plutôt essayer de tirer parti de son habileté ; mais avant, il convient de réfléchir sur ce qu'on doit faire. Je vois loin, et je crains...

Blacas chercha encore à me rassurer ; mais ses paroles ne firent que glisser sur mon âme. Cependant je ne m'attendais pas à la marche rapide de Buonaparte sur Paris. Je crus qu'à l'aide de quelques intelligences il se cantonnerait dans le Dauphiné, jusqu'à ce qu'il reçût les renforts de Murat, et que le soulèvement du Piémont et de la haute-Italie s'effectuât ; que là il chercherait à rallier à sa cause les troupes et certaines classes de la population. Je communiquai mes réflexions à Blacas, qui n'était guère en état de me comprendre ; car il se faisait de cruels reproches, bien que d'ailleurs il demeurât persuadé que Buonaparte entreprenait au-dessus de ses forces.

Je demandai à Blacas s'il avait communiqué cette nouvelle au conseil des ministres. Il répondit que ces messieurs, déja convoqués à cet effet attendaient que je les fisse appeler. Ils vinrent tous dès que j'en eus donné l'ordre. Je fis également prévenir Monsieur, qui arriva désespéré. J'eus à le rassurer, à le calmer, car sa tête n'était déjà plus à lui. Monsieur a une imagination très-ardente et facile à émouvoir.

Le conseil assemblé, j'interrogeai le visage de ceux qui le composaient. Aucun de ses membres, je puis le dire, ne comprenait l'imminence du danger que nous avions à conjurer. C'était entre eux un parti-pris, que de trouver avantageuse la levée de boucliers de Buonaparte. Leur persistance à me le répéter augmenta encore ma mauvaise humeur.

— Messieurs, leur dis-je, réjouissez-vous d'autre chose, soit : mais, par Dieu, voyez celle-ci comme elle doit êtré vue. Il s'agit d'un fait de la plus grande importance : Buonaparte ne reparaît pas en étourdi. Il vient appuyé d'un complot intérieur, et peut-être d'une intrigue étrangère. Il a des partisans, et on doit craindre qu'un colonel ne lui amène un régiment.

Ici le maréchal Soult fit un geste de dénégation.

— Monsieur le maréchal, lui dis-je en me tournant vers lui, sur douze apôtres il y eut un traitre. Je ne suis pas Jésus-Christ, et le nombre des chefs de corps surpasse le nombre que je viens de citer. Répondez-vous, d'ailleurs, de la masse des officiers et généraux? parmi ceux-ci, n'en connaissez-vous aucun qui soit capable de m'abandonner? Quant à moi, je puis vous en désigner plus de quatre.

— Que Votre Majesté les nomme, et on s'assurera d'eux.

— En avez-vous le temps? L'élan est pris, la partie engagée, chacun va jouer son jeu. Messieurs, poursuivis-je, les circonstances sont graves, les mesures à prendre doivent l'être aussi. Vous ne voulez que celles que peut fournir la police, ce n'est point assez. Le concours de la force militaire est aussi insuffisant; il faut, sans tarder, mettre Buonaparte et tous ses adhérens hors la loi, et convoquer les chambres en session extraordinaire.

Ce fut moi qui ouvris cet avis, ou, pour mieux dire, qui décidai son exécution : nul n'y avait songé. On éleva des difficultés; je les résolus, et terminai par l'expression de ma volonté sans appel. On rédigea donc l'ordonnance royale, qui déclarait Buonaparte traître et rebelle, et enjoignait à tous de lui courir sus; puis après son identité reconnue par un conseil de guerre, de faire exécuter les lois à son égard. On convint, en outre, que Monsieur irait à Lyon tenir le siège d'une sorte de gouvernement provisoire ; que M. le duc d'Angoulême en ferait autant à Toulouse ; que le duc de Bourbon aurait la charge de diriger les mouvemens de la Vendée s'il devenait nécessaire de recourir à l'attachement de ces fidèles provinces ; que M. le duc Berry demeurerait à Paris pour prendre le commandement des corps qu'on y réunirait : quant à moi, je devais oublier mes souffrances physiques, retrouver mon énergie passée, et dire avec Plaute, si mes efforts étaient infructueux pour amener une chance heureuse :

Animus æquus, optimum est ærumnæ condimentum.

(La fermeté d'âme est le plus sûr remède contre l'infortune.)

FIN DU TOME NEUVIÈME.

TABLE DES MATIÈRES

CONTENUES

DANS LE TOME NEUVIÈME.

pages

Chap. I. Sa Majesté Louis XVIII exprime quelles furent ses sensations au moment de son retour. — Ce qui l'attendait en France. — Classification des partis. — Les républicains. — Les buonapartistes. — Les militaires. — Les royalistes purs. — Forme du gouvernement que le roi veut adopter. — Nécessité de sa propre rentrée. — Ce que Madame Royale lui promit. — Il veut oublier le passé. — Il refuse un traité particulier avec l'Angleterre. — Il aborde en France. — Son début. — Un mot à un Anglais. — Entrée à Calais. — Réponse à un curé..... 5

Chap. II. Quelques surprises. — Comte Maison. — Politique du roi. — Sa réponse à un messager secret du sénat. — La France. — Compiègne. — Les maréchaux. — Ce que le roi leur dit. — On veut qu'il s'arrête à Compiègne. — Il veut aller à Paris. — Colloque curieux. — Prince de Talleyrand. — Première conversation du roi avec lui. — Son conseil relativement au duc d'Orléans. — Déclaration de Saint-Ouen. — Elle déplaît à certaines gens. — On dépêche au roi M.... du M... — Dialogue avec lui. — M. de Chateaubriand. — Il se brouille avec le comte de Blacas. 20

Chap. III. Précautions oratoires. — Ce qui est. — Nul ne parle pour la France. — La famille royale. — Les princes et princesses du sang. — Reproches injustes que l'on fait à Madame, duchesse d'Angoulême. — Les

souverains alliés. — Rapports du roi avec ces monarques.
— Un mot sur le gouvernement provisoire. — Henrion
de Pansey. — Comte Beugnot. — Général Dupont. —
Baron Louis. — M. Roux-Laborie. — Abbé de Pradt.
— Il aurait accepté un bâton de maréchal de France. . 36

Chap. IV. Gouvernement provisoire de Monsieur. —
Comment le roi est reçu. — Entrée à Paris. — Sensations du roi à la vue des Tuileries. — Il a besoin de se
recueillir un moment. — Le lit de Buonaparte. —
Maison du roi à former. — Son ministère. — Abbé de
Montesquiou. — M. Dambray. — Comte de Blacas.
— Opinion du roi sur la garde nationale — Une manière de gouverner. — Pourquoi le roi adopte le mode
administratif de l'empire. — Comparaisons de 1790 à
1814. — Le comte Jules de Polignac. — Premières
nominations de Paris. — Traité de Paris. — Il convient aux circonstances. 51

Chap. V. Clauses secrètes du traité de Paris. — Pourquoi l'Angleterre soutint Murat. — Le roi se détermine
à un rôle passif provisoire. — Il appelle des sénateurs
au travail de la charte. — Détail d'une audience qu'il
accorde à l'abbé de P.... — Cambacérès. — Intrigues. —
Révélation du comte Fabre de l'Aude. — Composition
de la commission consultative de la Charte. —
MM. Boissy d'Anglas, Barbé-Marbois, Pastoret, Fontanes, Garnier, Sémonville, Serrurier et Vimot. —
Boisavary, Blanquart de Bailleul, Chabaud de La Tour,
Clausel de Coussergues. — Duhamel, Duchêne, Faget
de Baure, Faulcon, Lainé. — Délégués du roi. — Son
mot. — Un aveu. — Séance du 4 juin. — Discours
d'ouverture. 65

Chap. VI. Marche du gouvernement. — Confiance du roi
dans le comte de Blacas. — Explication qu'il croit devoir
donner à ce sujet. — Intrigue d'intérieur. — Qui on
aurait voulu que le roi employât. — Les amis de Monsieur. — Ceux des révolutionnaires qui auraient convenu
au roi. — Motifs de sa condescendance pour son frère.

— Pourquoi certains des siens demeuraient comme étrangers à la France. — Erreur de sentiment du comte de Blacas. — Pourquoi le roi supporte les régicides — Fouché. — Quelque chose qui le concerne. — Son propos lors de la rentrée du roi. — Son manége. — Détails de l'audience que le roi lui accorde. — Plan qu'il lui propose. — Paroles à ce sujet. 80

Chap. VII. Le roi parodie un mot de Louis XIV. — Ce que Fouché lui inspire. — Remaniement du ministère. — M. Benoît. — Le maréchal Soult. — Mort de Malouet. — Qui le remplace. — Dandré et la police. — Il plait au château. — L'opinion travaillée contre le roi. — Il perd certains hommes de lettres. — Sa position mieux arrêtée en 1815 qu'en 1814. — Quelques dames buonapartistes. — Embarras. — Chagrin du comte de Blacas. — Le roi s'explique avec Monsieur. — Son erreur sur le Midi. — Jeu couvert du prince de Talleyrand. — Madame de Staël. — Elle vient aux Tuileries. — Ce qu'elle dit au roi. — Son propos sur Rovigo. 97

Chap. VIII. Le roi paie ce qu'il ne doit pas. — Benjamin Constant, à propos d'argent. — Décès. — Citation. — Ce que le roi dit à Picard. — Lormian. — Jouy. — Soumet. — Le roi protége les sciences et les arts. — La duchesse de Saint-Leu. — Bonté du roi mal reconnue. — Le prince Eugène. — Madame.... — Sa première causerie avec le roi. — Ce que cette dame lui conseille. — M. C.... — Il trompe le roi. — La comtesse ... — Le roi doit donner un ministère à son mari pour faire diversion à sa jalousie. — Recette pour avoir des enfans quand une femme est stérile. — Intrigues. — Cardinal Maury. — Sa fin. . . 110

Chap. IX. Opposition dans la chambre des députés. — Dumolard. — Durbarch. — Bedoch. — Flaugergues. — Souques. — Lefèvre-Gineau. — Raynouard. — Quelques autres. — La pairie. — Système qu'elle adopte. — Opposition dans cette chambre. — In-

27.

fluence du prince de Talleyrand. — Ce que le comte de Blacas aurait voulu. — Colloque à ce sujet. — Il ne veut pas des députés. — Comte Ferrand. — Dupont de l'Eure. — Travail des chambres. — Liste civile. — Désintéressement de Henri IV. — Opinion du roi sur la liberté de la presse. — Loi proposée pour la réprimer.· 124

CHAP. X. Le petit Guizot. — Triomphe des rentrées. — Il ne va pas loin. — Le roi envoie aux chambres le compte-rendu de la situation de la France. — Présentation du budget. — Bon effet qu'il produit. — Moyen d'avoir de l'argent. — Le prince de Talleyrand agréable aux pairs. — Principes du roi. — Révélation. — Ce que le roi se proposait de faire. — Ce que voulaient les impatiens. — Loi de restitution. — Discours du roi prononcé par M. Ferrand. — La chambre hostile. — Clôture de la session. — Joie au château. — Monsieur. — Prévision sur le congrès de Vienne. 137

CHAP. XI. La noblesse de Buonaparte ne veut pas sortir des Tuileries. — Le comte Vandamme. — Princesses, duchesses, comtesses impériales. — Chacun demandait des faveurs. — Joséphine. — Le cardinal Fesch. — La duchesse de Saint-Leu. — Comte de Ségur. — Son Altesse Royale madame la duchesse d'Orléans — Détails curieux sur le retour du duc d'Orléans en 1814. — Le magnifique procureur. — Ce que le roi dit à ses ministres au sujet du duc d'Orléans. — Antipathie vaincue de Madame Royale. — Madame la duchesse douairière d'Orléans. — Comte de Folmont. 152

CHAP. XII. Le duc d'Otrante. — Conversation à son sujet avec l'empereur de Russie. — Ce qu'elle amène. — Opinion du roi sur Fouché. — Celle de Monsieur. — Le duc d'Otrante intrigue autour du roi. — Le duc d'Avray. — Le roi envoie le comte de Blacas au duc d'Otrante. — Douleur de l'émissaire. — Il obéit. — Procès-verbal de sa conférence avec Fouché. — Détails curieux sur cette entrevue. — Ce qui s'y dit. — Comment elle se termine.

DES MATIÈRES. 323

— Conversation du roi avec le comte de Blacas. . . 162
Chap. XIII. Ce qu'on veut savoir. — Causeries avec
Monsieur. — Abbé de Latil.— Comte Jules de Polignac.
— Marquis de Rivière. — Duc de Maillé. — Comte de
Damas-Crux. — Pourquoi le roi se fâche. — On veut
nuire au comte de Blacas. — Madame D... et le roi. —
Duc de Savoy. — M. de Bourrienne. — Le roi s'explique sur le duc d'Otrante. — Effet de l'insistance.—L'ancienne et la nouvelle cour. — Détails historiques à ce
sujet. — Le chat d'une duchesse et la chatte d'une
actrice.—La Dalmatie et l'Aulide en présence. —Motifs
de certaines audiences. — Le roi ajourne le corps législatif. — Carnot. — Renseignemens sur lui, son mémoire, et sur une intrigue de police.. . . , . . 176
Chap. XIV. 1815. — Cérémonie du 21 janvier. — Le
roi l'explique. — Conspiration antérieure. — L'observateur C.... — Révélations importantes. — *Les tyrannicides*. — Plan du complot. — Noms des ministres qui
devaient former le gouvernement. — Par quelles voies le
roi en est instruit. — Le vicomte de Barras. — Quelques
détails sur sa vie postérieure au 18 brumaire. — Il s'éloigne des républicains.—Il veut servir le roi.—Il inquiète
le comte de Blacas. — Le roi lui accorde une audience.
— Pourquoi elle n'a pas lieu. — Le comte de Blacas aux
prises avec le vicomte de Barras.— Propos sentencieux
de ce dernier.— Conférence rompue faute de s'entendre. 190
Chap. XV. Suite de la même affaire.—Le roi écrit à Barras.
— Ce dernier ne veut traiter qu'avec Sa Majesté. — Il
part pour la Provence.—Il ne renonce pas à servir le
roi. — Fragment d'une de ses lettres relative au duc
d'Orléans.—Conspiration du 30 novembre 1814.—Mot
du roi. — Émeute à la mort de mademoiselle Raucourt.
—Ce que dit le roi. — Ordre au clergé à propos d'une
actrice. — Intrigues dans le château.—Comte de Vaublanc.—Baron de Vitrolles.—Vicomte de Puységur.—
Le duc d'Otrante au fond du sac. — Son plan.—Le roi
en cause avec madame D....— Le juste milieu appliqué

à Franconi. — Discussion avec Monsieur.—Formation impolitique de sa maison.—La nouvelle noblesse se plaint de ne pas porter la livrée royale.. 204

Chap. XVI. Souplesse actuelle. — Le meilleur des amis du roi. — M. A.... — M. E....— M. J... — Impolitesse des jeunes gens.— Ce qui en résulte.—La littérature en 1814.—Quelques hommes de lettres.— La peinture. —La sculpture. — Ce que les princes doivent aux beaux-arts.—Les graveurs.—Les acteurs. — Les musiciens. — Les savans. — Ce que la famille royale pensait des arts.—Le duc d'Orléans.—Éloge de la duchesse. — M. Guizot, ennemi des arts. — Il y a certains aux Tuileries qui ne les protégent qu'à moitié. — Ce que le roi dit à ce sujet. 217

Chap. XVII. Mort de la princesse de Léon. — De la dévotion résignée. — Affaire du général Excelmans rapportée dans son ensemble. — Inquiétude qu'elle cause au roi. — M. de Blacas et l'abbé de Montesquiou cherchent à le rassurer. — Ils n'y parviennent pas. — Une lettre du duc d'Otrante apportée par le duc de La Châtre. — Le roi cause avec le noble messager. — Le duc d'Otrante et le vicomte de Barras aux prises. — La lettre ci-dessus découvre au roi la conspiration buonapartiste dans tous ses détails. — Pourquoi il la néglige.— Récit d'une explication sur ce point que le duc d'Otrante donne au roi quelques mois après.. 231

Chap. XVIII. OEuvre politique du roi à son retour. — Mesures qu'il aurait dû prendre. — Cause de sa conduite.—M. Dandré.—Son rapport chevaleresque et sentimental sur la duchesse de Saint-Leu. Madame R... et H... — Radotages du même sur quelques conspirateurs. — Redondance obligée de toute pièce adressée à un prince. — Le roi retombe dans son anxiété. — Mot du duc de Dalmatie pour le rassurer. — Première visite du roi au château de Versailles. — Impression qu'elle produit sur lui. — Sa réponse à Madame Royale. —Excursion à Saint-Cloud. — Le roi n'aime pas la chasse. —

On le blâme. — D'autres l'aiment trop. — Prédiction faite à Louis XIV sur le château de Versailles : — Et vérifiée depuis. 246

Chap. XIX. Situation de l'Europe avant le congrès de Vienne.—Édifice politique à reconstruire.—Les souvenirs de Vienne. — Quelques ambassadeurs. — Comte Alexis de Noailles. — M. de La Besnardière. — Lord Castlereagh. — Comte de Nesselrode. — Prince de Hardenberg. — M. de Humboldt. — Prince de Metternich. — Son système. — Surnom que lui donne le roi. — L'Espagne et M. de Labrador son représentant. — Les envoyés de Sicile et de Naples. — Question à décider par le congrès. — Il réunit la Belgique à la Hollande. — Ce que le roi pense de cet acte. — La Norwége est à ranger entre la Suède et le Danemarck. — Fierté adroite du comte de Lowenheim. — Abandon des droits de Gustave IV. — Ouverture du congrès. — On éconduit injustement la France et l'Espagne des premières négociations. Cause de l'éloignement de l'empereur Alexandre pour le prince de Talleyrand. — Le roi refuse une archiduchesse qu'on propose pour femme au duc de Berry. 261

Chap. XX. Suite des opérations du congrès de Vienne. — Ce que voulaient l'Angleterre, la Russie, la Prusse et l'Autriche. — Plainte qu'Alexandre fait au roi sur ses ambassadeurs. — Comment il lui répond. — Plusieurs souverains se rallient à la France. — Détails politiques. — Alliance secrète conclue entre les cours de Paris, de Londres et de Vienne. — L'Allemagne se refuse à rétablir l'empire romain. — Affaires de l'Italie. — Note vigoureuse de l'Espagne. — Murat en jeu. — Situation hostile des puissances au congrès. 277

Chap. XXI. Un ami au congrès. — Ce qu'il mande au roi. — Caquets sur le duc de Wellington. — Sur l'empereur Alexandre et ses ailes à venir. — Sur la galanterie du roi de Prusse. — Sur l'archiduchesse Marie-Louise. — Les danses allemandes. — Amusemens

du congrès. — Louis Buonaparte. — Prince Eugène.
— Prévision de prochaines brouilleries. — Le comte de Vaublanc et M. Dandré. — Le roi veut un autre homme à la police. — Qui il passe en revue. — Il faut revenir à Fouché. — Propos qu'il tient à madame de.... — Le roi en veut l'explication. — Ce qu'il fait en l'attendant. — Le secret du duc d'Otrante lui échappe. — Il est trop tard pour revenir dessus.   . 292

CHAP. XXII. Approche du moment fatal. — Regrets qu'éprouve le roi d'être forcé d'en parler. — Premier mars. — Lettre de la duchesse d'Angoulême. — Du prince de Talleyrand. — Mouvement de troupes en France. — 2 mars. — Menace anonyme. — Scène qui s'ensuit. — 3 mars. — Monsieur est poursuivi par son idée fixe. — Le roi consent à proposer des mesures de prudence au prochain conseil. — 4 mars. — Communication que Monsieur fait au roi d'un traité secret entre l'Autriche et Buonaparte. — Détails. — 5 mars. — Premier emploi de la matinée. — M. de Lormian précédant Buonaparte. — Comment le comte de Blacas annonce au roi le débarquement de celui-ci. — Ce qu'en pense le roi. — Conseil assemblé. — Résolutions prises.   . . 305

FIN DE LA TABLE DU TOME NEUVIÈME.

www.ingramcontent.com/pod-product-compliance
Lightning Source LLC
Chambersburg PA
CBHW060419170426
43199CB00013B/2208